典型刑事案件对制度修正的意义及启示

郭晓红 / 著

北京大学出版社
PEKING UNIVERSITY PRESS

图书在版编目(CIP)数据

典型刑事案件对制度修正的意义及启示 / 郭晓红著. --北京：北京大学出版社，2024.11. -- ISBN 978-7-301-35762-0

Ⅰ.D924.04

中国国家版本馆 CIP 数据核字第 20241PH852 号

书　　名	典型刑事案件对制度修正的意义及启示 DIANXING XINGSHI ANJIAN DUI ZHIDU XIUZHENG DE YIYI JI QISHI
著作责任者	郭晓红　著
责任编辑	潘菁琪　方尔埼
标准书号	ISBN 978-7-301-35762-0
出版发行	北京大学出版社
地　　址	北京市海淀区成府路 205 号　100871
网　　址	http://www.pup.cn　http://www.yandayuanzhao.com
电子邮箱	编辑部 yandayuanzhao@pup.cn　总编室 zpup@pup.cn
新浪微博	@北京大学出版社　@北大出版社燕大元照法律图书
电　　话	邮购部 010-62752015　发行部 010-62750672　编辑部 010-62117788
印 刷 者	大厂回族自治县彩虹印刷有限公司
经 销 者	新华书店
	650 毫米×980 毫米　16 开本　15.75 印张　210 千字 2024 年 11 月第 1 版　2024 年 11 月第 1 次印刷
定　　价	69.00 元

未经许可，不得以任何方式复制或抄袭本书之部分或全部内容。
版权所有，侵权必究
举报电话：010-62752024　电子邮箱：fd@pup.cn
图书如有印装质量问题，请与出版部联系，电话：010-62756370

国家社科基金项目
"影响性刑事案件的类型特征、民意表达、
刑事司法的关联考察"(批准号 14CFX066)之研究成果

序　言

刑事司法与舆论应保持何种关系,是理论与实务一直争论的话题,公众也乐于对这一问题发表看法。刑事司法过多地考虑舆论在一定程度上会牺牲司法的权力,最终也会有损司法的公信力,而缺乏舆论支持的司法又会使其失去公众认同,尤其是在当前我国司法公信力还有待提升的现实背景下。如何实现刑事司法与舆论的良性互动,简单地强调司法应完全独立于舆论,或者司法应采纳舆论的观点,可能会进一步加剧二者的冲突,违背司法自身的专业属性且不利于培养理性的公众认知。近年来,一些典型刑事案件的出现,动辄引发司法和舆论的紧张关系,正视这一紧张关系背后的原因及其规律,从而提出更为合理的解决方案,有助于缓和司法与舆论的紧张关系,实现司法与舆论的良性互动。

通过对大范围样本案件的实证考察发现,个案之所以成为在全国范围内有影响性的典型刑事案件,更多是因为案件背后所折射的社会问题,如医疗保障、高速公路收费、拆迁补偿等民生问题与冤假错案、司法鉴定、国家赔偿等司法问题。公众对个案所形成的意见更多是基于对案件背后的社会问题的关注及情绪表达,一定程度上忽略了案件事实与法律适用本身,是将社会问题司法化,试图通过影响司法判决来"扭转"社会制度本身可能存在的问题。应正视公众舆论背后的社会问题,努力帮公众厘清社会问题与司法职能的差异,防止其对社会问题的情绪性宣泄蔓延进而不当影响司法。刑事司法也不能无视公众舆论,需要发现公众舆论的合理性内容并在司法中进行吸纳,同时,对于舆论背后所反映的社会问题,也需要积极正视并推进相关制度的改革与优化,进而培养理性民意,实现刑事司法与舆论的良性互动。即便对于公众舆论中的"非理性"部分,也需要"理性"地分析其产生的原因和背景以提出更为科学的解决方案。

对于影响性刑事案件背后的司法与舆论的紧张关系,简单地割裂二者之间的关系,不利于紧张关系的缓解。通过对大范围样本案例的梳理发现,在刑事司法与舆论的紧张关系背后,个案所反映的制度问题是紧张关系的根源。对于由制度而引发的司法与舆论的紧张关系,部分案件推进了制度的修正、优化,从根源上有助于缓和司法与舆论的紧张关系且有利于社会发展。例如,廖丹刻章救妻案,反映了我国医疗保障制度在当时存在优化的空间,该案因舆论关注推进了廖丹在法律上被轻判,也推进了我国医疗保障制度的改革。又如,"药神"陆勇销售假药案,反映了我国原《药品管理法》所规定的"假药"范围过大,导致诸多危害性较小的行为都可能被认定为犯罪,该案推进了《药品管理法》的修改以限制"假药"的范围。再如,昆山于海明防卫案,反映了我国正当防卫制度在适用过程中过于严格而限制了公民的防卫权,该案后,正当防卫制度被进一步"激活",最高司法机关也先后多次出台指导性案例以扩张对正当防卫行为的认定,使公民的防卫权从纸面逐步回归现实。当然,在肯定典型案件推动制度优化的积极意义之时,亦应认识到,仍有部分典型案件背后所反映的制度问题还没有得到解决或还需要进一步优化。并且,仍然存在一些非典型刑事案件,其背后反映了一定的制度问题,如果不能及时发现这些问题,未来可能会出现新的典型刑事案件,引发广泛的舆论关注,再次考验民意与司法之间的关系。

  基于以上认识,本书以近十余年发生的典型刑事案件与舆论的紧张关系为背景,提炼案件背后所反映的制度问题,对于个案推进制度优化的进程、现状、问题进行多角度的阐述,希望最大限度地推进制度优化,营造刑事司法与舆论之间的良性互动。其中,既有法理层面的阐述,通过大样本案例分析典型刑事案件中公众的具体诉求,又有微观层面对具体个案推进制度优化的分析。最后,本书对典型刑事案件推进制度优化进行了规律性的总结及展望。期待未来学界能多角度地重视典型刑事案件中刑事司法与舆论的紧张关系,从深层次剖析其原因,积极推进制度优化、营造刑事司法与舆论的良性互动。

目 录

第一章 典型刑事案件中权利诉求及其实现的实证考察 ········· 001
  第一节 权利诉求的内容特征 ·· 002
    一、个案所反映的社会问题与权利诉求 ····················· 003
    二、个案所反映的司法问题与权利诉求 ····················· 005
    三、权利诉求的特征 ·· 008
  第二节 权利诉求在司法、立法、制度上的实现样态 ········· 013
    一、权利诉求在司法上的实现 ··································· 014
    二、权利诉求在立法、制度上的实现 ························ 022
  第三节 理性应对权利诉求 ··· 027
    一、积极、主动应对权利诉求及其发展 ····················· 028
    二、推进司法改革以应对公众对司法的诉求 ············· 030
    三、推进社会制度改革以保障权利 ···························· 032
    四、规范权利诉求的过度扩张 ··································· 034

第二章 典型刑事个案对推动司法制度优化方面的现状及其意义 ········· 036
  第一节 于海明防卫案与特殊防卫制度的"激活" ············· 037
    一、案情介绍 ·· 037
    二、理论阐述 ·· 038
    三、特殊防卫制度被激活 ··· 044

第二节 "药神"销售假药案与法定犯的认定 ········· 051
　一、案情介绍 ································· 051
　二、理论阐述 ································· 053
　三、行政依赖与法定犯的扩张 ················ 057
第三节 赵作海案与审判方式、证据制度改革的推进 ········· 067
　一、案情介绍 ································· 067
　二、理论阐述 ································· 068
　三、制度变革 ································· 076
第四节 佘祥林等冤错案件与国家赔偿制度的优化 ········· 083
　一、案情介绍 ································· 083
　二、理论阐释 ································· 084
　三、国家侵权精神损害赔偿制度的变革 ········ 092

第三章 典型刑事个案对推动社会制度变革方面的现状
　　　及其意义 ································· 097
第一节 徐玉玉被电信诈骗案与公民个人信息保护 ········· 098
　一、案情介绍 ································· 098
　二、理论阐述 ································· 099
　三、徐玉玉案促进了对电信诈骗的打击与个人信息保护
　　　制度 ····································· 107
第二节 吴英集资诈骗案与金融体制改革 ········· 113
　一、案情介绍 ································· 113
　二、理论阐述 ································· 114
　三、吴英案与金融诈骗认定的变革 ············ 119
第三节 崔英杰刺死城管案与城市管理理念、制度的变革 ··· 127
　一、案情介绍 ································· 127

二、理论阐述 …………………………………………… 128

三、崔英杰案推进城市管理制度变革 ………………… 135

第四节 唐福珍自焚反抗强拆案与拆迁制度的变革 ………… 141

一、案情介绍 …………………………………………… 141

二、理论阐述 …………………………………………… 143

三、唐福珍案与拆迁制度变革 ………………………… 148

第五节 廖丹刻章救妻案与医保制度改革 …………………… 155

一、案情介绍 …………………………………………… 155

二、理论阐述 …………………………………………… 156

三、廖丹案与医保制度的变革 ………………………… 169

第六节 南京虐童案与《反家庭暴力法》的出台 …………… 175

一、案情介绍 …………………………………………… 175

二、理论阐述 …………………………………………… 176

三、南京虐童案推进家庭暴力制度的变革 …………… 183

第四章 典型刑事案件推进制度优化的类型梳理及启示 ……… 190

第一节 典型刑事案件中反映的制度问题的类型化梳理 …… 192

一、部分典型刑事案件反映出公民个人权利保障不足 …… 192

二、部分典型刑事案件反映出社会运行秩序还需完善 …… 199

三、部分典型刑事案件反映出公权力的行使失当 ………… 205

第二节 典型刑事案件已经推进的制度优化及其特征 ……… 208

一、制度优化能够聚焦于特定案件背后的突出问题 ……… 209

二、典型刑事案件推进的制度优化取得了较好的社会效果 … 215

三、典型刑事案件推进了制度优化的及时性 ……………… 218

第三节 典型刑事案件推进制度优化所存在的问题 ………… 220

一、典型刑事案件推进制度优化亦付出了代价 …………… 220

二、舆论过度影响司法会削弱司法公信力 …………… 223
三、通过典型刑事案件所推进的制度优化仍然具有偶然性 … 225
第四节 通过典型刑事案件合理推动制度优化的路径 ……… 228
一、应当积极主动发现当前的制度问题 ……………… 228
二、制度优化需要综合治理 ……………………… 231
三、制度优化需要与民意进行理性互动 ……………… 233

后　记 ………………………………………………… 237

第一章
典型刑事案件中权利诉求
及其实现的实证考察

刑事司法个案的意义已经不限于案件的司法本身,个案背后反映的社会问题、制度问题,经由社会舆论的广泛关注,在推进司法公正的同时,亦促进了相关制度的优化。一些刑事案件本身及其反映的问题较为典型,易受到公众的广泛关注,公众对个案的意见表达值得重视,即便舆论意见表达存在部分不理性,甚至影响司法,也应了解意见表达的形成背景及原因,合理引导。以典型刑事案件为突破,对案件背后的公众意见表达进行更为细致的分析,有助于更为准确地了解公众的诉求、特定的社会与司法问题,推进公正司法、制度优化,也有助于发现刑事司法与公众意见的契合与冲突,实现刑事司法与民意的良性互动。

中国社会进入一个权利高扬的时代,法治理念深入人心,权利启蒙已经完成其历史使命,已然迎来权利主张、权利践行和权利救济的司法职业系统功能彰显的流金岁月。[1] 近年来,动辄引爆司法与民意紧张关系的影响性案件,民意诉求的根本是扩张权利、限制权力,权利诉求与公权力存在紧张博弈。刑事案件较之其他案件,实现

---

[1] 参见莫良元、夏锦文:《司法场域中热点案件的事实真相认定:彭宇案的法社会学解读》,载《法律科学(西北政法大学学报)》2012年第5期,第170页。

权利的进程有着更为激烈的对抗,值得特别关注。公众的权利诉求,通过一个个典型案件得以实现并逐步扩张,权利的实现路径也经由个案的司法扩张至立法、制度的优化,包括司法权在内公权力的行使得以进一步规范。这些案件中相关主体付出惨痛代价而引发关注并得以实现的权利诉求,虽然得到了司法、立法、制度的最终确认,但维权所付出的代价、通过舆论压力来倒逼公正司法与制度优化所造成的公权力信用缺失,亦值得警醒。通过对较大范围有影响力的典型刑事案件背后的权利诉求的系统梳理,可以更加清楚地知悉权利诉求的类型、发展趋势,实现权利过程中所存在的问题,权利与权力紧张关系的样态,以期对如何合理扩张权利、规范权力,做出更加符合我国实际的判断。正如有学者所指出的:"正确认识公众判意的特性及形成的社会条件,揭示公众判意的合理性与偏失,赋予公众判意以恰当的地位,是我国推进法治,尤其是深化司法改革的一项有益实践。"[1]有鉴于此,笔者对 2005 年至 2023 年《南方周末》《人民法院报》等权威媒体评选的 103 个影响性刑事个案进行实证考察,通过更加量化的事实来发现权利诉求及其实现的路径,认真对待权利。[2]

第一节　权利诉求的内容特征

个案之所以引起热议和评判,成为公案,是因为它具有某种"主题元素",比如贫富关系、权贵身份、道德底线等。而这些"主题元

---

[1] 顾培东:《公众判意的法理解析——对许霆案的延伸思考》,载《中国法学》2008 年第 4 期,第 167 页。
[2] 《南方周末》在 2005 年至 2019 年每年进行"十大影响性诉讼案件"评选,其中共筛选出样本案例 88 件。笔者又从《人民法院报》2020 年至 2023 年评选的"十大影响性案件"中筛选出刑事个案 15 件,组成本书的研究样本基础。

素",也是当前较为突出的社会问题。[1] 任何司法个案都不同程度地折射出当代中国社会中更具普遍意义的社会冲突与矛盾。围绕司法个案所进行的社会讨论,实际上既是这种矛盾与冲突的进一步延伸与展示,也是这种矛盾在一定程度上得到解决的具体方式。[2]

一、个案所反映的社会问题与权利诉求

公众囿于专业知识水平有限,加之对个案事实的知悉程度有限,更多地是关注案件背后的社会问题,而非案件事实与法律适用。典型刑事案件折射出的社会问题,其核心内容是对权利保护缺失,权力过于扩张。样本案件反映的社会问题,见表1-1。

表1-1 样本案件反映的社会问题 （件）

社会问题	官员腐败	公权力滥用、缺失	冤假错案	民生	立法、司法合理性	仇官仇富	司法制度	道德缺失	网络、媒体自律	其他
案件数及占比	16/12.50%	21/16.54%	14/11.02%	12/9.45%	9/7.09%	7/5.51%	7/5.51%	6/4.72%	5/3.94%	6/4.72%

官员腐败、公权力滥用、公权力缺失占了较高的比例,其次诸如冤假错案、民生问题等,这也间接说明了公权力的不当行使。公众的关注不仅涉及公权力行使的合法性、合理性,还涉及权力行为背后的立法、司法及相关制度的合理性。即便没有折射出公权力本身的问题,只要直接或间接涉及公权力行使主体的犯罪,都会引发关注,如

---

[1] 参见孙笑侠:《司法的政治力学——民众、媒体、为政者、当事人与司法官的关系分析》,载《中国法学》2011年第2期,第58页。
[2] 参见顾培东:《公众判意的法理解析——对许霆案的延伸思考》,载《中国法学》2008年第4期,第169页。

官员犯罪、"官二代"犯罪等。公权力不规范行使的背后,是私权利得不到保护。样本案件中,"公权力滥用、缺失"型案件有21件,其中,"公权力滥用"型案件有15件,其本质是公权力的不当行使来限制权利,被限制的权利更多的是一些基本性、救济性的权利,如言论自由权、举报权等。主要包括:公民言论自由权遭到公权力的不当限制(6件),如王帅、陈平福、张家川微博少年发帖被捕案等;律师权利受到不当限制(4件),如北海律师集体维权案等;举报、信访权受到限制(5件),如安元鼎"黑监狱"非法拘禁上访人员案等。没有救济就没有权利,当公民的权利受到侵犯或难以实现时,获得救济的权利也就成为实现其权利的一种途径,如言论自由权、举报信访权。值得注意的是,该类涉"救济"型权利的案件,需要救济的权利对象也多为民生权利,例如,王帅发帖被捕案、进京抓作家案、陈平福发帖被捕案等,都是想通过行使言论自由、批评建议权,反映拆迁补偿、政府工作等存在的问题,进而主张权利。

"公权力缺失"型案件有6件,公权力在管理经济、社会秩序上的缺失,会导致公民的私权利得不到较好的保护,例如,小牛资本非法集资案、海南黄鸿发特大涉黑案、滴滴顺风车司机杀人案等,都反映了近年来,公权力在监管经济、社会领域中的行为失范,导致对公民财产权、个人信息权等权利的保护缺失。尤其是金融领域,近年来,互联网金融对金融风险结构的创新,在缔造以金融消费者为中心的竞争型融资市场的同时,由于缺乏必要的权力监管,也让金融消费者在金融风险分散与利用中首当其冲。[1]

"民生"型案件有12件,这从另一个侧面反映了公权力对民生权利保护的缺失,涉及的领域包括:拆迁补偿(6件),食品、药品安全(4

---

[1] 参见杨东:《互联网金融风险规制路径》,载《中国法学》2015年第3期,第89页。

件),拖欠农民工工资(1件)、小摊贩生存权(1件)。因拆迁而引发的案件,如唐福珍暴力抗法案、江西宜黄拆迁自焚案、范木根反抗强拆案、山东平度拆迁纵火案、贾敬龙杀人案,多是以付出生命为代价维护权利。与政府和开发商相比,被拆迁户无疑是绝对的弱势一方,他们尚缺乏维护自身合法权益的充分、有效的渠道和途径,接受条件、被动拆迁是最多的选择。[1]

权力行使不规范、权利得不到保障,会导致产生一些"仇官仇富"的情绪,对官民身份、贫富身份的关注也逐步扩张,仇官仇富的心态已经延伸至与官员、富人密切相关的人,包括"官二代""富二代"。样本案件中,"仇官仇富"型案件有7件,其中3件涉及"官二代""富二代"犯罪,如李启铭交通肇事案、胡斌飙车案、李天一轮奸案,公众对该类案件的关注,会突出身份的对立进而宣泄对社会因身份差异而导致不公的不满,背后的诉求是期待身份平等。

规范公权力、保护私权利,都应遵从法治的路径,样本案件中,反映"网络、媒体自律"的案件有5件,如罗昌平侵害英雄烈士名誉、荣誉公益诉讼案,仇子明侵害英雄烈士名誉、荣誉案等,该类案件表明,背离法治要求的权利诉求亦会受到惩罚,对公权力的监督应回归法治的轨道。整体而言,样本案件反映的社会问题,是公众对公权力行使不规范、私权利保护缺失的担忧。

二、个案所反映的司法问题与权利诉求

通过影响性刑事案件实现权利诉求已经成为当前"维权"的重要路径,尤其是弱者通过个案引发舆论压力来维护自身权利。获得公

---

[1] 参见冯玉军:《权力、权利和利益的博弈——我国当前城市房屋拆迁问题的法律与经济分析》,载《中国法学》2007年第4期,第46页。

正司法也是法治社会公民享有的基本权利,司法如何在其自身职能范围内实现权利诉求、限制权力,公众对之寄予了更多的期待。也正是因为公众的普遍关注,司法权在保护权利、限制权力方面的缺失也逐渐被认识到。样本案件反映的主要司法问题,见表1-2。

表1-2　样本案件反映的主要司法问题　　　　（单位:件）

司法问题	司法体制（冤假错案）	司法权行使不合理	权力影响司法	司法权肆意行使	司法制度缺失	司法不公开、腐败
案件数	15	13	10	8	8	7

样本案件中,有61件案件折射出当前较为突出的司法问题。其中,冤假错案有15件,如佘祥林案、赵作海案、浙江张氏叔侄强奸杀人案、呼格吉勒图案、念斌案、陈传钧案、聂树斌案、缪新华案、张文中案、金哲红案。如果司法体制存在系统性风险,任何人都可能成为冤假错案的"潜在"受害人,公众关注冤假错案,也是关注自身未来获得公正司法的权利。特别值得注意的是,2018年的影响性案件中共有3件刑事案件,其中2件就是冤假错案,包括原物美集团董事长张文中再审改判无罪案、金哲红再审改判无罪案,这表明公众对刑事司法公正的期待越来越高。

公众对司法机关的权利诉求已经不仅停留在合法性层面,样本案件中,反映司法权行使过程中不合理的有13件。即便形式上"合法",但判决结果与公众的看法差距太大,也会导致舆论与司法的紧张关系,这是对司法权行使的合规性的更高要求。"作为一种法治高级形态的实质法治,它不但要求行为要合法而且还要合理。"[1]脱离合理性的司法,其实质合法性是值得怀疑的。"公众的看法与司法体

---

[1] 李拥军:《合法律还是合情理:"掏鸟窝案"背后的司法冲突与调和》,载《法学》2017年第11期,第39页。

系之实践之间巨大的差异的存在会破坏刑事司法制度的合法性基础"。[1] 样本案件中,河南胡阿弟非法经营案、牟林翰虐待案、孙小果涉黑案、顾雏军等人再审案、于欢防卫案等,公众进一步拷问定罪、量刑的合理性。胡阿弟通过境外代购人员购买禁止在国内销售的药品,用于治疗女儿的先天性癫痫病,引发公众进一步拷问维护医药管理秩序与罕见病患儿用药难之间的冲突问题该如何解决。孙小果涉黑案中,孙小果本不符合减刑条件却得到违规减刑,使公众广泛质疑司法机关是否合理落实减刑制度。顾雏军等人再审案中,顾雏军等人仅是违规进行公司注册,司法机关却将本应由行政法规制的案件纳入刑法的打击范围,使公众对于过度打击企业家犯罪的行为产生不满。公众的上述不满也促进了案件改判,企业家犯罪的范围得到了合理控制。于欢防卫案一审被判处无期徒刑,使公众进一步拷问正当防卫的认定标准及防卫过当的量刑。公众对于上述司法判决合理性的质疑也促进了案件改判,司法权的行使更加趋于合理。

司法权是制衡权力规范行使、保护私权利的重要力量,但实践中审判权独立行使并非易事。样本案件中,反映权力影响司法的有 10 件,如王帅发帖被捕案、进京抓作家案、陈平福发帖被捕案、张家川微博少年因言获罪案等,该类案件都是因为公民对公权力行使批评建议权,反而被公权力借司法权而进行打压。又如,"阜阳白宫"举报人李国福死亡案,举报者李国福举报他人的犯罪行为后,反因涉嫌犯罪而被刑事拘留。

反映司法权肆意行使的有 8 件,其中,北海律师维权案、贵州黎庆洪涉黑案都表明律师的权利受到了司法权的肆意打压。湖南新晃

---

[1] 〔英〕朱利安·罗伯茨、麦克·豪夫:《解读社会公众对刑事司法的态度》,李明琪等译,中国人民公安大学出版社 2009 年版,第 37 页。

"操场埋尸"案中,公安、检察院、政法委等多个部门利用职务之便,干扰、误导、阻挠案件调查,明目张胆地帮助犯罪分子逃避法律追究,引发了公众对司法机关放纵犯罪的质疑,最终涉案公职人员亦被追究刑事责任。

样本案件中,反映具体司法制度缺失的有 8 件,黄静疑案、邱兴华杀人案,反映了我国司法鉴定制度所存在的问题;吉林公安刑事扣押国家赔偿案,反映了刑事扣押及对错误扣押赔偿所存在的问题。

公众对个案信息的知情权受阻,可能会引发民意与司法的紧张关系,如看守所发生的"躲猫猫"死亡案、喝开水死亡案。"躲猫猫"事件演变为公共事件,源于公众的知情权受阻及对法律的不信任,公权力如何恰当地对待民意将面临一个巨大的挑战。[1] 公众对司法的关注、担忧,实际上是对自身权利的担忧,在一定程度上折射出了司法可能面临的问题,也说明公众对司法的诉求更为全面,对司法在保护权利中的期待也更高。

三、权利诉求的特征

其一,刻意制造身份对立来凸显社会矛盾,通过社会问题司法化来主张权利诉求。无论是媒体,还是普通民众,抑或涉案主体,都刻意关注、营造个案背后的社会矛盾以实现权利诉求,而身份对立是营造社会矛盾的最好素材。尤其是网络媒体、自媒体,通过议程设置将舆论引导至对身份的关注。例如,杨佳袭警案,刻意在案件事实之外突出"警察身份",进而主张保护"弱者"杨佳,对其从宽处理。样本案件中涉身份的典型个案,见表 1-3。

---

[1] 参见王启梁:《网络时代的民意与法律应有之品性——从"躲猫猫"事件切入》,载《法商研究》2009 年第 4 期,第 3 页。

表 1-3 样本案件中涉身份的典型个案

身份类型	代表性案件	身份类型	代表性案件
官民（医疗药品）	齐二药假药案、马建国刺死防疫人员案	官民（其他）	邓玉娇刺死官员邓贵大案
官民（社保）	上海社保基金腐败案	官民（冤假错案）	佘祥林案、聂树斌案、呼格吉勒图案等
官民（摊贩与城管）	崔英杰刺死城管案	官民（司法权肆意行使）	临时性强奸案、大学生掏鸟窝案、赵春华非法持有枪支案
官民（警民）	杨佳袭警案、太原警察打死农妇案、"躲猫猫"案等	法官与律师	北海律师维权案、贵州黎庆洪涉黑案
官民（言论自由）	王帅发帖被捕案、张家川微博少年因言获罪案	贫富	杭州胡斌飙车案、拖欠农民工工资案、李天一轮奸案
官民（拆迁）	唐福珍暴力抗法案、宜黄拆迁自焚案、山东平度拆迁纵火案、贾敬龙案等	民企保护	顾雏军案、张文中案

参考表 1-3 中的案件，舆论刻意突出身份差异进而营造身份特点引起个体之间的矛盾与冲突，随后演化为多数人之间的对立与冲突。社会转型过程中，社会分配不公导致两极分化，使得一些人产生了仇富心理。案件中涉及的劳资冲突、贫富冲突的根本原因是强势行为未得到有效控制，引发大量的社会冲突，公众的表达不畅，加上互联网的扩散效应，社会矛盾迅速传播和放大。[1] 有学者对邓玉娇案指出，一个普通的官员和一个普通的女服务员被分别塑造成两个"典型身份"代

---

[1] 参见陈玉娟、杜楠：《当前中国社会矛盾问题的学术研讨——中国社会发展问题高端论坛·2016 研讨会综述》，载《科学社会主义》2016 年第 4 期，第 156 页。

表,一个普通的刑事案件被塑造成"烈女抗暴"的壮烈故事,这背后有太多的人物在角力,有太多的情感在演绎,有太多的社会断裂压力在迸发。于是一个简单的"邓玉娇案"演变成一个"邓玉娇事件"。[1] 特定领域的身份对立,又反映为,更为具体的社会矛盾,例如,2006年的药监局高官落马案,公众舆论不仅仅关注官员腐败,还批判当前的药品管理、医疗保障制度,在食品药品、医疗保障这一民生领域官民对立问题被强化。

值得注意的是,随着权利诉求的逐步扩张,样本案件背后的公众舆论有扩大身份对立的倾向。例如,吴英集资诈骗案、顾雏军案、张文中案,企业家身份似乎是"强者",但在公权力面前,更是"弱者",媒体、舆论也刻意营造其在公权力面前的弱者身份,进而对我国当时的金融体制、企业家保护缺失提出批评。部分案件,并不存在明显的身份,如许霆利用 ATM 机盗窃案,但公众舆论都在刻意营造许霆的"市井平民"与法院、银行"强势官商"的身份对立,纵观许霆案全过程,它把因制度缺陷、管理漏洞和不法行为等多种因素而铸成的一个争议性案件,转换成一种"官商"与"平民"之间的道德叙事和"冤情"故事。[2] 无论是刻意营造哪一种身份的对立,其对立的本质还是权利与权力,现有的司法、社会制度没有实现权利、权力的合理定位才是对立的根本。过度强调身份对立基础之上的权利诉求,容易背离法治。没有回归法治轨道而建立在朴素道德情感上的权利诉求,热衷于案件背后的身份问题,公众、媒体更多地挖掘身份特征事实而忽视案件事实本身,例如,李天一案,一些媒体为了吸引关注度、

---

[1] 参见马长山:《公共舆论的"道德叙事"及其对司法过程的影响》,载《浙江社会科学》2015年第4期,第42页。
[2] 参见马长山:《公众舆论的"道德叙事"及其对司法过程的影响》,载《浙江社会科学》2015年第4期,第41页。

提高转发量,在事件发生时传播关于李天一的传闻,更有一些媒体与网民一道挖掘李天一的种种劣迹供网友消费狂欢,这种做法虽然满足了媒体的经济利益,却使其社会责任大打折扣。[1]

以身份对立为突破口,突出身份背后权利保护困境、公权力的肆意行使有积极意义。基于身份对立而表达的权利诉求,要求对弱者在司法上从宽处罚,对强者从重处罚,在道义上亦具有正当性,但也容易导致泛道德化趋向。通过道德叙事而给予司法压力,进而实现权利主张,这在相当程度上违背了司法本身的职能。样本案件中,媒体助力进行维权和申诉的现象已不为少见,然而,它在兼具一定合理性与公平正义色彩的同时,却也呈现出了不同程度的激进与非理性。有学者通过对宜黄拆迁自焚事件发生地的实证调查发现:媒体激化社会凸显的矛盾来引爆舆论,并以单个冲突事件的暂时性解决来消减舆论,这样会导致社会负面情绪更为根深蒂固而发生非理性行为。[2] 又如,河南大学生掏鸟窝案经媒体报道后,因量刑超出公众的预期,引发对弱者大学生的同情与对法院肆意司法的批判,而这一切都是建立在对案件事实不知情的基础上。而该案裁定书所认定的事实"闫啸天等人多次猎捕、出售珍贵保护动物,涉案动物鹰隼系国家二级保护动物"则被忽略了,取而代之的是"大学生"的弱者身份、"掏鸟窝"这一普通行为。[3] 当前中国正处于剧烈的社会转型期,暴露出来的一些问题根源复杂。过度关注身份并进行道德评判、同情,部分案件还进行一味的国民性批判,给公众的认知带来了恶劣

---

[1] 参见郑宛莹:《从李天一事件谈媒体对于网络情绪型舆论的引导》,载《现代传播(中国传媒大学学报)》2013年第12期,第160页。
[2] 参见李春雷、刘又嘉:《理性启蒙与大众传媒对舆论建构的途径分析——宜黄拆迁自焚事件发生地的实证调查》,载《新闻记者》2012年第5期,第68页。
[3] 参见河南省新乡市中级人民法院刑事裁定书,(2015)新中刑一终字第128号。

的影响。[1] 例如牟林翰虐待案中,牟林翰在家使用过激言辞与女友陈某发生争吵,后陈某独自外出并服毒自杀。这本是一起简单的刑事案件,但是有不良媒体强行将此事引到男女对立的层面,引发了道德层面的过度讨论。

其二,对司法寄予了过多的、超出司法本身职能的期待。背离法律的权利诉求,在一定程度上会加大公众与司法之间的冲突,对司法公信力亦有损害。样本案件中,即便公众的权利诉求已经得到了司法、社会制度的部分确认,但缺乏法律规定的权利诉求,极易导致司法与民意的紧张关系,削弱司法公信力,导致将舆论作为影响司法的一种力量而得到加强。例如,吴英集资诈骗案,虽然一审判处死刑立即执行量刑畸重,但网络舆论却充斥着吴英"无罪"的言论,法院最终判处其死刑缓期二年执行。于欢防卫案,一审判处无期徒刑量刑畸重,要求从宽处理的诉求有其合理性,但要求对于欢作无罪处理在一段时间甚至成为主流舆论,这显然突破了现有正当防卫的认定规则。这种权利诉求,是建立在对弱者的同情性理解、对社会问题不满的基础之上。司法权只能在法定范围内实现社会正义,司法权也仅仅是实现公平正义的方式之一,将生活中的"弱者"变为司法中的"强者"是公众的期待,但背离了法治。样本案件亦表明,审判权的独立行使尚不能完全实现,其更无法独立承担优化社会、实现全面公平的责任。影响性案件中,虽然很多案件因为舆论压力得以改判,权利诉求得以部分实现,但更多是因为舆论引发了权力的关注,进而向司法施压,究其本质还是权力影响了司法。涉及公案的司法过程中,出现了多个角力主体的介入,都基于政治的而非法律的理由参与到司

---

[1] 参见黄洁:《主审法官回应牟林翰虐待案五大焦点》,载《法治日报》2023年6月16日,第4版。

法之中,导致了司法的"政治力学"现象。[1] 有学者的实验分析表明:"公众意见对该案件的判决结果几乎不产生影响。作为个案的情境性因素,公众意见既非法律渊源,也非独立的道德、政策或习俗理由;在通常情况下,它只可能作为一种辅助性因素放大或弱化相关理由之权重,从而间接地参与法律规范的选取和解释过程。"[2] 对美国最高法院之决策变量的经验研究表明,公众意见或公众心态很少影响最高法院的判决。[3] 即便最高法院的判决有时与公众意见相一致,也是"策略性的"或者"纯属巧合"。[4]

第二节 权利诉求在司法、立法、制度上的实现样态

样本案件表明,部分权利诉求确实得到了司法层面的有力回应,并且推进了相关的立法、制度的优化,其积极意义是值得肯定的。司法、立法、制度回应、吸收多数民意是必然的,即便是在没有法律的原初社会,人类仍然能够借助那些自发形成的大数法则来有效地维持群体内部个体之间的合作与信任。[5] 了解典型刑事案件背后权

---

[1] 参见孙笑侠:《司法的政治力学——民众、媒体、为政者、当事人与司法官的关系分析》,载《中国法学》2011年第2期,第57页。
[2] 陈林林:《公众意见影响法官决策的理论和实验分析》,载《法学研究》2018年第1期,第29页。
[3] See Lee Epstein & Andrew D. Martin, "Does Public Opinion Influence the Supreme Court? Possibly Yes (But We're Not Sure Why)," 13(2) University of Pennsylvania Journal of Constitutional Law 263-281(2010).
[4] See Christopher J. Casillas, Peter K. Enns & Patrick C. Wohlfarth, "How Public Opinion Constrains the U.S. Supreme Court," 55 American Journal of Political Science 74-88 (2011).
[5] 参见周安平:《许霆案的民意:按照大数法则的分析》,载《中外法学》2009年第1期,第91页。

利诉求的实现样态,有助于我们进一步合理引导、实现权利诉求。

一、权利诉求在司法上的实现

刑事司法回应民意诉求以增强其自身的合法性、合理性,已经成为一种较为普遍的做法。[1] 法官作为一个理性、自立的个体,在权衡选择观察之际是会被生活、晋升、收入和荣誉所左右,因而总会选择与民意相一致的判决,继而促成民意干预司法的现象。[2] 样本案件中,对司法的诉求如果明显背离法律规定,也得不到司法的回应,见表1-4。在刑事司法中禁止法外对舆论或民众偏好作出响应,既是对民众的爱护,也是对刑事法治的珍重。[3] 例如,黄静疑案中,公众要求严惩"凶手"姜俊武的意见并没有被法院采纳,法院最终认定其无罪;邱兴华杀人案中,公众及法学专家要求给邱兴华做精神病鉴定的意见,亦未被采纳;杨佳袭警案中,虽然公众舆论树立了警民对立关系,并基于此同情杨佳,要求对之从宽处理,法院最终还是判处死刑立即执行;张扣扣故意杀人案中,张扣扣为母报仇,使公众对张扣扣报以极大的同情,但最终法院依然判处其死刑立即执行。河南大学生掏鸟窝案,公众对判决畸重的质疑,并没有左右判决。

---

[1] See Rolf Sartorius, The Justification of the Judicial Decision, in Aulis Aarnio and D. Neil MacCormick(eds.), Legal Reasoning, vol.1, Dartmouth Publishing Company Ltd. 1992, p. 134; Aleksander Peczenik, On Law and Reason, Springer, 2009, P.62.
[2] See Richard A. Posner, What Do Judges and Justices Maximize? (The Same Thing Everybody Else Does), 3 Supreme Court Economic Review 12 (1993).
[3] 参见白建军:《中国民众刑法偏好研究》,载《中国社会科学》2017年第1期,第162页。

表 1-4 权利诉求在司法上实现的典型个案

权利诉求	典型个案	司法上的回应
纠正冤假错案	佘祥林案、浙江张氏叔侄冤案、呼格吉勒图案、陈传钧案、聂树斌案、缪新华案、金哲红案	冤假错案得以纠错
推进司法公开	黄静疑案、"躲猫猫"案、喝开水死亡案	司法公开,事实真相浮现
扩张言论自由权	王帅发帖被捕案、进京抓作家案、张家川微博少年因言获罪案、陈平福发帖被捕案	保障了公民的言论自由权,涉案主体未认定为犯罪
保障律师权利	北海律师维权案、贵州黎庆洪涉黑案	律师最终被释放,未认定为犯罪
对弱者从宽处罚	崔英杰案、许霆案、邓玉娇案、范木根案、赵春华非法持枪案、于欢案	法定范围内实现了从宽处理
朴素正义从宽	吴英案、顾雏军案、张文中案	对涉案主体从宽处理
严惩强者	杭州胡斌飙车案、李启铭交通肇事案、李天一轮奸案、山东平度拆迁纵火案	法定范围内实现了从重处罚
纠正量刑畸轻	临时性强奸案、李昌奎案	量刑畸轻的判决得到了纠正

(1)冤假错案拷问社会正义的最低限度,影响性冤假错案的纠错都伴随着公众舆论的高度关注,公众舆论推进了冤假错案的纠错,推进了纠错理念、司法制度的优化。[1] 样本案件中,错案纠错也从"亡者归来、真凶再现"型的典型错案,发展为包括"存疑"而纠错。典型的如缪新华案、念斌案、陈传钧案、金哲红案,改判无罪的理由均是疑罪从无。念斌案的判决指出,相关证据矛盾和疑点无法合理解释、排

---

[1] 参见邓辉、徐光华:《影响性刑事冤假错案的产生、纠错、追责与民意的关联考察——以22起影响性刑事冤假错案为主要研究范本》,载《法学杂志》2018年第4期,第63页。

除,全案证据达不到确实、充分的证明标准,不能得出系念斌作案的唯一结论。[1] 陈传钧案的判决指出:"原判认定上诉人陈传钧构成犯罪的证据达不到确实、充分的证明标准,不能得出系上诉人陈传钧实施本案犯罪的唯一结论。"[2] 金哲红案的判决指出:"原裁判认定原审被告人金哲红犯故意杀人罪的事实不清,证据不足。检察机关提出依法改判,金哲红及其辩护人提出应改判金哲红无罪的意见,本院予以采纳。"[3] 正如有学者经过实证考察后所指出的:"冤假错案的平反对'真凶浮现'、'亡者归来'等特定的偶然性事实因素的依赖以及通过'疑罪从缓'来等待以后平反的侥幸逻辑,已经有所改观。"[4] 近年来,冤假错案平反后受害者的赔偿权利也进一步得以加强,受害人获得国家赔偿的数额呈上升趋势,尤其是精神损害赔偿。刘忠林被错误关押9217天,2019年吉林省辽源市中级人民法院对刘忠林做出总计460万元的国家赔偿,其中包括197.5万余元的精神损害抚慰金,是迄今为止赔偿数额最高的精神损害赔偿。舆论、受关注度是刘忠林获得精神损害赔偿的重要因素。

(2)公众对事实真相的追问权是公民对司法期待的基本权利,样本案件中,黄静疑案、"躲猫猫"案、喝开水死亡案,公众对案件的知情欲望强烈,倒逼司法公开,知情权得到了司法的回应。

(3)公民的言论自由权、律师权利是制衡公权力的重要力量,律师权利亦是诉讼权得以正确行使的重要保障。样本案件中,司法权打压言论自由的案件,受到舆论的普遍关注,规范了司法权的不当

---

[1] 参见福建省高级人民法院刑事附带民事判决书,(2012)闽刑终字第10号。
[2] 广东省高级人民法院刑事附带民事判决书,(2014)粤高法刑四终字第127号。
[3] 吉林省高级人民法院刑事判决书,(2018)吉刑再4号。
[4] 参见郑磊、陈对:《冤错案平反中的救济权实现状况分析——以新一轮司法改革中23起冤错案为样本》,载《浙江大学学报(人文社会科学版)》2016年第6期,第202页。

行使。近年来,作为制衡权力的律师权利得到了进一步的保障,样本案件中,律师权利受到不当侵犯的个案,如北海律师维权案、贵州黎庆洪涉黑案,在公众的关注下,司法权的不当行使得到了纠正,律师权利得到应有的保障。全国律协曾对 23 个律师伪证罪案例进行分析,其中 11 个涉案律师被无罪释放或撤案,错案率将近一半。[1] 这一方面说明律师权利还有待于进一步保障,另一方面也说明将案件公开有助于保障律师权利。

(4)公众对司法的诉求夹杂着道德情感。对弱者的同情保护是普通人的善良正义观的体现,尤其是弱者的"弱"是因为制度性的缺失所造成的。实证研究表明,定罪量刑确实会受到身份差异的部分影响:"通过对某地四家基层法院 1060 个盗窃罪刑事判决的实证分析发现,当事人的社会结构(性别、籍贯、年龄、学历、职业等)因素确实对量刑的轻重产生影响,这种影响的程度又与当事人的社会结构差异相关。"[2] 样本案件中,要求对弱者从宽处理的诉求,大多都得到了司法的回应。例如,胡阿弟非法经营案,胡阿弟是罕见病患儿的家长,作为弱者违反药品管理规定购买国内禁止销售的药物,舆论普遍要求从宽处理得到了司法的认同。赵春华持有仿真枪案,舆论要求轻判的意见也被判决采纳。有学者对与赵春华案类似的 22 起案件进行实证考察后得出结论:"赵春华非法持枪案,由于过度曝光,至少在法律规定的范围层面是实现了轻判的。"[3] 后续发生的样本案例之外的指导案例王挺案,行为人因个人爱好,以收藏为目的购买枪

---

[1] 参见洪浩:《坚持和发展民主集中制原则推进新时代中国刑事诉讼制度现代化》,载《政法论丛》2024 年第 1 期,第 37 页。
[2] 胡昌明:《被告人身份差异对量刑的影响:基于 1060 份刑事判决的实证分析》,载《清华法学》2018 年第 4 期,第 91 页。
[3] 邹兵建:《非法持有枪支罪的司法偏差与立法缺陷——以赵春华案及 22 个类似案件为样本的分析》,载《政治与法律》2017 年第 8 期,第 115 页。

支、弹药的行为,虽然认定为犯罪,但也实现了轻判。[1] 在一定程度上,是国家对枪支管控的权力作了适当让步。作为立法上的正当防卫权,我国司法实践中进行了较为严格的认定,有学者实证考察表明,涉正当防卫案件中,以正当防卫作为出罪事由的判决比率仅为6%。虽然这个出罪比率已然远高于我国无罪判决率的总体水平,但这一出罪率和它作为我国实定法之中仅承认的两个违法阻却性事由之一的地位颇为不符。[2] 样本案件中,涉及弱者防卫的案件,防卫权进一步得到了扩张,即便认定为防卫过当,也是最大限度从宽量刑,公众呼吁扩张防卫权的诉求一定程度上得以实现。例如,邓玉娇刺死官员邓贵大案,法院虽然最终认定为防卫过当,但免予刑事处罚[3];范木根暴力反抗强拆造成一死一伤案,被判处有期徒刑8年;于欢案,一审被判处无期徒刑,在舆论要求从宽处理的呼吁下,被改判5年有期徒刑。扩张防卫权的意见也得到了最高司法机关的支持,最高人民检察院第十二批指导性案例指出:"要鼓励大胆适用正当防卫,纠正以往常被视作'正常'的保守惯性,避免对防卫行为作过苛、过严要求。"[4] 样本案件之外的典型案件于海明防卫案,在公众舆论的呼吁下,公安机关以于海明的行为属于正当防卫、不负刑事责任为由对该案作出撤销案件决定。

(5)我国现有的金融体制较为封闭、对企业家的保护缺失,现有的司法制度对企业家的保护还存在一定的缺失,要求对其从宽处理的呼声也较为强烈,样本案件中,对该类主体的从宽处理在司法上得

---

[1] 参见《刑事审判参考》指导案例第1075号。
[2] 参见储陈城:《正当防卫回归公众认同的路径——"混合主观"的肯认和"独立双重过当"的提倡》,载《政治与法律》2015年第9期,第28页。
[3] 参见湖北省巴东县人民法院刑事判决书,(2009)巴刑初字第82号。
[4] 最高人民检察院第十二批指导性案例。

到了实现,典型的如吴英案、顾雏军案、张文中案。

(6)这些典型刑事案件中,对于部分官员、富人,以及与官员、富人相关的人员犯罪,公众舆论都要求从严处理,判决也在法定刑幅度内实施了从严处理。例如,"富二代"胡斌飙车案,公众舆论要求严惩。谭卓被胡斌所驾驶的跑车撞飞,经抢救无效死亡。双方达成赔偿协议,谭卓父母获赔113万元。法院在法定刑幅度内对其判处了最高刑即3年有期徒刑,胡斌肇事后报警并在现场等候的行为亦未认定为自首。裁判理由指出:"虽然胡斌有积极赔偿被害方经济损失的酌定从轻情节,但其肇事行为恶劣,危害后果严重,尚不足以减轻其罪责。"[1] 为了引导民众进一步尊重生命安全,警醒和督促司机在驾驶车辆过程中充分履行注意义务,减少交通违章肇事行为,法院综合全案情节,在法定刑幅度内顶格判处胡斌有期徒刑三年是妥当的。""官二代"李启铭交通肇事案,舆论要求重判的意见在判决上得到了支持。该案中,李启铭在河北大学生活区内醉酒驾车,造成一死一伤。李启铭家属积极赔偿死者46万元,伤者9.1万元,取得对方谅解,在法定刑幅度"三年以上七年以下有期徒刑"内判处李启铭有期徒刑6年。[2] 有学者通过对交通肇事案件实证考察得出结论:"赔偿因素极大地影响了对刑罚执行方式的选择,赔偿是左右缓刑适用与否的重要因素。交通肇事赔偿对量刑的影响重于法定情节。115个案件受害人获得赔偿或者与被告方达成赔偿协议,平均量刑为13.43个月。"[3] 相比之下,对胡斌、李启铭处罚过重。审判实践中,部分对未成年人犯罪从宽处理已经突破了法律规定,借助司法解释突

---

[1] 杭州市西湖区人民法院刑事判决书,(2009)杭西刑初字第337号。
[2] 参见《刑事审判参考》指导案例第892号。
[3] 董秀红:《交通肇事量刑中的赔偿因素考量——基于百份判决书的统计分析》,载《东南学术》2010年第4期,第143—144页。

破立法规定,不断拓宽未成年人犯罪从宽处遇幅度,有司法权侵犯立法权之虞。[1] 但样本案件中,对"富二代"李天一(未成年人)轮奸案,公众要求重判的意见被判决采纳,法院判处其有期徒刑10年,犯罪时不满18周岁这一法定从宽情节在量刑中的作用有限。劳荣枝故意杀人案中,劳荣枝实施绑架、抢劫等行为造成7人死亡的严重后果,公众舆论要求严惩的呼声也得到了司法层面的有力回应,劳荣枝最终被判处死刑立即执行。

(7)公众对司法公正、罪刑相当的感觉更多是基于对相似案件的比较,并基于这种比较评判司法个案。临时性强奸案中,对于明显的轮奸案件,一审判决随意认定自首,又随意认定酌定从宽情节"犯罪属临时性的即意犯罪",判处二被告人3年有期徒刑。舆论普遍认为一审量刑畸轻,浙江省湖州市中级人民法院提审该案,改判10年以上有期徒刑[2];李昌奎强奸、故意杀人一案,法院判处死缓与公众的感情相去甚远,舆论对法院判处李昌奎死缓的批判促使了该案改判死刑立即执行。

样本案件中,虽然公众意见对司法的影响客观存在,但案件的定罪量刑大多没有突破刑法规定。与个案相关的某种道德考量、政策权衡或风俗习惯有时之所以成为法官的考量因素或法律解释的依据,恰恰是因为它们承载着公众意见而得到了法官的关注。[3] 综观具体样本案件中权利诉求与司法的关系可以发现,司法对舆论的回应更多是司法公正的应有之义,例如,对冤假错案纠错的诉求,对司法个案信息公开的呼吁,对言论自由的保护等。部分案件,虽然从形

---

[1] 参见庄乾龙:《实体法视野下未成年人犯罪从宽处遇研究》,载《预防青少年犯罪研究》2014年第2期,第26页。
[2] 浙江省湖州市中级人民法院刑事判决书,(2009)浙湖刑初字第63号。
[3] 参见陈林林:《公众意见影响法官决策的理论和实验分析》,载《法学研究》2018年第1期,第21页。

式上看是要求对弱者从宽、对强者从严,似乎会导致因身份差异而影响司法进而导致司法不公,但身份等案外因素只是公众诉求的导火索,其实质还在于权利实现的艰难。例如,对于防卫行为的认定,我国审判实践进行了较为严格的限制,而弱者对强者的防卫、抗争,更易成为主张扩张防卫权的个案,典型的如于欢案。部分权利诉求,虽然是建立在民众的朴素感情之上,但这种朴素的感情也是对现行司法、立法所存在的不合理性的重新认识,如对赵春华持枪案要求无罪或从宽处罚的意见,是公众对司法判决、个案的朴素感情,司法实现公众认同应当考量这些要素。样本案件中,基本权利(如言论自由权、防卫权、律师辩护权、民生权利等)得不到有效的落实,通过舆论压力影响司法,倒逼司法公正,进而实现权利诉求,是当前背景下"实用主义"的维权。也正是这样的倒逼公正,进一步促进司法权的行使更加规范。2018年的齐某强奸、猥亵儿童案,一审判处齐某死缓,在齐某没有上诉、判决生效的情况下,司法机关主动纠错,案件经历三级法院5次审理,最终判处齐某无期徒刑,司法判决的正当性进一步加强。当然,样本案件中,出现公众舆论与司法之间的反复而造成司法公信力缺失,公众的诉求本身的非理性因素可能会不当影响司法,亦值得警醒。

  典型的且有影响力的刑事案件在相当程度上促进了权利在司法个案中的实现,本书研究的样本案件之外的,《南方周末》各年度评选的影响性诉讼(非刑事案件)也同样表明了这一基本趋势。例如,乙肝病毒携带者就业案、高某诉用工方乙肝歧视案,劳动者的就业平等权得到进一步强调;福建农民环境污染诉讼、郑州破坏黄河矿产资源案、广西龙江河镉污染案、首例雾霾环境公益诉讼案、中国生物多样性保护与绿色发展基金会诉秦皇岛方圆包装玻璃有限公司大气污染公益诉讼案,进一步将公民权利诉求拓展至更为间接的环境权;诉表哥工资信息公开案、社会抚养费公开案,进一步扩张了公众的知情权。部分非刑事案件,直面公权力行使的合法性,如杜宝良巨额罚单案、陕西大月份引产行政处罚案、非独抢生被处罚案,对公权力行使的合法性、合理性提出了更高的要求。法律上并不明确的权利,在个案中也得以实现或者提出了相应的权利主张,如北雁云依姓名权案、同性婚姻登记案、陈超诉专车处罚不当案、限制失信被执行人蒋某某子女就读高收费私立学校案等。近年来,全国范围内的行政诉讼案件数量、胜诉率增多也从一个侧面说明了,对公权力的约束与限制已经成为趋势。有学者通过对行政诉讼案件数量的实证考察得出结论:"人民群众通过行政诉讼维权的需求尚未得到充分满足,只要当事人的诉权能够得到法律和司法的充分保护,行政诉讼案件数量仍将继续呈现快速增长态势。"[1]

二、权利诉求在立法、制度上的实现

经个案司法所确定的权利,只有上升至立法、制度层面,才能实现权利的普遍化。公众围绕着案件事实与法律之外的社会问题展开大讨论,虽然背离了案件事实与法律适用本身,但对社会问题的关注,对推进立法、制度优化亦有意义,权利诉求所推进的立法、制度改革,见表1-5。域外经验也表明典型案件对推动制度优化的作用,例如,1954年的布朗诉教育委员会案,被视为司法扭转种族隔离的典范。[2]

---

[1] 黄卉:《影响各地行政诉讼案件数量的那些要素——26年的数据分析》,载搜狐网2017年7月25日 https://www.sohu.com/a/159867466_611053,访问日期:2019年2月5日。
[2] [美]奥斯汀·萨拉特编:《布莱克维尔法律与社会指南》,高鸿钧等译,北京大学出版社2011年版,第198页。

表 1-5　权利诉求所推进的立法、制度改革

代表性个案	改革的内容	代表性个案	改革内容
赵作海案等冤假错案	推进了以审判为中心的司法体制改革、相关的证据规定出台、《刑事诉讼法》修改	陈平福发帖被捕案等	《关于办理利用信息网络实施诽谤等刑事案件适用法律若干问题的解释》出台
黄静疑案	司法鉴定制度改革	吴英集资诈骗案	金融体制改革
李昌奎案	死刑适用标准明确化、规范化	顾雏军案、张文中案	保护民企的相关规定出台
"躲猫猫"案等	《看守所执法细则》等相关规定出台	北海律师维权案等	律师权利在新刑事诉讼法中进一步加强
陈超诉劳动教养委员会案	劳动教养制度被废除	许霆案	《刑法》第 264 条盗窃罪法定刑的修改
崔英杰刺死城管案	地方城市管理办法修改,城管执法理念、城市管理理念改变	赵春华持枪案、大学生掏鸟窝案	司法解释对"枪支""野生保护动物"重新解释
唐福珍自焚反抗强拆等	《国有土地上房屋征收与补偿条例》出台,拆迁制度规范化	于欢案	最高司法机关出台若干指导案例明确防卫的界限

呼格吉勒图案、赵作海案等冤假错案的纠错,不仅重现了个案正义,更重要的是通过纠错,对我国现有的司法制度进行了体系性反思,推进了《关于办理刑事案件排除非法证据若干问题的规定》《关于办理死刑案件审查判断证据若干问题的规定》《关于建立健全防范刑事冤假错案工作机制的意见》等一系列规定相继出台,也促成了修改后的《刑事诉讼法》进一步强调限制、规范司法权,保障律师及被告人权利以防范冤假错案。黄静疑案、李昌奎案、"躲猫猫"案等,使具体的司法制度所存在的问题得以反思。黄静案从 2003 年案发后,进

行了 5 次鉴定,不同鉴定结论之间存在冲突,引起了巨大的社会反响,让司法鉴定的公正性遇到空前的信任危机,2005 年全国人大常委会《关于司法鉴定管理问题的决定》正式出台。李昌奎案,公众拷问死刑立即执行与死缓的适用界限,对司法权行使的合理性提出了进一步要求,司法机关也先后多次发布指导案例规范死刑的适用。"躲猫猫"死亡案,使公众对看守所执法的透明性、规范性提出了进一步的要求,也促成了事后全国范围内对看守所的大检查,近年来,建议看守所独立于公安机关,实现侦羁分离的呼声也越来越强烈。[1] 陈超诉劳动教养委员会案,推动了劳动教养制度的废除,2013 年全国人大常委会通过了《关于废止有关劳动教养法律规定的决定》。崔英杰刺死城管案、唐福珍自焚反抗强拆案、陈平福发帖被捕案等,反映出普通民众在维护基本权利诉求,如生存权、住宅安宁权、言论自由权时,都需要付出代价,这些案件推进了相关制度的修改,进一步保障了权利。以陆勇涉销售假药案为例,国家的"医药管理秩序"和患者的"生存利益"之间存在较为剧烈的冲突,医药管理具有正当性,而为了治病购买违规药品具有自身的必要性与结果违规性,二者在行为、利益、目标等方面具有不可避免的矛盾与冲突。陆勇案从一个侧面说明,单纯依靠制度制止患者购买违禁药品无法达到理想效果。也正是因为该类案件受到关注,导致立法机关反思药品管理制度中存在的问题,最终推动了《药品管理法》将"依照本法必须批准而未经批准生产、进口"即销售的药品按假药论处的条款删除,这意味着代购未经批准进口的境外合法药品行为将不构成销售假药罪,进一步维护了患者的生存权益。不仅仅是弱者需要维

---

[1] 参见陈瑞华:《看守所制度的改革问题(上)》,载《中国律师》2017 年第 5 期,第 78 页。

权,"强者"的权利也应该得到刑法的保护,典型的如企业家吴英集资诈骗案、顾雏军案、张文中案。吴英案凸显了我国金融体制所存在的问题,民营中小型企业无法有效地得到金融支持。而民间借贷的盛行,正是旧有的金融体制不能满足快速发展中的民间经济需求之下的产物,吴英犯罪原因一定程度上可以归结于金融体制本身存在的问题,基于这一认识,吴英最终被轻判。顾雏军案、张文中案,唤醒了对企业家权利保护的认识,2017年《中共中央、国务院关于营造企业家健康成长环境弘扬优秀企业家精神更好发挥企业家作用的意见》、2017年公布的最高人民法院《关于充分发挥审判职能作用为企业家创新创业营造良好法治环境的通知》等相关规定相继出台。

司法权的规范行使,是保护公民权利的重要保障。样本案件中,北海律师维权案,凸显了律师权利在制衡司法权上的无力,也推进了刑事诉讼法修改过程中,进一步强化律师权利。许霆案一审判处无期徒刑,无论判决结果从形式上看多么"合法",普通民众、专家学者甚至法院自身都认为量刑畸重,进一步拷问判决、立法的合理性,在此基础上,推进了《刑法》第264条"盗窃金融机构,数额特别巨大的","处无期徒刑或者死刑"这一规定的废除。赵春华持枪案、河南大学生掏鸟窝案,定罪量刑都引发了社会的普遍关注,将此类行为定罪并判处重刑,受到了舆论的普遍关注,针对该类案件,围绕着如何理解刑法上的"枪支""野生保护动物",能否直接采纳行政法上的概念来解释刑法上的概念,行为人是否具有违法性认识的可能性,理论上亦展开了激烈的讨论,但基本的方向是考虑如何实现从宽处罚以保护涉案主体的权利,对上述犯罪作限制解释。有学者指出:"行政法的规定以及行政机关对案件事实与处理结论的认定,只具有作为认定犯罪线索的意义;刑事司法人员必须根据刑法的特点对构成要件要素、案件事实进行独立判断,独立作出处理结论,不得将行政责任的认定结论与根据直接作为刑事责任的认定结论与根据。"〔1〕公众对该类社会问题的持续关注,使社会、司法机关都在重新思考既往做法的合理性,也推进了相关规定的出台。2018 年最高人民法院、最高人民检察院《关于涉以压缩气体为动力的枪支、气枪铅弹刑事案件定罪量刑问题的批复》的出台就是应对赵春华案所暴露的问题,该解释的出台背景亦指出:"一些涉以压缩气体为动力且枪口比动能较低的枪支的案件,涉案枪支的致伤力较低,在决定是否追究刑事责任以及裁量刑罚时唯枪支数量论,恐会背离一般公众的认知,也违背罪责刑相适应原则的要求。司法实践中,个别案件的处理引发社会各界广泛关注,法律效果和社会效果不佳。"〔2〕河南大学生掏鸟窝案,公众进一步拷问司法实践中"珍贵、濒危野生动物"的认定标准的合理性。实践中类似案例,深圳男子王鹏贩卖自养鹦鹉,被法院一审以非法出售珍贵、濒危野生动物罪,判处有期徒刑 5 年。王鹏出售的是自己驯养繁殖的鹦鹉,能否认定为刑法上的"国家重点保护的珍贵、濒危野生动物",能否直接依据《濒危野生动植物种国际贸易公约》来认定刑法上的"保护动物",引发争议。也正是对其定罪量刑存在说理上的不足,二审法院在法定刑以下判处其有期徒刑 2 年,并报最高人民法院核准。〔3〕相关规定也在严格限制"珍贵、濒危野生动物"的范围,最高人民法院研究室《关于收购、运输、出售部分人工驯养繁殖技术成熟的野生动物适用法律问题的复函》指出:"尽快启动国家重点保护野生动物名录的修订工

---

〔1〕 张明楷:《避免将行政违法认定为刑事犯罪:理念、方法与路径》,载《中国法学》2017 年第 4 期,第 37 页。

〔2〕 最高人民法院研究室刑事处《〈最高人民法院、最高人民检察院关于涉以压缩气体为动力的枪支、气枪铅弹刑事案件定罪量刑问题的批复〉的理解与适用》。

〔3〕 参见广东省深圳市中级人民法院刑事判决书,(2017)粤 03 刑终 1098 号。

作,将一些实际已不再处于濒危状态的动物从名录中及时调整出去,同时将有的已处于濒危状态的动物增列进来;或者是在修订后司法解释中明确,对某些经人工驯养繁殖、数量已大大增多的野生动物,附表所列的定罪量刑数量标准,仅适用于真正意义上的野生动物,而不包括驯养繁殖的。"类似的案件还有秦运换采摘野草案,秦运换在未办理野生植物采集证的情况下,擅自在林坡上采挖兰草一丛三株,法院以非法采伐国家重点保护植物罪判处秦运换有期徒刑 3 年,缓刑 3 年。[1] 该案经媒体报道,引发舆情,争议焦点在于如何理解"国家重点保护植物"的范围。[2] 立法上的权利并不会当然地落到实处,较为典型的就是防卫权,司法实践中对于正当防卫的认定,向来都受到了过于严格的批判,也正是因为于欢案,使我们反思了当前司法实践中认定正当防卫过于严格的现状,并且促使了 2018 年最高人民检察院第十二批指导性案例的出台,使纸面上的防卫权进一步落到实处,进一步扭转正当防卫认定过于严格的现状。

第三节 理性应对权利诉求

处于转型期的社会是一个不同利益群体共存、利益冲突加剧、利益诉求多元化的社会,如果不能正视各群体的利益诉求而将其排斥在体制性利益表达之外,将在客观上积累社会动荡和爆发的能量。[3] 合理回应公众的诉求,是增加司法判决、立法、制度合法性、

---

〔1〕 参见河南省卢氏县人民法院刑事判决书,(2016)豫 1224 刑初 208 号。
〔2〕 参见马建刚、王飞、杨妙伟:《采了 3 株"野草"男子获刑 3 年》,载《河南法制报》2017 年 4 月 19 日,第 8 版。
〔3〕 参见孙立平:《关注 90 年代中期以来中国社会的新变化》,载《社会科学论坛》2004 年第 1 期,第 47—48 页。

合理性的基础。[1] 有学者通过对20世纪90年代以来全国社会矛盾的演变态势和宏观原因进行实证研究发现：不能满足公民的合理诉求，会引发更大的社会矛盾。1990—2010年全国社会矛盾发生率不但升高，而且冲突程度有所上升。其中，非法形式社会矛盾比合法形式社会矛盾增速更快，社会矛盾呈高发增长和危害加重的特点。[2]

一、积极、主动应对权利诉求及其发展

在样本案件中，权利诉求虽然通过个案的司法得以实现，并后续通过立法予以进一步扩大化的确认，但通过个案倒逼司法公正、制度变更以实现权利，亦付出了巨大的代价，见表1-6。样本案件之外的非影响性案件，权利的实现并不乐观。诸多样本案件，以生命为代价，推动中国法治的进步，约束公权力，保护私权利。如何积极、主动回应民意诉求，是法治社会司法、制度保护权利的应有态度，也有助于减少"倒逼"公正司法、制度优化所付出的代价。

表1-6 影响性刑事案件中权力侵犯权利、
维权所付出的代价的典型个案

代表性个案	简要说明	代表性个案	简要说明
赵作海案等冤假错案（10个）	生命、自由被错误剥夺	崔英杰案	城管队员被杀害
举报人李国福死亡案、安元鼎"黑监狱"案等（3个）	举报人李国福惨死看守所，进京上访人员被非法拘禁	王帅发帖被捕案等（4个）	发表对政府、司法机关的批评意见而被剥夺人身自由

---

[1] See Jerome Frank, Law and the Modern Mind, London: Steven & Sons, 1949, p.20.
[2] 参见胡联合、胡鞍钢、魏星：《国家治理：社会矛盾的实证研究》，载《新疆师范大学学报（哲学社会科学版）》2014年第3期，第1页。

(续表)

代表性个案	简要说明	代表性个案	简要说明
唐福珍自焚反抗强拆、贾敬龙故意杀人案等强拆类案件(5个)	被拆迁者自杀、自焚,或者杀害、伤害强拆者	北海律师维权案、贵州黎庆洪涉黑案(2个)	律师人身自由受不当侵犯
杨佳袭警案、太原警察打死农妇案、吉林公安错误刑事扣押案(3个)	警察权不当行使,侵犯他人生命、财产,以及导致警察被杀	顾雏军案、张文中案	被错误剥夺自由

民意诉求虽然存在非理性的因素,但应重视其非理性背后的"理性"。法律人应认识到,法律获取程序的科学性并不在于将所有非理性要素都掩盖起来,而在于对非理性要素也能坦率地进行理性分析。[1] 应及时关注社会矛盾、权利诉求的类型发展、变化方向,提前、主动应对权利诉求。即便是刑法上已经规定的权利,仍应关注其在实务中的实现样态及变化。有学者以正当防卫为例指出,防卫权的扩张是公民权利扩张的内容之一,人们似乎一度乐观地认为,正当防卫条款的完备化能够使先前存在于司法实践中的问题一劳永逸地获得解决。这种"立法依赖"的观念,在一定程度上使20年来中国正当防卫理论的研究总体上呈现出发展乏力、暮气略重的景象。[2] 整体而言,权利发展的方向应是朝着公民权利的实现、政治权利的实现和社会权利的实现这一路径,根据这一方向,应结合我国当前实际及

---

[1] 〔德〕阿图尔·考夫曼:《法律获取的程序——一种理性分析》,雷磊译,中国政法大学出版社2015年版,第15页。
[2] 参见陈璇:《正当防卫、维稳优先与结果导向——以"于欢故意伤害案"为契机展开的法理思考》,载《法律科学(西北政法大学学报)》2018年第3期,第89页。

时发现权利实现过程中存在的问题并提出解决对策。此外,随着公民权利意识的逐步觉醒,主张权利的主体范围也呈扩大趋势,"弱者"不是权利诉求的唯一主体,样本案件中,涉案主体、有案件相似背景经历的人、处于同一阶层的民众、普通民众都逐渐关注个案及其权利诉求。随着社会转型期利益格局的深刻调整,中产阶级权益抗争行为日趋增加,社会矛盾主体的迁移也给社会治理带来更大的难度。[1] 中产阶层往往更具权利意识,对利益受损更为敏感,不确定性预期导致的焦虑也更强烈。[2] 应及时、主动关注未来的变化及可能面临的问题。

二、推进司法改革以应对公众对司法的诉求

首先,应加速推进司法信息公开。公众对个案信息的知情诉求非常强烈,几乎所有的样本案件,都有公众对个案信息的强烈期待。诸多样本案件,引爆舆论的根源就是案件信息不公开。例如,"躲猫猫"案、喝开水死亡案,看守所对牢头狱霸致人死亡案件的真实信息故意隐瞒;杭州胡斌飙车案,胡斌驾驶跑车将被害人谭卓撞出大约5米高后再重重摔在20米以外的地方,造成被害人当场死亡。杭州交警召开新闻发布会时,提及当时车速仅为70码。部分案件,因为司法机关不及时发布信息应对,经常出现舆情反转现象,例如,河南大学生掏鸟窝案,闫啸天被判处有期徒刑10年零6个月,媒体的报道更多地突出了犯罪主体的"大学生"身份,犯罪事实被修饰为"掏鸟窝",判决引发舆论广泛质疑。而生效判决书所认定的事实却被掩盖:闫啸天非法猎捕燕

---

[1] 参见朱力、杜伟泉:《从底层群体利益抗争到中产阶级权益抗争——社会矛盾主体迁移及治理思路》,载《河海大学学报(哲学社会科学版)》2018年第3期,第6页。
[2] 参见姚伟:《当代中国社会矛盾冲突研究回顾与展望》,载《内蒙古社会科学(汉文版)》2017年第3期,第47页。

隼14只(国家二级保护动物),隼形目隼科动物2只,且明知该类动物属于国家保护动物。[1] 后司法机关及时公布案件事实,网友曝光闫啸天长期猎杀、贩卖珍禽,是一个私藏枪支的"偷猎惯犯",出现舆情反转。于欢案中,于欢一审被判处无期徒刑后,公众接触更多的信息系网络媒体报道的:于欢的弱者地位、基于母亲受到凌辱而实施防卫、不法侵害人的强者地位、不法侵害人非法发放贷款等。公众同情于欢、质疑司法判决,引爆舆论。但当网络媒体曝出于欢的母亲不仅拖欠工资,还涉嫌集资诈骗、伪造公章,欠下银行的钱不还,舆论的风向又急转。

其次,应该加强司法说理。公众的看法与刑事司法之间的重大差距,会影响公众对刑事司法的认同,进而影响法治的实现。司法机关如果强硬推行公众认为并不合理的判决,会导致公众对特定个体现实权利的担忧,也会导致公众对自身未来权利的担忧。样本案件表明,诸多与公众看法不一致的判决,在舆论的压力下都得以改判,或者司法机关努力向公众说理以阐述判决的合理性。在过去的30年,我们从大众司法转向专业司法,实现了从"司法的广场化"到"司法的剧场化"的转变。现代法治愈来愈多地依赖法律活动的专业化和技术化,作为"剧场表演"的法庭活动恰恰能够促进法律活动的技术化和专门化,也造成了裁判文书释法说理的不足。以审判为中心的司法改革不仅需要宏观的顶层设计,更需要在微观上通过具体的裁判文书的个案说理来实现"软着陆"。唯有如此,才能使司法裁判从仅仅是"看得见的正义"转变为"说得出的正义"。[2] 样本案件中,赵春华持枪案、河南大学生掏鸟窝案,公众对司法说理的诉求越

---

[1] 参见河南省新乡市中级人民法院刑事裁定书,(2015)新中刑一终字第128号。
[2] 参见雷磊:《从"看得见的正义"到"说得出的正义"——基于最高人民法院〈关于加强和规范裁判文书释法说理的指导意见〉的解读与反思》,载《法学》2019年第1期,第184页。

来越强烈。司法判决如果与公众期待相去甚远,就有必要重新思考刑法理论、立法、司法的合理性。例如,电影《我不是药神》的原型"陆勇销售假药案",2002年,陆勇被查出患慢粒白血病,特效药"格列卫"当时国内一盒2.35万元,可印度仿制药卖4000元,为方便病友购药,他做起仿制药代购。后陆勇因涉嫌贩卖"假药"被拘留,在舆论的追问下,检察院最终撤回起诉,认为其行为非销售行为,不构成销售假药罪。[1]

最后,加强审判权独立行使,防止权力干预司法。样本案件所暴露出来的问题是,司法权制衡权力、保护权利的机能没有得到应有的发挥。相反,部分样本案件,在权力的干预下,司法权沦为制约权利的一种力量。诸多冤假错案、因言论不当而被错误立案的案件,权力干预司法是重要诱因之一。《南方周末》评选的影响性诉讼中的非刑事案件,亦说明司法权受行政权力不当干预。例如,陕西省国土厅否决法院判决案,国土厅以会议的形式否决司法判决;长沙官员以维稳抗拒法院裁决案,生效判决在权力面前显得很无助,法院执行裁定书指出:"本院认为,解除查封理由不成立。但湖南省高院从维护社会稳定出发,指令本院解除查封,本院经审判委员会讨论,决定解除对本宗土地的查封。"[2]作为规范权力的一种力量,司法应坚守其自身职能,才能规范公权力。

三、推进社会制度改革以保障权利

有的典型刑事案件背后暴露的权利保障缺失,更深层的原因是制度的缺陷。通过司法的力量将社会生活中的弱者扭转为强者,即

---

[1] 参见湖南省沅江市人民检察院不起诉决定书,沅检公刑不诉(2015)1号。
[2] 湖南省慈利县人民法院执行裁定书,(2009)慈法执异字第395-16号。

将社会问题司法化，只能实现个案中主体的权利保护，并不能从根本上改变权利保障缺失的困局，也会使司法背离其本身应有的职能。靠刑法解决社会问题，与其说是社会问题司法化，倒不如说是刑法的过度社会化。其结果，当社会默许刑法功能的这种扭曲时，便会有更多的刑法以外的力量介入刑法的修订、解释和适用。于是，扭曲的也许会更加扭曲，规则本身的逻辑却被淡化。[1] 社会制度的改革有助于从根本上保障权利，也有助于缓和刑事司法与民意的紧张关系。

首先，对于涉民生问题等基础性权利的社会制度，应及时推进相应的改革。要系统梳理当前权利保护缺失的现状及涉及的制度，例如，人身自由是最为基础性的权利，陈超诉劳动教养委员会案，推进了劳动教养制度的废除。

其次，要关注权利诉求发展的新方向。当前经济社会高速发展，也必然会反映出相关领域的制度对权利保障的缺失，例如，近年来金融领域、市场领域、企业家保护这些新型问题较为突出。样本案件中，该类案件有逐步增多趋势，如小牛资本非法集资案、e租宝非法集资案、组织刷单入刑案、北京最大倒卖公民信息案，相关的社会制度的改革应及时推进。顾雏军案，2005年、2017年两度成为影响性案件，2005年成为影响性案件时，更多地是强调保障国有财产，将顾雏军入罪得到了公众的认同。而2017年顾雏军案再审，又再度入选影响性案件，此时更强调对企业家的保护。2019年4月10日，最高人民法院对顾雏军案再审，判决撤销原判对顾雏军犯虚报注册资本罪，违规披露、不披露重要信息罪的定罪量刑部分和挪用资金罪的量刑部分。顾雏军案再审改判说明产权保护的根本之策是全面推进依

---

[1] 参见白建军：《中国民众刑法偏好研究》，载《中国社会科学》2017年第1期，第163页。

法治国,要运用好法治思维和法治方式,完善平等保护产权的法律制度。[1] 2018年原物美集团董事长张文中再审改判无罪案,同样反映了我国当前对企业家权利保护的缺失,该案是在全面依法治国、加强产权和企业家权益保护大背景下最高人民法院依法纠正涉产权和企业家冤错案件第一案。

最后,社会制度的改革,应该是系统性的、全面性的。[2] 例如,收容遣送制度的废除,虽然进一步保障了公民的上访权,但如果民生权利等根本性问题得不到解决,上访本身并无助于问题的最终解决,大规模上访还易引发新的矛盾与冲突。有学者指出,收容遣送制度的废除,让原本高位运行的进京上访形势更为严峻,日益严峻的上访形势和地方管控访民能力的相对不足,促使"黑监狱"大规模出现。[3]

四、规范权利诉求的过度扩张

人类社会发展史,本质上是一部权力与权利博弈的演进史。权力与权利的变量既是社会矛盾引发与化解的根本滥觞,也是政治认同考察的核心义理。权利与权力的博弈过程,实际上是二者不断寻求最佳配置的过程,即博弈均衡过程。要根据中国社会发展的需要来确定权利与权力的契合度,不可一味地扩大权力,也不可一味地强调权利,只有实现二者具体性与历史性的有机统一,才能促进社会和

---

[1] 参见凌锋:《顾雏军案改判的意义究竟是什么》,载《法制日报》2019年4月11日,第7版。

[2] 参见徐光华、艾诗羽:《从影响性刑事案件反映的社会问题看刑事司法与民意——以2005年至2013年的119个影响性刑事案件为例》,载《法学杂志》2014年第10期,第120页。

[3] 参见侯猛:《进京上访的社会管理——从"黑监狱"现象切入》,载《法学》2012年第5期,第115页。

谐发展。[1]权利限制是权利理论的重要内容,是权利保障的一个部分,是权利得以实现的前提。样本案件中,无论是具体个案的主体权利,还是公众舆论所呼吁的权利,内容及方式上都夹杂着过度扩张性,值得警醒。例如,对于防卫权,应该在何种限度内行使,以于欢案为例,网络舆论所充斥的"于欢是正当防卫而不构成犯罪"的呼声,至少难以得到社会的普遍共识,也与既往认定正当防卫的做法相去甚远。主张赵春华持枪案无罪的诉求,更多地是基于对个体权利的诉求,而忽略了集体利益、社会安全、国家权力对管控枪支的要求。"赵春华非法持有枪支案之所以会引起社会各界的质疑,进而引发司法实务界及理论界的广泛争论,其症结在于司法实践中缺乏集体法益刑法保护的从属性思维。基于维护公共安全的需要,国家对枪支进行严格管理,其正当性应当得到肯定。"[2]2018年典型非刑事案件南京旅客穿越铁道被挤压致死案,杨某横穿轨道,在列车车头前向站台攀爬,被列车挤压致死。其父母要求铁路部门承担80%赔偿的诉讼请求被驳回,法院旗帜鲜明地对漠视规则、破坏秩序的行为给予否定评价,强调权利诉求也不应突破法律规定。即便是合理的权利诉求,也应回归法治的程序,而不应该走向无序状态,否则会强化通过非法方式获得权利主张的做法。背离法治的权利诉求,无论是对个体,还是对国家、社会,都是一种伤害。

---

[1]参见张群梅:《权利域中的权力制约:个人权利与国家权力关系的自由主义解读》,载《兰州学刊》2012年第9期,第150页。
[2]参见孙国祥:《集体法益的刑法保护及其边界》,载《法学研究》2018年第6期,第50页。

第二章
典型刑事个案对推动司法制度优化方面的现状及其意义

在对典型刑事个案推动制度优化进行整体概览后,需要进一步对具体案件如何推动制度优化进行分析。制度优化虽然对我国宏观的法治建设作出了突出贡献,但其成功之处往往隐藏在细节之中。[1] 因此,研究典型刑事案件不仅要站在宏观层面,更需要从刑事个案的细节入手,具体考察个案推动司法制度优化的全过程,从而细致分析典型个案推动司法制度优化过程中的得与失,以期更好地使典型个案服务于我国司法制度建设。

样本案例中共有 61 个案件推动了我国司法制度的进一步完善。其中较为典型的有"于海明防卫案""药神销售假药案""赵作海冤错案""佘祥林冤错案"。本章通过对上述几个典型案件进行细致分析,发现上述案件有效推动了国家司法制度的优化:"于海明防卫案"激活了我国特殊防卫制度,使特殊防卫不再沦为"僵尸条款";"药神销售假药案"使《药品管理法》将具有疗效的无批号药品排除出刑法适用范围,平衡了药品管理秩序与患者生命权益之间的矛盾;"赵作海案"使非法证据排除规则更加细化,刑讯逼供问题得到有效遏制;"佘祥林冤错案"使国家赔偿制度更加完善,侵权精神损害赔偿制度

---

[1] 刘仁文:《司法的细节》,广西师范大学出版社 2016 年版,第 1 页。

得以确立。这说明典型刑事个案对于司法制度的优化具有积极意义,应当重视典型个案在制度优化过程中的作用。

第一节 于海明防卫案与特殊防卫制度的"激活"

一、案情介绍

2018年8月27日21时30分许,于海明骑自行车在江苏省昆山市震川路正常行驶,刘某醉酒驾驶小轿车(经检测,血液酒精含量87mg/100ml),向右强行闯入非机动车道,与于海明险些碰擦。刘某的一名同车人员下车与于海明争执,经同行人员劝解返回时,刘某突然下车,上前推搡、踢打于海明。虽经劝解,刘某仍持续追打,并从轿车内取出一把砍刀(系管制刀具),连续用刀面击打于海明颈部、腰部、腿部。刘某在击打过程中将砍刀甩脱,于海明抢到砍刀,刘某上前争夺,在争夺中于海明捅刺刘某的腹部、臀部,砍击其右胸、左肩、左肘。刘某受伤后跑向轿车,于海明继续追砍2刀均未砍中,其中1刀砍中轿车。刘某跑离轿车,于海明返回轿车,将车内刘某的手机取出放入自己口袋。民警到达现场后,于海明将手机和砍刀交给出警民警(于海明称,拿走刘某的手机是为了防止对方打电话召集人员报复)。刘某逃离后,倒在附近绿化带内,后送医抢救,因腹部大静脉等破裂致失血性休克于当日死亡。于海明经人身检查,见左颈部条形挫伤1处、左胸季肋部条形挫伤1处。

8月27日当晚公安机关以"于海明故意伤害案"立案侦查,8月31日公安机关查明了该案的全部事实。9月1日,江苏省昆山市公安局根据侦查查明的事实,依据《刑法》第 20 条第 3 款的规定,认定于海明的行为属于正当防卫,不负刑事责任,决定依法撤销于海明故意伤害案。其间,公安机关依据相关规定,听取了检察机关的意见,昆山市人民检察院同意公安机关的撤销案件决定。[1]

二、理论阐述

《刑法》第 20 条第 3 款规定:"对正在进行行凶、杀人、抢劫、强奸、绑架以及其他严重危及人身安全的暴力犯罪,采取防卫行为,造成不法侵害人伤亡的,不属于防卫过当,不负刑事责任。"长期以来,司法实务与理论界对于如何认定特殊防卫存在不同的理解,我国审判实践中,时常限制特殊防卫制度的适用。更有学者称特殊防卫制度为"僵尸条款"。[2]

1. 于海明案被认定为特殊防卫的原因

对于海明行为定性的巨大争议,导致于海明案引发了广泛的舆论讨论。公安机关最终认为,刘某在案发时正在对于海明行凶,于海明虽然采取足以致人死亡的暴力手段进行防卫,但是根据《刑法》第 20 条第 3 款的规定,应当认定为特殊防卫,不予刑事处罚。

首先,公安机关认定刘某的行为属于"行凶",满足特殊防卫的前提条件。本案中刘某的行为是否属于"行凶"在舆论中存在分歧。例如有观点认为,在案发时刘某属于醉酒状态,醉酒的人所实施的行为不属于刑法上的"不法侵害",更无法成立"行凶",因此对这种行为

---

[1] 参见最高人民检察院第十二批指导性案例(检例第 47 号)。
[2] 参见陈兴良:《正当防卫如何才能避免沦为僵尸条款——以于欢故意伤害案一审判决为例的刑法教义学分析》,载《法学家》2017 年第 5 期,第 98 页。

只能进行紧急避险而不能进行正当防卫。[1] 但是司法机关最终没有采纳这一观点,而是将刘某的行为认定为"行凶"。司法机关认为对于"行凶"的理解,应当以"严重危及人身安全的暴力犯罪"作为衡量标准。当刘某的行为从"推搡、踢打"演变为"持砍刀击打",其行为性质已经升级为暴力犯罪,随着事态的发展,接下来会造成怎样的损害结果难以预料,于海明的人身安全处于现实的、急迫的和严重的危险之下。因此,刘某的行为符合"行凶"的认定标准。即便不清楚刘某主观上是杀人的故意或是伤害的故意,也并不会影响"行凶"的认定,因为这正是许多行凶行为的特征,而非认定障碍。

其次,公安机关认定刘某的行为属于"正在进行"的不法侵害,满足特殊防卫的时间条件。本案中关于刘某受伤逃跑后,于海明进行追击的行为是否仍然属于对"正在进行"的不法侵害实施防卫行为,存在较大的争议。有观点认为,于海明抢到砍刀后,刘某就无法再进一步实施侵害行为,应当认为不法侵害已经结束而非正在进行。[2] 但是司法机关认为,判断侵害行为是否已经结束,应考虑侵害人是否已经实质性脱离现场以及是否存在继续攻击或者再次发动攻击的可能性。于海明在抢到砍刀后,刘某立刻上前争夺,此时侵害行为没有停止。刘某受伤后又立刻跑向之前藏匿砍刀的汽车,于海明此时不间断地追击符合防卫的需要。因此,在于海明抢得砍刀顺势反击时,刘某既未放弃攻击行为也未实质性脱离现场,不能认为侵害行为已经停止。

最后,公安机关认定于海明的行为造成刘某死亡的后果并不属

---

[1] 参见冯军:《昆山砍人案的冷思考,打捞那些被忽略的细节》,载《中国检察官》2018年第18期,第53页。
[2] 参见李昊:《"昆山司机砍人反被杀"一案中存在的正当防卫问题分析》,载《黑龙江人力资源和社会保障》2021年第11期,第84页。

于防卫过当,符合特殊防卫的限度条件。虽然《刑法》规定了特殊防卫造成死亡结果的,不负刑事责任,但对这一规定如何理解,在理论上存在分歧,也影响了对于海明行为性质的判断。例如有观点认为,《刑法》第 20 条第 3 款的规定属于注意规定,因此成立特殊防卫依然需要具备限度条件。在本案中,于海明追砍刘某的行为明显已经超出了必要限度,因此应当成立防卫过当而非正当防卫。[1] 但是司法机关最终没有采纳这一观点,认为不法侵害既包括实害行为也包括危险行为,对于尚未造成严重后果的危险行为,只要有造成严重后果的可能性,也可以实施正当防卫;认为《刑法》第 20 条第 3 款为注意规定,不是否认于海明的行为成立正当防卫的理由。在刘某的行为具有危险性而属于"行凶"的前提下,于海明采取防卫行为致其死亡,不属于防卫过当,于海明本人是否受伤或伤情轻重,对正当防卫的认定没有影响。

2. 我国特殊防卫制度的适用现状

于海明案所引发的关于于海明行为的定性争议,也侧面说明了我国特殊防卫制度在实践中难以进行准确适用。我国特殊防卫的适用率较低,并且在适用特殊防卫的案件中对防卫手段、造成结果的限度要求过于严格,导致特殊防卫制度难以落实到司法实践之中。

我国正当防卫的认定在实务中偏低,而其中,特殊防卫制度适用率则更低。有学者在 2017 年对"无讼案例"收录的 433 万份刑事裁判文书进行分析,采取"正当防卫"辩护策略的有 12346 例,最终,法

---

[1] 参见杨晓曼:《论正当防卫与防卫过当的界限——基于对"昆山反杀案"的分析》,载《理论观察》2019 第 11 期,第 116 页。

院认定正当防卫的仅有16例,正当防卫辩护的成功率仅为0.13%。[1] 换言之,每1000名主张正当防卫的被告,只有大约1人能够成功。也有论者从全国各级法院公布的正当防卫案件中调取226篇判决书,其中,认定正当防卫的仅有6%。[2]

我国正当防卫认定对防卫人的要求过于严苛。例如,在"王靖故意伤害案"中,侵害人陈维海是王靖的前夫,某日晚,陈维海去王靖家里探望自己的孩子,二人因为口角争执而大打出手。陈维海拿起一把匕首,将王靖按倒在地,并对其进行了毒打。王靖抢走了陈维海的刀,陈维海却还在不停地攻击王靖,王靖就用匕首捅了陈维海一刀,将他杀死。司法机关认为王靖构成防卫过当,最终以故意伤害罪论处。[3] 在本案中,陈伟海持匕首进入王靖家中,从一般人视角来看已经对王靖及其家人的人身安全产生了极大的威胁,在这种情况下,司法机关依然要求王靖保持克制,显然对王靖施以过高的道德要求,也使特殊防卫本应达到的保护防卫人合法权益的作用难以充分发挥。

我国正当防卫认定的唯结果论倾向严重。《中国法治实施报告(2021)》指出,防卫限度的判断是行为人能够成立正当防卫的关键,实务部门在判断防卫限度时,往往把重心放在防卫对象的受损程度上,根据相关司法数据显示,在司法部门认定的案件中,以"造成被害人伤亡"为依据的就占到了所有防卫过当案件的4/5以上。[4] 甚

---

[1] 参见王禄生:《让法院判定正当防卫究竟有多难》,载财新网2017年3月29日,http://opinion.caixin.com/2017-03-29/101071839.html,访问日期:2024年1月3日。
[2] 参见储陈城:《正当防卫回归公众认同的路径——"混合主观"的肯认和"独立双重过当"的提倡》,载《政治与法律》2015年第9期,第27页。
[3] 参见高翼飞:《特殊防卫权应有防卫限度》,载《人民司法》2014年第4期,第43页。
[4] 参见江必新主编:《中国法治实施报告·2021》,人民法院出版社2021年版,第35页。

至,最高人民法院在发布的《刑事审判参考》第 55 期中对于防卫限度的认定也是沿袭了这一判断思路。例如,李明故意伤害案中,辩护人认为"其在遭到不法侵害时实施防卫,造成被害人死亡的结果属于防卫过当",法院认为"李明为制止正在进行的不法侵害而故意伤害不法侵害者的身体,其行为属于正当防卫,但其防卫明显超过必要限度,造成被害人死亡的重大损害后果,其行为构成故意伤害罪"。[1] 报告指出,这种判断方法在司法实务中的效率性是毋庸置疑的,但"唯结果论"倾向会忽视对其他因素的考量,从而错误地认定防卫行为。

3. 特殊防卫制度沦为"僵尸条款"的原因

我国特殊防卫制度出现的适用率低,适用条件苛刻的状况,使特殊防卫已经沦为"僵尸条款"。我国对防卫限度的判断过于依赖结果,只要造成重伤、死亡结果的,多直接否认正当防卫,并且在特殊防卫中设置了条件过于严苛的紧迫性要件,这是我国特殊防卫制度在实践中难以得到适用的主要原因。

认定防卫行为是否过当"唯结果论"理念限制了特殊防卫的适用。特殊防卫制度之所以被戏称为"僵尸条款",源于司法机关在处理正当防卫案件时,往往被"死亡或重伤"结果所"绑架",通常优先以"平息社会矛盾"作为裁判目的,以最终造成的伤害结果为依据,对正当防卫人作出有罪判决,从而致使我国特殊防卫制度被"束之高阁"。有学者通过对 722 份判决进行研究,发现实务中有 83.24% 的案件以防卫造成的损害结果作为判断依据,并以此判定 601 起案件成立防卫过当。[2] 唯结果论的盛行,与其背后结果无价值论的"法

---

[1] 参见《刑事审判参考》指导性案例第 433 号(2017 年)。
[2] 参见尹子文:《防卫过当的实务认定与反思——基于 722 份刑事判决的分析》,载《现代法学》2018 年第 1 期,第 179 页。

益衡量原理"密不可分,而"法益衡量原理"在防卫过当的判断中无疑扮演了决定性作用。[1] "法益衡量原理"注重只要受保护的法益小于受侵害的法益,特别是在出现致人重伤或者死亡的情况下,防卫人的防卫行为便会被否定。例如,刘兴桃故意伤害案,刘某甲与刘某丁欲在路上对刘兴桃实施侵害,刘兴桃逃脱。随后二人持钢管、木棒对刘兴桃实施侵害,并在刘兴桃逃跑后持续追赶。刘兴桃在被赶来的二人殴打之时,用随身携带的小刀捅刺二人,并致一人死亡。本案一审、二审法院均认为刘兴桃的防卫行为明显超过必要限度,构成防卫过当。[2] 法院认为"被告在受到轻微伤后便持刀刺向被害人刘某丁的腹部属防卫过当"。换言之,本案一审、二审法院认为防卫人在仅受轻微伤的情况下,造成了侵害人一死一伤的后果,必然超出了限度范围。然而该案无论是从人数或凶器层面来看,侵害人一方都强于防卫人,司法机关以造成了伤亡结果为由认为防卫行为必然超出了规定的限度范围,这是值得商榷的。又如,在晏红左故意伤害案中,晏红左刚做完剖宫产手术15天,晏红左的丈夫张某某对其实施殴打,导致晏红左伤口开裂流血不止,晏红左为了自保,持刀进行反击致张某某死亡。一审法院未肯定防卫人的防卫性质,以故意伤害罪论处。二审法院认为晏红左的行为具有防卫性质,但超过必要限度,系防卫过当。[3] 该案仅从造成死亡结果反推至防卫行为过当,并认为不法侵害对被害人造成的是轻微伤,即不法侵害的强度轻微,就认为晏红左用刀捅刺侵害人并致死的行为不是防卫所必需的,进而认定晏红左的行为是防卫过当。

---

[1] 参见喻浩东:《为防卫行为设置"容许风险"——以正当防卫的正当化根据为中心》,载《刑事法评论》2018年第1期,第167页。
[2] 参见四川省泸州市中级人民法院刑事判决书,(2013)泸刑终字第43号。
[3] 参见安徽省高级人民法院刑事判决书,(2016)皖刑终29号。

紧迫性要件的限缩解释增加了认定特殊防卫的困难。司法机关对于特殊防卫案件的判断,往往是站在理性人的角度进行评价,裁判者要求防卫人在面对不法侵害时要保持头脑清醒,判断当下的情况是否紧急,从而优先选取最为恰当的防卫行为,以保证结果没有"明显超过必要限度"。例如,于欢案中,一审法院以于欢及其母亲所面临的不法侵害不具有紧迫性、不存在正当防卫意义的不法侵害前提为由,认定其不属于正当防卫。[1] 该案一经媒体披露,立即引起轩然大波,对判决质疑批判之声不绝于耳。随后,二审法院改判认为,于欢的行为具有防卫性质,但属防卫过当,维持原判故意伤害罪的罪名,判处于欢有期徒刑5年。[2] 又如,李宝平故意伤害案中,被害人李某某来到李宝平家中闹事,对李宝平又打又骂,李宝平在李某某打他时进行反击,致李某某重伤。法院认为李某某对本案存在明显过错,但李宝平在受到侵害后未予克制,未采取适当方式维护权益,而是殴打被害人致事态扩大,具备故意伤害他人身体的主观故意,客观上亦造成了损害结果,故应认定其犯故意伤害罪。[3] 一旦法律要求公民在遭遇不法侵害之时忍气吞声、退避三舍,那就意味着法律仅仅为了避免冲突的加剧而不问情由地强迫受到侵害的一方接受不平等的法律地位。这无异于以国家的名义破坏个人尊严和社会公义。[4]

三、特殊防卫制度被激活

于海明防卫案中,公安机关认定于海明的行为是正当防卫的决

---

[1] 参见山东省聊城市中级人民法院刑事附带民事判决书,(2016)鲁15刑初33号。
[2] 参见山东省高级人民法院刑事附带民事判决书,(2017)鲁刑终151号。
[3] 参见陕西省宝鸡市中级人民法院刑事附带民事裁定书,(2020)陕03刑终288号。
[4] 参见陈璇:《克服正当防卫判断中的"道德洁癖"》,载《清华法学》2016年第2期,第61页。

定,不仅激活了正当防卫制度,也符合"法律不强人所难"的道德要求,彰显了"正义者毋庸向非正义者低头"的社会价值导向,契合了当下追求正义与安全的价值诉求,对社会道德起着正面导向作用。[1]

1. 于海明案"激活"了特殊防卫条款

自2018年来,于欢案、于海明案、唐雪案等一系列关于正当防卫的案件频繁成为舆论焦点。全社会以此为契机,掀起了一场关于正当防卫司法认定的讨论热潮,促进了司法机关细化正当防卫制度的认定标准,并且促使司法机关发布一系列指导性案例,为正当防卫的认定提供参照。

于海明案促进了正当防卫指导案例的发布。最高人民法院发布一系列指导性案例以规范和促进正当防卫的适用。2018年,最高人民检察院发布第十二批指导性案例,涉及的4个案例均是正当防卫或者防卫过当的案件。在该批案例示范下,2019年和2020年全国检察机关因正当防卫不捕、不诉共计819人,是之前两年的2.8倍。[2] 2020年,最高人民检察院发布6起正当防卫不捕、不诉典型案例,依法办理了一批社会关注度高的正当防卫案件,进一步明确正当防卫制度的法律适用,统一了司法标准。

于海明案推进了正当防卫制度的进一步细化。2020年,最高人民法院、最高人民检察院和公安部联合发布了《关于依法适用正当防卫制度的指导意见》来进一步规范正当防卫制度的适用。其中,该指导意见明确了特殊防卫条款的具体适用,不仅确定"行凶、杀人、抢劫、强奸、绑架以及其他严重危及人身安全的暴力犯罪"的适用标

---

[1] 参见吴晓蓉:《论司法与网络舆论的价值契合——基于"昆山反杀案"的分析》,载《青海师范大学学报(哲学社会科学版)》2019年第5期,第54页。
[2] 参见《强基固本提素能》,载《检察日报》2022年10月14日,第19版。

准,而且进一步明晰防卫过程中的起因条件、时间条件、对象条件以及意图条件的具体适用。这样使司法机关在实际办案过程中能够准确把握正当防卫、特殊防卫以及防卫过当的认定,整体上扩张了正当防卫的适用范围,对于正当防卫成立条件的认定,更多的是站在防卫人的立场上进行思考,容许防卫人在实施防卫行为过程中的适度"瑕疵",对维护公民正当防卫权利,弘扬社会正气发挥了重要作用,传递了"法不能向不法让步"的法治精神。

2. 扩张了特殊防卫的适用

2020年最高人民法院、最高人民检察院和公安部《关于依法适用正当防卫制度的指导意见》以及一系列关于正当防卫的指导案例,激活了特殊防卫这一"僵尸条款",使特殊防卫在案件中的适用率提升的同时,更加有利于维护防卫人的合法权益不受侵犯。

司法实务对特殊防卫的适用率得到大幅度提升。可以认为,随着《关于依法适用正当防卫制度的指导意见》和相关指导性案例的出台,审判实践限制适用特殊防卫制度的态势已得到初步遏制,并逐渐呈现出扩张适用特殊防卫的趋势。有论者统计了1997年至2023年的特殊防卫案件,发现在于海明案发生之前,1997年至2017年的整整20年间,仅有8个案例成立特殊防卫。而在于海明案发生之后,2018年至2023年就有11个案例被认定为特殊防卫。[1]虽然案件数量并没有出现特别巨大的增加,但特殊防卫案件数量的增加可以说明司法机关开始激活特殊防卫的适用。以上数据的背后,有大量造成不法侵害人死亡的案件,适用了特殊防卫条款,这不仅是司法机关理念的革新,也是防卫权扩张在实践中最显著的体现。

部分实务案例对特殊防卫所要求的面临"紧迫"的不法侵害的判

---

[1] 参见余丽:《特别防卫研究》,中国人民公安大学2023年博士学位论文,第36页。

断,更多的是立足于防卫人当时所处的情形判断,将"紧迫性"的认定扩张化,更加有利于认定防卫人成立特殊防卫。例如,在"张某某特殊防卫案"中,张某某被高某某及其同伙关在房间里进行殴打,随后张某某趁高某某一伙不备溜出房间,高某某随即持电警棍追出。张某某跑到户外后,从自己的电瓶车内取出一把长约10公分的水果刀,高某某见状便朝自己的车辆方向跑去。张某某遂持水果刀对高某某进行追赶,并在高某某车辆驾驶室左门处刺其腹部一刀。公诉机关认为高某某等人结伙挑起事端、持凶器殴打张某某在先,在张某某逃跑后又持电警棍追赶,不法侵害仍在进行,张某某此时面临的不法侵害是紧迫的,故张某某的防卫行为适时且适当,属于特殊防卫,作出了不起诉的决定。[1] 在本案中,司法机关没有因为不法侵害人高某某逃跑而认为紧迫的不法侵害已经结束,而是认为根据当时的场景,张某某作为防卫人无法判断高某某朝自己的车辆跑去是为了逃跑以停止不法侵害,还是去取杀伤力更大的凶器以使冲突进一步升级。站在张某某当时的角度,其并不认为紧迫的不法侵害已经结束,张某某仍然可以对高某某实施防卫行为。即便张某某的判断可能与实际情况不符,错误地评价了不法侵害的"紧迫性",但在认定特殊防卫时也应容许这种合理的"误判"。该案对"紧迫性"要件进行扩大解释,只要立足于案发场景中依然存在不法侵害可能的,就满足"紧迫性"这一防卫前提,更加有利于防卫人采取防卫行为维护自身的合法权益。

部分实务案件不再单纯以结果为导向判断特殊防卫的防卫限度,而是从不法侵害行为的手段、人数以及防卫人所处的情境等因素出发进行综合判断。2020年最高人民法院、最高人民检察院和公安

---

[1] 参见浙江省宁波市象山县人民检察院不起诉决定书,象检一部刑不诉(2020)672号。

部《关于依法适用正当防卫制度的指导意见》出台后,实践中部分案例放弃了"唯结果论"的判断方法,更多地从防卫人的角度出发考察防卫限度,有利于认定防卫人成立特殊防卫。[1] 例如,在"周某甲特殊防卫案"中,周某乙酒后携尖刀与手锯到周某甲家中闹事,并对周某甲实施殴打。二人在互殴的过程中,周某甲夺过周某乙手中的尖刀并朝周某乙身上连戳数刀。公诉机关认为周某乙在凌晨时分强制打开他人房门,并将周某甲拉扯到房外厮打,属于不法侵害进行时,随后周某甲又被周某乙持刀进行侵害,出于防卫并制止对方正在进行的不法侵害的目的,周某甲从周某乙手中夺过刀子后,持刀连续戳刺,致对方重伤二级的行为,符合特殊防卫。[2] 在本案中,周某甲虽然利用侵害人周某乙的武器实施了防卫行为并造成了重伤结果,但司法机关不再以侵害人是否拥有武器作为是否可以实施防卫的判断标准,虽然周某乙已经丢失了武器,但周某甲依然可以实施防卫行为,即使造成周某乙重伤,也属于特殊防卫而非防卫过当。

3. 我国特殊防卫的适用仍需进一步完善

我国特殊防卫制度的适用已经进行了进一步的规范,并取得了良好的效果。但是,在实务中依然存在"行凶"认定标准不清,个别案件存在过度扩张适用特殊防卫的现象。因此,未来需要进一步明确特殊防卫中尚不清晰的部分,使特殊防卫制度更加完善。

实务中部分案件存在扩张特殊防卫适用的问题。特殊防卫权是在行使过程中所受限制最少,但进攻性最强的一种权力,那么法律在

---

[1] 参见邓洁:《特殊防卫权扩张适用的实务考察及标准重塑》,江西财经大学2022年博士学位论文,第46—47页。
[2] 参见甘肃省静宁县人民检察院不起诉决定书,静检刑检刑不诉(2020)6号。

赋予公民特殊防卫权时必然慎之又慎,既要保证公民能够有效维护自身的合法权益,又要为这种激烈的自救方式的适用范围划定合理的边界。然而,在当前扩张正当防卫认定的背景下,部分案件对特殊防卫条款的适用可能会因为失去必要的制约而走向过度扩张的局面。例如,在"冯某某特殊防卫案"中,赵某某与王某某酒后发生争执,赵某某持菜刀砍杀王某某。王某某的朋友冯某某见状便对赵某某进行反击。在反击过程中,王某某与冯某某将赵某某的凶器夺走后,二人共同将赵某某砍伤致死。公诉机关认为冯某某的行为成立特殊防卫。[1] 在本案中,王某某与冯某某在实施防卫过程中具有人数上的优势,并且在不法侵害人赵某某的凶器被夺之后,王某某与冯某某的人数优势就更加明显。因此,王某某与冯某某应当对防卫行为进行适当的克制,失去凶器的赵某某已经无法对二人产生足以致命的威胁。但是,司法机关依然将冯某某的行为认定为特殊防卫,过度扩张了特殊防卫的适用范围。因此,未来应当进一步细化特殊防卫制度的规定,需要在侵害行为严重威胁生命健康安全时,才能够适用特殊防卫的规定。这样才能显示出特殊防卫与普通正当防卫的不同之处,发挥特殊防卫的效果。

特殊防卫所面临的"行凶"这一不法侵害的认定标准有待于进一步明确化。2020年最高人民法院、最高人民检察院和公安部《关于依法适用正当防卫制度的指导意见》对于行凶采取了列举式的规定,将使用致命性凶器严重危及他人人身安全的行为,与未使用凶器或者未使用致命性凶器,但是根据不法侵害的人数、打击部位和力度等情况,确已严重危及他人人身安全的行为确立为"行凶"的典型行为,供司法机关在具体案件中予以参照。但是在司法实践中,仍然存

---

[1] 参见云南省曲靖市人民检察院不起诉决定书,曲检一部刑不诉(2020)10号。

在对"行凶"概念认识不清,从而导致特殊防卫制度滥用的情况。例如,在"李某甲特殊防卫案"中,疫情防控期间,李某乙因邻里之间的琐碎小事,对李某甲心怀怨恨。李某乙在饮酒后到李某甲工作的疫情防控点滋事。后二人发生撕扯打斗,造成二人均不同程度受伤。公诉机关认为李某甲的行为成立特殊防卫。[1] 在本案中,李某乙并没有使用凶器,或者纠集多人实施加害行为,因此李某乙的行为不具有对生命健康的紧迫危险,但司法机关依然认定李某甲的行为属于特殊防卫,混淆了特殊防卫与普通正当防卫之间的界限。因此,未来对于"行凶"的认定可以采取"正面列举+反面排除"的方法,将不会造成重伤死亡结果的互殴行为排除出"行凶"的范畴。这样可以更好地划清互殴与正当防卫之间的界限,使特殊防卫的适用更加准确。

习近平总书记强调:"促进社会公平正义是政法工作的核心价值追求。[2] 于海明最终被认定为无罪,正回应了人民群众对于公平正义的期待。特殊防卫制度作为公民在面对严重不法侵害时行使私力救济的重要法律依据,绝不能成为"僵尸条款"。我国司法机关已经越来越强调"法不能向不法让步"的司法理念,通过司法解释与一系列指导案例的颁布,使"沉睡的"特殊防卫条款开始苏醒,有效地保障了防卫人的合法权益。未来,应当进一步细化特殊防卫的认定标准,在维护防卫人权益的同时,也要防止特殊防卫被滥用,在制止不法侵害与防止防卫权滥用之间寻求更符合现状的平衡。

---

[1] 参见河北省赞皇县人民检察院不起诉决定书,赞检刑不诉(2021)27号。
[2] 习近平:《坚持严格执法公正司法深化改革 促进社会公平正义保障人民安居乐业》,载《人民检察》2014年第1期,第1页。

第二节 "药神"销售假药案与法定犯的认定

一、案情介绍

陆勇是江苏无锡一家针织品出口企业的老板。2002年,被检查出患有慢粒白血病,医生推荐他服用瑞士诺华公司生产的名为"格列卫"的抗癌药。服用这种药品,可以稳定病情、正常生活,但需不间断服用。这种药品国内的售价是2.35万元一盒,一名慢粒白血病患者每个月需要服用一盒。药费加治疗费用几乎掏空了他的家底。

2004年6月,陆勇偶然了解到印度也生产类似"格列卫"的抗癌药,药效几乎相同,但一盒仅售4000元。2004年9月,陆勇通过他人从日本购买由印度生产的同类药品。之后,陆勇用药品说明书中提供的联系方式,直接联系了印度抗癌药物的经销商印度赛诺公司,并开始直接从印度赛诺公司购买抗癌药物。陆勇通过自己服用一段时间后,觉得印度同类药物疗效好、价格便宜,遂通过网络QQ群等方式向病友推荐。后有5个QQ群、千余名白血病患者与陆勇一样开始去银行汇款,从印度直接购买这种廉价抗癌药来维持生命。陆勇及病友首先是通过西联汇款等国际汇款方式向印度赛诺公司支付购药款。在此过程中,陆勇还利用其懂英文的特长免费为白血病等癌症患者翻译与印度赛诺公司的往来电子邮件等资料。随着病友间的传播,从印度赛诺公司购买该抗癌药品的国内白血病患者逐渐增多,药品价格逐渐降低,直至每盒为200余元。2013年3月,经印度赛诺公司与最早在该公司购药的陆勇商谈,由陆勇在中国国内设立银行账户,接收患者的购药款,并定期将购药款转账至印度赛诺公司指定的户名为张某的中国国内银行账户,在陆勇统计好各病友具体购药数量、告知印度赛诺公司后,再由印度赛诺公司直接将药品邮寄给患者。2013年8月,陆勇通过淘宝网从郭某处以500元每套的价格购买了3张用他人身份信息开设的银行借记卡,在准备使用中发现有2张因密码无法激活而不能用,仅使用了1张户名为夏某的借记卡。陆勇同样通过网银U盾使用管理该账号,将病友购药款转账到印度赛诺公司指定的张某账户。

2013年8月下旬,湖南省沅江市公安局将曾购买借记卡的陆勇抓获,由沅江市公安局侦查终结,以陆勇涉嫌妨害信用卡管理罪、销售假药罪,于2014年4月15日向沅江市人民检察院移送审查起诉。审查起诉意见书中指出,从2013年1月开始,印度赛诺公司与陆勇合伙采用网上发邮件和QQ群联系客户等方式在中国销售印度公司生产的"VEENATIOO""IMATINIB400""IMATINIB100"等药物。2013年8月,陆勇为了逃避打击、周转销售印度赛诺公司药物的资金,购买了以夏某身份证办理的这张农业银行卡,用于收取印度公司在中国销售药物的资金。经益阳市食品药品监督管理局证实:陆勇帮赛诺公司在中国销售的药物均未经中国进口药品许可销售。自2013年以来,陆勇销售这几种药物的金额达300余万元,其间又多次按照赛诺公司的授意将这些钱款汇给浙江省义乌市从事外贸的张某账户上。

沅江市人民检察院于2014年5月12日将本案退回沅江市公安局补充侦查,沅江市公安局于6月10日将该案重新移送起诉至沅江市检察院,7月10日沅江市检察院将该案审查期限延期15天,7月22日,沅江市人民检察院对陆勇以妨害信用卡管理罪、销售假药罪向沅江市人民法院提起公诉。沅江市人民法院受案后,因陆勇经传唤不到案,于同年12月23日裁定中止审理,次日对陆勇作出逮捕决定。2015年1月10日,陆勇被沅江市公安局执行逮捕;1月27日,沅江市人民检察院向沅江市人民法院撤回起诉;1月29日,由沅江市人民检察院决定对陆勇取保候审。

取保候审期间,300多名病友联名写了一封《为争取白血病患者基本生存权的集体自救行为的非罪化而呐喊》的请求书交给司法机关,希望国家能够对陆勇酌情处理,更人性化地处理案件。2015年2月26日,沅江市人民检察院作出不起诉决定,该决定书指出,陆勇购买和帮助他人购买未经批准进口的抗癌药品的行为,违反了原《药品管理法》的相关规定,但陆勇为病友购买药品提供的帮助是无偿的。陆勇不仅帮助病友买药、付款,还利用懂英语的特长,为病友的药品说明书和来往电子邮件进行翻译,在此过程中,陆勇既没有加价行为,也没有收取代理费、中介费等任何费用,故陆勇的行为不是销售行为,不符合《刑法》第141的规定,不构成销售假药罪。陆勇通过淘宝网从郭某处购买3张以他人身份信息开设的借记卡,并使用其中户名为夏某的借记卡的行为,违反了金融管理法规,但其目的和用途完全是白血病患者支付自服药品而购买抗癌药品款项,且仅使用1张,情节显著轻微,危害不大,根据《刑法》第13条的规定,不认为是犯罪。根据2012年《刑事诉讼法》(现已修改)第15条第1项和第173条第1款的规定,决定对陆勇不起诉。[1]

二、理论阐述

该案也因其影响重大而被称为"药神案"。典型刑事案件对于法治的影响,并不能仅停留于案件本身的结果是否公正。为避免类似

---

[1] 参见湖南省沅江市人民检察院不起诉决定书,沅检公刑不诉(2015)1号。

悲剧再次发生,有必要从"药神案"的不起诉决定书入手,结合药神案对医疗制度、司法制度的影响,对药神案进行重新分析,反思其发生的真实原因。

1. 不起诉决定正确但理由存疑

检察机关对陆勇的不起诉决定,对民意进行了回应,在结果上实现了实质正义。但检察机关在不起诉决定书通过否定陆勇的行为属于销售行为,以及陆勇的行为没有侵犯他人的生命权、健康权为由,主张陆勇不成立销售假药罪。这一结论虽然正确,但理由确存在瑕疵。

首先,即使陆勇在代购过程中没有加价牟利行为,也不影响其销售行为的成立。决定书指出,陆勇为病友购买药品提供的帮助是无偿的。在此过程中,陆勇既没有加价行为,也没有收取代理费、中介费等任何费用。这一理由看似合理,但深究之下却很难让人信服。一旦这一理由成立,以等于或低于成本价向他人出售违禁品的行为,均可通过上述理由出罪。[1] 从司法实务来看,陆勇案案发前,类似代购药品案件中,司法机关并不考虑行为人是否营利。笔者在北大法宝中以"假药""印度"为关键词进行检索,在2019年《药品管理法》生效前的23个案例,行为人进口"未经批准但质量合格"的药品,无论行为人是否营利,均被认定为销售假药罪。

其次,陆勇所代购的药品并非刑法意义上的"假药"。《刑法修正案(十一)》出台前,针对生产、销售假药罪,《刑法》第141条第2款规定:"本条所称假药,是指依照《药品管理法》的规定属于假药和按假药处理的药品、非药品。"而原《药品管理法》第48条规定:"依

---

[1] 参见程龙:《再评陆勇案:在法定不起诉与酌定不起诉之间——兼与劳东燕教授商榷》,载《河北法学》2019年第1期,第78-79页。

照本法必须批准而未经批准生产、进口,或者依照本法必须检验而未经检验即销售的,按假药论处。"但正如决定书所言:"《刑法修正案(八)》将本罪去掉了'足以严重危害人体健康'的要求,但保护人的生命权、健康权是销售假药罪立法的核心意旨。"[1]本案中,得到陆勇帮助的白血病患者购买、服用了这些药品后,身体没有受到任何伤害,有的还有治疗效果,部分患者证言中还感谢陆勇帮助其延续了生命。因此,否定陆勇成立销售假药罪,应当通过区别刑法意义上的"假药"与行政法意义上的"假药"的方式进行出罪,即服用陆勇代购的药品,不会侵害销售假药罪所保护公民人身健康法益,虽然陆勇代购药品的行为因未经批准具有行政违法性,但并不具有刑事违法性。

2. 关于药神案的反思

"案件是法治的细胞,尤其是疑难案件,对于刑事法治的推进更是有着重要的意义"。[2]药神案的疑难之处并不在于事实的认定,而是在于法律的适用。换言之,是司法机关在认定销售假药罪时忽视了该罪作为法定犯与自然犯的区别。为了避免类似案件再次发生,为类似个案提供一种合理的可予一般化的解决方案,有必要对药神案背后涉及的法律问题进行反思。

第一,法定犯认定中应重视法定犯的双重违法性属性。在法教义学视野下的部门法规范构造中,法定犯是以违反对应的前置法为必要条件的,故法定犯和自然犯除了共同具有的刑事违法性外,法定犯还兼具行政违法性。因此,行政违法与刑事违法并非一一对应,刑法有其固有的违法性,行政不法与刑事不法的区别并非仅为"行为危

---

[1] 湖南省沅江市人民检察院不起诉决定书,沅检公刑不诉(2015)1号。
[2] 劳东燕:《价值判断与刑法解释:对陆勇案的刑法困境与出路的思考》,载《清华法律评论》2016年第1期,第139页。

害"量上的差异,实际上二者存在质的差别。这也决定了有些行政不法行为无论如何量变,都不能质变为刑事不法。药神案中,公诉机关最初依据原《药品管理法》第72条"未取得《药品生产许可证》《药品经营许可证》或者《医疗机构制剂许可证》生产药品、经营药品的,依法予以取缔……构成犯罪的,依法追究刑事责任"认为陆勇未获得药品许可,非法销售药品构成销售假药罪。然而,在陆勇的行为违反前置法,具有行政违法性前提下,还须再证明其行为具有销售假药罪的刑事违法性,即具备犯罪构成的其他要件,才能认定其构成销售假药罪。

第二,法定犯认定中应有选择地将行政认定作为前置程序。行政认定与刑事认定的价值取向不同。从事实还原角度出发,行政法上的责任推定,更多注重行政管理目的,强调行为的行政程序违反性,即一旦行为违反了相关行政管理法规,就可推定行为对社会秩序具有破坏作用,进而成立行政不法。[1] 但这种基于一般预防目的、追求平均正义进行的行政推定,可能会导致部分行政认定背离了事实本身。原《药品管理法》将未经批准生产、进口的药品推定为假药,更多的是出于行政管理的需要,因为绝大多数未经批准的药品,质量都存在问题,即使其质量合格,出于行政效率的考量,也能容许对其予以行政处罚。然而,由于刑罚的严厉性,不允许司法机关像行政机关般容忍事实还原存在瑕疵甚至错误。换言之,刑法上的推定不是实现一般预防的目的,而是根据概率法则,对事实本身的确认。例如,如何证明行为人主观上知道其所收购的是"赃物",司法解释的推定是基于行为人的交易明显不符合交易规则,并且这种推定

---

[1] 参见孙国祥:《行政犯违法性判断的从属性和独立性研究》,载《法学家》2017年第1期,第53-54页。

是其他证据无法、也根本难以直接去证明的情况下所作的规定。[1]基于行政责任推定作出的行政认定具有明显的不确定性,并不必然符合刑事诉讼中以事实为依据的重要原则,也与无罪推定原则相冲突。故应避免行政认定直接取代刑事认定。

三、行政依赖与法定犯的扩张

既然"药神案"是法定犯认定过程中,行政机关事实上取代司法机关,将行政违法行为通过刑事手段进行打击的鲜活例证,就有必要回到法定犯本身,对法定犯的认定重新进行法理分析,发现法定犯认定本身存在的问题,更好地实现民意、制度、司法的良性互动。

1. 法定犯认定中行政依赖的现状

法定犯的立法扩张具有一定的合理性,刑法作为法益保护法,当社会中出现新类型的严重法益侵害行为时,就有对其进行刑法规制的必要。[2]但由于我国法定犯认定高度依赖于空白罪状所指向的参考依据,而绝大多数参考依据设立之时,并非为法定犯司法认定而设置,或者说根本无法预料到立法者会针对该行政违法行为设置法定犯。因此,部分司法机关在法定犯认定中过度行政依赖,径直将行政违法判断的规范用于刑事违法判断,极易造成法定犯扩张适用。

第一,过于依赖行政机关作出的行政认定。法定犯因为其构成要件行为的专业性,在刑事诉讼中,行政部门向司法机关移送或出具

---

[1] 1992年最高人民法院、最高人民检察院《关于办理盗窃案件具体应用法律的若干问题的解释》第8条规定,认定窝赃、销赃罪的"明知",不能仅凭被告人的口供,应当根据案件的客观事实予以分析。只要证明被告人知道或者应当知道是犯罪所得的赃物而予以窝藏或者代为销售的,就可以认定。虽然该规定已经失效,但是,其对于行为人主观内容的推定,仍然有价值。

[2] 参见姜涛:《法定犯中行政前置性要件的法理基础与制度构造》,载《行政法学研究》2022年第1期,第68页。

的行政认定,对于法定犯认定具有较大的参考价值,甚至成为唯一依据,见表2-1。例如,司法机关认定交通肇事罪主要依据事故责任,而事故责任的认定普遍依赖于公安交通管理部门出具的"交通事故认定书"。[1] 但直接以行政法上的"责任"认定刑法上的"责任",难免存在"行政责任取代刑事责任嫌疑"。例如,田某驾车在高速公路行驶过程中,撞到闯入高速公路的行人王某,致王某当场死亡,事故发生后,田某驾车逃逸。交警部门依据《道路交通安全法实施条例》第92条,作出田某属于事故后逃逸,应承担主要责任的交通事故认定书。[2] 法院依据该认定书认为田某构成交通肇事罪,判处有期徒刑3年,缓刑4年。[3] 本案中,王某闯入封闭的高速公路应当是事故发生的直接原因,然而法院并未考虑逃逸之前行为人对肇事行为本身的责任大小,直接以交通事故认定书中推定的行政责任认定刑法上的责任,进而错误地认定田某成立交通肇事罪。

表2-1 典型法定犯认定中法院适用行政认定情况[4]

法定犯名称	认定机关	行政认定名称	样本案例数量(个)	采纳行政认定案例数量(个)	占比
淫秽物品类犯罪	公安机关	淫秽物品鉴定书	62	62	100%

---

[1] 2000年最高人民法院《关于审理交通肇事刑事案件具体应用法律若干问题的解释》第2条规定,成立交通肇事罪要求行为人对事故负同等责任、主要责任或全部责任。
[2] 2017年《中华人民共和国道路交通安全法实施条例》第92条第1款规定:"发生交通事故后当事人逃逸的,逃逸的当事人承担全部责任。但是,有证据证明对方当事人也有过错的,可以减轻责任。"
[3] 参见山西省乡宁县人民法院刑事判决书,(2014)乡刑初字第00024号。
[4] 笔者在北大法宝分别以"淫秽物品鉴定书""交通事故认定书""枪支鉴定书"为内容,检索整理2013-2022年全部符合要求的二审刑事判决书和裁定书。由于交通肇事案件数量过多,笔者选取上海市为研究对象;由于野生动物犯罪和生产、销售假药罪二审案件数量过少,笔者同时选取了一审和二审案件。

(续表)

法定犯名称	认定机关	行政认定名称	样本案例数量(个)	采纳行政认定案例数量(个)	占比
交通肇事罪	公安机关	交通事故认定书	154	154	100%
枪支类犯罪	公安机关	枪支鉴定书	937	937	100%
野生动物犯罪	野生动物鉴定中心	野生动物鉴定书	52	51	98.1%
生产、销售假药罪	市场监督管理局	药品鉴定书	156	154	98.7%

第二,过于依赖行政法设置的行政概念。任何法律规范都有其规范保护目的,不同的法律部门之间,其具体规范保护目的并不完全相同。行政法和刑法位于两个不同法域,其概念需要根据其各自所保护的利益和价值目标进行区别理解。[1] 换言之,由于行政法与刑法的立法目的不同,同一概念的规制范围并不必然相同。例如,2001年公安部《关于对同性之间以钱财为媒介的性行为定性处理问题的批复》规定:"不特定的异性之间或者同性之间以金钱、财物为媒介发生不正当性关系的行为,包括口淫、手淫、鸡奸等行为,都属于卖淫嫖娼行为。"这表明行政机关将手淫等非传统意义性交易行为正式纳入行政法上"卖淫"的概念范围。公安部就"卖淫"行为进行的概念扩容,针对的是行政处罚,其打击的对象是一般违法行为,因此范围较大。但刑法打击的打击对象是犯罪行为,应保持审慎。部分司法机关在认定组织卖淫罪时,忽视行政法与刑法打击对象的差异,直接依据《关于对同性之间以财产为媒介的性行为定性处理问题的批

---

[1] 参见于改之:《法域协调视角下规范保护目的理论之重构》,载《中国法学》2021年第2期,第210页。

复》，将这一行政法上的"卖淫"直接等同于刑法上的"卖淫"概念。例如，袁某以足浴为幌子招聘"技师"，让"技师"在足浴店内实施"口交""胸推"等卖淫活动。法院认为，组织卖淫罪的立法要义在于禁止一切有伤风化的淫媒行为对辩护人提出的"打飞机""胸推"等接触式行为不属于刑法规定的卖淫的意见，不予采纳，判处被告人成立组织卖淫罪。[1]

第三，过于依赖行政机关制定的行政标准。归因于部分法定犯的专业性和我国单轨制的刑事立法模式，法定犯的认定往往需要参考行政机关制定的行政标准。实务中，由于缺乏针对行政标准的司法适用规定，加之对行政标准的过度依赖，部分司法机关适用了形式上不符合要求的行政标准，或进行形式审查后，适用了实质上不符合要求的行政标准，加剧了法定犯的扩张。例如，王鹏人工繁育鹦鹉后进行出售，一审法院按照2000年最高人民法院《关于审理破坏野生动物资源刑事案件具体应用法律若干问题的解释》（现已失效），将人工驯养的动物等同于野生动物的观点，形式比照2003年林业部《国家重点保护野生动物名录》将涉案人工繁育的鹦鹉认定为二级保护动物，判处5年有期徒刑。[2] 又如，赵春华在夜市摆气球射击摊，被公安机关当场查获涉案"枪形物"9支。经公安鉴定，涉案9支枪形物中的6支为能正常发射、以压缩气体为动力的枪支，且所发射弹丸的枪口比动能大于1.8焦耳/平方厘米，一审法院形式比照2010年公安部发布的《公安机关涉案枪支弹药性能鉴定工作规定》中的枪支标准，凡非制式枪支枪口比动能大于等于1.8焦耳/平方厘米，就认定为"枪支"。认为赵春华违反枪支管理制度，非法持有枪支，情节严

---

[1] 参见江西省上饶市广信区人民法院刑事判决书，(2020)赣1121刑初171号。
[2] 参见广东省深圳市中级人民法院刑事判决书，(2017)粤03刑终字第1098号。

重,构成非法持有枪支罪,判处有期徒刑 3 年 6 个月。[1]

2. 法定犯认定中行政依赖的弊端

法定犯时代,《刑法》的修改愈发注重回应刑事政策的要求,通过增设轻罪或修正既有罪名的方式,对社会转型带来的大量"失范"现象予以刑法规制。[2] 但司法作为维护社会公正的最后一道防线,应当对法定犯的适用进行约束和限制,避免部分法定犯口袋化。[3] 但由于司法机关在法定犯的认定中的过度行政依赖,事实上将部分司法权让渡给了行政机关,可能会造成法定犯定罪上的扩张和量刑上的偏差。

第一,行政依赖导致定罪上的司法扩张。理论上将法定犯与自然犯进行区分,是为了寻找二者在入罪上的差异,并为具体类型的法定犯的入罪提供相应指导。[4] 一般情况下,对于自然犯而言,行为形式上符合自然犯的构成要件,实质上也就侵害或威胁了法益。因此,自然犯的认定坚持形式解释一般不会扩大犯罪圈。但法定犯是单纯违反禁止规范的犯罪,是对国家规定的单纯不服从,并没有实质地侵害法益,其在法益侵害性的问题上存在先天不足。[5] 刑法打击的对象必须对法益造成具体危险,单纯不服从法律并不必然侵害或者威胁了法益。由于法定犯区别于自然犯的特性,在法定犯认定中

---

[1] 参见天津市河北区人民法院刑事判决书,(2016)津 0105 刑初 442 号。
[2] 参见周光权:《论通过增设轻罪实现妥当的处罚——积极刑法立法观的再阐释》,载《比较法研究》2020 年第 6 期,第 40-41 页。
[3] 参见刘艳红:《论法定犯的不成文构成要件要素》,载《中外法学》2019 年第 5 期,第 1170 页。
[4] 参见胡业勋、郑浩文:《自然犯与法定犯的区别:法定犯的超常性》,载《中国刑事法杂志》2013 年第 12 期,第 42 页。
[5] 参见刘艳红:《"法益性的欠缺"与法定犯的出罪——以行政要素的双重限缩解释为路径》,载《比较法研究》2019 年第 1 期,第 86 页。

过于行政依赖,可能会忽视行为可罚性的判断,极易造成法定犯的扩张适用。例如,部分司法机关在认定危险驾驶罪时,形式比照2004年发布的《车辆驾驶人员血液、呼气酒精含量阈值与检验》中的国家标准,凡车辆驾驶人员血液酒精含量达到80mg/100ml,就符合"醉酒"标准。过度依赖行政法制定的行政标准,忽视个案中行为本身的社会危害性,将部分缺乏社会危害性的行为定罪,直接导致了危险驾驶罪在司法上的不断扩张。《刑法修正案(八)》将醉驾行为入罪之后,案件数量逐年递增,至2020年,全国审结危险驾驶犯罪案件为28.9万件,占刑事案件总数的比例高达25.9%,比第二位盗窃罪高出1.71倍。[1] 也正因为这种机械化、形式化的参照行政法的做法导致了危险驾驶罪的极度扩张,近年来不断出台司法解释以限制危险驾驶罪的适用,即使驾驶人员血液酒精含量达到80mg/100ml,也规定了多种不构成犯罪或不起诉的情形。

第二,行政依赖导致量刑上的司法偏差。案件引爆舆情后,部分司法机关为平息舆论,通过司法手段予以干涉。虽然个案的最终处理结果平息了部分舆论,后续类似案件较之以前在量刑予以从宽。但部分司法手段仍未摆脱行政依赖,甚至通过违规从宽取代出罪,合法性上存在疑问。部分案件,行为人仅具有酌定从轻情节,法院在未经最高人民法院核准的情况下,在法定刑以下量刑。例如,根据《野生动物保护名录》,人工驯养的动物也属于"野生动物",法院据此作为认定非法收购濒危野生动物罪的依据。洪某非法收购人工驯养鹦鹉11只,公诉机关认为属于情节特别严重,应判处10年以上有期徒刑。但法院认为既要坚持行政法上野生动物的认定标准,将人工驯养的动物也认为是野生

---

[1] 参见周强:《最高人民法院工作报告——2021年3月8日在第十三届全国人民代表大会第四次会议上》,载《人民日报》2021年3月16日,第3版。

动物,又要考虑这样判决会导致处罚过重,就直接对行为人突破法定刑下限从宽。判决指出,对于人工繁育的野生动物,要体现从宽的立场,以实现罪责相适应,为确保案件裁判法律效果与社会效果的有机统一,对洪某的行为可按一般情节处理,对洪某判处有期徒刑 2 年缓刑 2 年。[1] 在不具备法定减轻情节的情况下,如果法院认为人工驯养的野生动物等同于野外种群,就应按司法解释规定,判处洪某 10 年以上有期徒刑。[2] 如果法院认为人工驯养的野生动物不属于野外种群,应当判处洪某无罪。本案未经最高人民法院核准,对洪某降格处罚,在法定刑以下量刑,合法性有待商榷。

3. 法定犯认定中行政依赖的改变

从社会治理、社会秩序修复的角度来讲,必须承认法定犯的扩张有一定的积极作用。但随着法定犯的立法、司法的推进,法秩序也在逐步恢复,司法机关也开始对法定犯进行限缩,以实现社会效果和法律效果的统一。其中,"药神案"等一系列典型案件的出现,逐步改变了法定犯认定过程中过度行政依赖的现象。

第一,对违法性认识错误是否可以避免进行审查。随着法定犯前置法的专业性与复杂性日益增高,大量条款已经远超一般人的认知能力,法定犯存在法律认识错误已经成为一种常态化现象。自 2013 年起,北大法宝中辩护人主张行为人存在违法性认识错误的案例,从 2013 年仅有 1 例,到 2019 年增至 22 例。自然犯的认定中,对

---

[1] 参见新疆维吾尔自治区乌鲁木齐市沙依巴克区人民法院刑事判决书,(2019)新 0103 刑初 328 号。
[2] 审判时所依据的 2000 年最高人民法院《关于审理破坏野生动物资源刑事案件具体应用法律若干问题的解释》指出,无论野生还是驯养繁殖,凡系 2003 年林业部《国家重点保护野生动物名录》Ⅱ级保护动物且数量达到 10 只即为"情节特别严重",依据《刑法》规定应判处 10 年以上有期徒刑。

于辩护人提出的违法性认识错误,司法机关均在判决书中明确表示违法性认识错误不影响犯罪构成。[1] 司法机关大多在法定犯的认定中略过这一情节,不予说理。直接表示违法性认识错误不影响法定犯认定的判决书仅约占22.2%。虽然违法性认识错误对法定犯的定罪量刑的影响并未引起司法机关的充分重视(见表2-2),但近年来,部分司法机关开始对违法性认识错误是否可以避免进行审查。例如,某村委会告知王某可以边伐树边办理采伐许可证,并承诺由村委会负责办理林木采伐许可证。王某按计划伐树后,因该市全年森林采伐指标已经用完,未能取得采伐许可证,被公诉机关以滥伐林木罪起诉。王某及其辩护人主张,自己伐树行为是得到村委会授权,缺乏违法性认识错误。判决书指出:"一般而言,行为人违法性认识错误是不可避免的,行为人没有责任,对其行为不能以犯罪论处;行为人违法性认识错误是可以避免的或者行为人没有思考行为的违法性的,行为人有责任,但非难可能性有所减少,应当或者可以从轻处罚。"[2]

表2-2 违法性认识错误对司法裁判的影响情况说明表

类型	裁判理由	样本数	占比
有影响	违法性认识不足予以减轻处罚	1	1.1%
无影响	无说理	44	48.9%
	违法性认识错误不影响犯罪构成	20	22.2%
	一般人明知违法性	5	5.6%
	从业经历推断行为人有违法性认识	7	7.8%
	有证据证明有违法性认识	8	8.9%
	违法性认识错误可以避免	5	5.6%

---

[1] 被剔除样本案例的11个自然犯案例,司法机关对于辩护人针对被告人具有违法性认识错误的辩护意见,均在判决书中明确指出,违法性认识错误不影响犯罪构成。
[2] 参见江苏省宿迁市宿城区人民法院刑事判决书,(2019)苏1302刑初751号。

第二,严格适用合理的行政标准以限缩法定犯的范围。随着部分影响性刑事案件的爆发,司法机关及公众对于司法正义的追求由形式正义转向为实质正义,对于引起法定犯扩张的行政标准的要求及适用也更为严格。部分领域通过上调行政标准以实现法定犯的限缩。例如,对于案件数量第一、消耗大量社会资源的醉酒型危险驾驶罪,2023年12月,最高人民法院、最高人民检察院、公安部、司法部联合发布《关于办理醉酒危险驾驶刑事案件的意见》,正式将全国醉驾的起诉标准附条件的提高到150mg/ml,必然会极大地限缩醉酒型危险驾驶罪的打击范围;部分领域通过区别行政标准与刑事标准以实现法定犯的限缩。又如,王鹏案案发后,为避免野生动物打击范围过于宽泛,2022年最高人民法院、最高人民检察院发布《关于办理破坏野生动物资源刑事案件适用法律若干问题的解释》,明确了人工繁育野生动物案件的处理规则,将部分人工繁育技术成熟的野生动物移出危害珍贵、濒危野生动物罪的打击范围。部分领域通过要求司法机关合理适用行政标准,以实现法定犯的限缩。例如,赵春华案案发后,为了限缩枪支类犯罪的打击范围,2018年最高人民法院、最高人民检察院联合发布的《关于涉以压缩气体为动力的枪支、气枪铅弹刑事案件定罪量刑问题的批复》综合评估社会危害性,坚持主客观相统一,确保罪责刑相适应。

第三,通过适度扩张行政责任以限制刑事责任。与自然犯侵犯的客体多为实实在在的自然人不同,法定犯侵犯的一般是较为抽象的社会秩序。对于一些行为虽然造成了一定损害,但损害易于恢复的,如果行为人积极修复损害,可以考虑从刑法上予以出罪或免予处罚,通过行政手段进行规制。换言之,如果对行为人追究行政责任后足以实现社会治理效果,可以考虑不再动用刑法治理。《刑法修正案

（七）》对于逃税罪将"经税务机关依法下达追缴通知后,补缴应纳税款,缴纳滞纳金,已受行政处罚的"设置为刑法处罚阻却事由,这一重大修改便体现了上述理念。[1] 后续其他法定犯也可以借鉴这一模式,在限定条件下,不追究刑事责任,甚至不认为是犯罪。例如,对于虚开增值税专用发票罪等税收领域的法定犯,可以参照逃税罪进行限制。针对在税务稽查中发现造成国家增值税税款流失的行为人,允许其通过补缴税款、缴纳滞纳金的方式得到一次不追究刑事责任的机会。扩张行为人的行政责任,以限制其刑事责任,更有利于激励行为人修复损害。例如,网络主播黄微为避免刑事处罚,在税务检查过程中,主动报告税务机关尚未掌握的涉税违法行为,积极缴纳罚款及滞纳金。[2] 表明行政责任替代刑事责任,较之直接追究刑事责任,可能更有利于避免国家税收损失。

药神案后,2019年《药品管理法》删去了"依照本法必须批准而未经批准生产、进口,或者依照本法必须检验而未经检验即销售的按假药论处"的规定。2021年《刑法修正案(十一)》也将销售假药罪中"本条所称假药,是指依照《药品管理法》的规定属于假药和按假药处理的药品、非药品"删除。即严格限制了刑法上的"假药"的范围,又较好地实现了行政法与刑法在认定"假药"问题上的分野。行政法与刑法的改动,将销售假药罪的范围进行了显著限缩,生产、销售假药罪中假药的认定不再受《药品管理法》的"禁锢",也为司法机关在进行刑法意义上"假药"的界定时,留有余地,具有重大实践意义。

同时,部分针对少数患者的昂贵药品开始纳入医保范围。由于我国是发展中国家,医保基金承受能力有限,中国的医保制度定位始终是"保

---

[1] 参见张明楷:《逃税罪的处罚阻却事由》,载《法律适用》2011年第8期,第39-41页。
[2] 参见王楠:《薇娅偷逃税被追缴并处罚款13.411亿元》,载《央视新闻》2021年12月20日,https://weibo.com/2656274875/4716510087481591,访问日期:2024年1月1日。

基本"。因此，长期以来，绝大多数针对少数患者的昂贵罕见药品未被纳入医保范围。按照世卫组织曾定义罕见病是患病人数占总人口数0.65‰—1‰之间的疾病。目前全球已知的罕见病有7000多种,我国有2000多万名罕见病患者。习总书记强调,要"健全重大疾病医疗保险和救助制度"[1]将2000万人排除于医保范围,并不符合我国建立全民医保制度,解除全体人民疾病医疗后顾之忧的根本目的。正如国家医保局谈判代表张劲妮在2021年国家医保目录药品现场反复强调的,"每一个小群体都不应该被放弃"。在我国政府对生命至上、健康至上的魄力和决心影响下,截至2022年10月,国内已上市的罕见病用药已经有67%纳入了国家医保目录,170多家保险公司在200多种重大疾病保险产品中将罕见病纳入保障范围。[2]同时一些社会组织积极开展罕见病救助类慈善项目。例如,中国红十字基金会实施的"罕见病关爱行动",已经救助了700余名罕见病患者。[3]

第三节　赵作海案与审判方式、证据制度改革的推进

一、案情介绍

1998年2月15日,被害人赵振晌的侄子赵作亮、赵作印到柘城

---

[1] 参见习近平:《全面提高依法防控依法治理能力　健全国家公共卫生应急管理体系》,载《中国工运》2020年第5期,第16页。
[2] 参见符媚茹、刘新雨:《"每一个小群体都不应该被放弃" 67%罕见病用药已纳入医保》,载《中国医疗保障》2022年10月24日,https://mp.weixin.qq.com/s/7dVk0LOUY9fjmQ42N4ioTw,访问日期:2024年1月11日。
[3] 参见张倩楠:《我国67%罕见病用药已纳入医保,新版目录调整有望继续扩围》,载《界面新闻》2022年10月21日,https://mp.weixin.qq.com/s/B2yttg2zI1bI_r16hKnF_Q,访问日期:2024年1月11日。

县老王集派出所报案称:其叔赵振响于1997年10月30日晚无故失踪,与其叔关系最好的同村村民赵作海在赵振响失踪时脸上有伤,且赵作海对其脸伤的形成原因说谎话,怀疑其叔的失踪与赵作海有关系。1999年5月8日,赵楼村发现一具高度腐败的无头尸体,公安机关遂把赵作海列为故意杀人的重大嫌疑人并于5月9日将其刑事拘留。9月28日,柘城县人民检察院向商丘市人民检察院报送审查起诉,商丘市人民检察院两次将该案退回公安机关补充侦查。此后,柘城县公安局又移送过此案,检察院均未受理。

2002年全国清理超期羁押专项活动期间,柘城县政法委召开会议协调研究该案,认为案件基本事实清楚,基本证据确实充分,指示商丘市人民检察院尽快起诉。同年11月11日,商丘市人民检察院以商检起诉(2002)81号起诉书指控被告人赵作海犯故意杀人罪。商丘市中级人民法院以(2002)商刑初字第84号刑事判决书认定,被告人赵作海杀害赵振响并肢解尸体的犯罪事实清楚,证据确实、充分,构成故意杀人罪。2003年2月13日,河南省高级人民法院作出刑事裁定:核准商丘市中级人民法院以故意杀人罪判处被告人赵作海死刑,缓期两年执行,剥夺政治权利终身的刑事判决。

2010年4月30日,已被赵作海"杀死"的赵振响"复活",出现在赵楼村。5月8日,河南省高级人民法院作出(2010)豫法刑再字第15号刑事判决:宣告被告人赵作海无罪。此后,本案的相关责任人受到严厉追究,赵作海亦得到了国家赔偿。[1]

二、理论阐述

赵作海案作为一起"亡者归来"的冤假错案,揭示了我国刑事司

---

[1] 参见《最高法发布25件国家赔偿典型案例》,载《中国青年报》2020年12月30日,第4版。

法从理念到证据层面的诸多不足之处。因此,也需要进一步完善我国的刑事司法制度,防止类似赵作海案的冤假错案再次发生。

1. 冤假错案的形成原因

赵作海案的形成,既有客观层面上的制度原因,也有主观层面上的理念原因。具体而言,在理念层面上,过于强调入罪的刑事司法理念使无罪判决的形成十分困难,容易产生冤假错案。在制度层面上,我国司法审判一旦不够独立,其审判结果容易被行政机关、社会舆论等法律以外的因素干扰。

我国刑事案件的司法理念过于强调入罪,容易滋生刑讯逼供,难以形成无罪判决。由于刑法具有实现公平正义的重要作用,因此当刑事案件发生后,社会各方都迫切要求司法机关运用刑事法律制度为被害人伸张正义。尤其对故意杀人、强奸致人死亡等社会影响恶劣的严重暴力犯罪,民众更是要求司法机关快速侦破案件,将犯罪人抓获。基于社会的这种呼声,公安部在2004年全国侦破命案工作会议上正式提出了"命案必破"的口号。[1] 虽然这一口号的本意是保障人民的重大人身安全不受侵犯,但是这一口号也带给公安机关相当大的侦破压力,由此也容易滋生刑讯逼供等问题。早在2005年,有论者调查了487名警察对刑讯逼供的认识,发现有38.9%的被调查者认为刑讯逼供在实践中是十分平常的事情,并且47.6%的被调查者认为,为了案件的及时侦破,刑讯逼供的存在是合理且正常的。[2] 这说明了命案必破的巨大压力使办案机关对刑讯逼供这种严重违背司法精神的行为已经习以为常。法院也较少对刑讯逼供得

---

[1] 参见鲁婧:《从"命案必破"到"命案不错"——对我国刑事案件侦破目标的反思》,载《三峡大学学报(人文社会科学版)》2016年第4期,第91页。

[2] 参见林莉红、余涛、张超:《刑讯逼供社会认知状况调查报告(下篇·警察卷)》,载《法学评论》2006年第5期,第126-130页。

来的证据进行排除,不利于无罪判决的作出。有论者统计了110个申请排除非法证据的案件,其中以刑讯逼供为由要求排除的案件有91件。但最终被法院采纳排除意见的仅有27件,仅占29.67%。[1]这说明我国法院对刑讯逼供的认识不足,使犯罪嫌疑人容易产生虚假供述,从而导致冤假错案的发生。在赵作海案中,就存在着刑讯逼供现象。据赵作海陈述:"从抓走那一天起就挨拳打脚踢,现在头上的伤疤都是用枪头打的。警方用擀面杖一样的棍子敲脑袋,在头上放鞭炮。"在巨大的刑讯逼供压力下,赵作海不得不屈打成招,酿成冤案。在赵作海案平反后,办案的6名警察也因刑讯逼供罪被判处刑罚。[2]

我国当时的司法审判不够独立,过于依赖行政部门的意见,导致冤假错案的发生。有论者在研究赵作海案时发现,该案的法官并不是因为专业能力欠缺而做出有罪判决,而是在明知案件证据存在疑点的情况下,迫于某些部门的一再协调和指示而不得不认定赵作海成立犯罪。[3]我国法院内部长期存在高度行政化的倾向,这一倾向造成法官在审判案件时,常常要听取行政部门领导的指示,导致无法做出独立审判。[4]有论者调查了我国40个基层法院的专业法官会议开展情况,发现在72%的专业法官会议中,主导者是带有行政职务

---

[1] 参见石静雯、王君炜:《规范羁绊与司法困境:重复性供述排除规则——对2013—2019年110份刑事裁判文书的实证考察》,载《铁道警察学院学报》2022年第2期,第73页。
[2] 参见河南省开封市龙亭区人民法院刑事判决书,(2011)龙刑初字第72号。
[3] 参见周长军:《后赵作海时代的冤案防范——基于法社会学的分析》,载《法学论坛》2010年第4期,第40页。
[4] 参见苏力:《论法院的审判职能与行政管理》,载《中外法学》1999年第5期,第45页。

或者审委会委员身份的法官。[1] 这说明了我国司法审判的过程中,行政与司法职能的高度重合,导致了法官在审判时更多地听取了行政领导的建议,司法审判难以独立进行。

舆论意见也对司法审判造成较大的影响,使审判独立难以进行。尤其是在重大典型刑事案件中,社会舆论对判决的作出会产生很大影响。例如,在"李昌奎案"中,李昌奎强奸并杀害了同村村民王家飞,并且将王家飞年仅3岁的弟弟活活摔死。该案引起了巨大的社会反响,腾讯网针对李昌奎案的民意投票显示,有97.61%的网民要求判处李昌奎死刑,1.39%的网民支持判处死缓。该案一审判决就顺应了舆论的要求判处了李昌奎死刑立即执行。直到该案进入二审才改判为死缓。这说明了社会舆论能够在一定程度上影响判决的结论。在赵作海案中同样存在着舆论的影响。村民们仅根据赵振晌与赵作海之间关系不好,就认定是赵作海杀死了赵振晌。在赵作海被公安机关带走后,村民们都认为,赵作海应当被判处死刑,"对于赵作海,当地人皆曰可杀"。[2] 在这样巨大的社会舆论压力下,司法机关不敢释放赵作海,以免"产生恶劣的社会影响"。[3] 因此,赵作海案的形成与社会舆论裹挟司法进行审判具有重要的关系。

2. 冤假错案的发现机制尚不完善

在冤假错案发生之后,需要司法机关及时地发现冤假错案并进行纠正以降低含冤人的损失。目前我国发现冤假错案的主要还是通过"亡者归来"及"真凶再现"。虽然国家已经开始提倡疑罪从无的

---

[1] 参见张耘华、吴云朋、王紫薇:《司法改革背景下基层法院专业法官会议制度研究——以H省40家基层法院为分析样本》,载《中国法治》2023年第4期,第43页。
[2] 参见陈永生:《冤案的成因与制度防范——以赵作海案件为样本的分析》,载《政法论坛》2011年第6期,第10页。
[3] 参见刘刚:《检讨赵作海案》,载《中国新闻周刊》2010年第20期,第53页。

精神来防止冤假错案,但这一精神尚未完全贯彻到司法实务之中。

我国对于冤假错案的纠正,主要包括"亡者归来""真凶再现"和"事实不清、证据不足"三种原因。有论者统计了 2005 年至 2017 年的 8 起典型刑事诉讼案件,其中因为真凶落网和亡者归来而被纠正的,占总体比例的 62.5%,由于原案事实不清、证据不足而纠正的占 37.5%。[1]"亡者归来"与"真凶再现"占据了冤假错案被纠正的多数,说明了我国对于冤假错案的纠正仍然需要依靠小概率事件,具有较大的偶然性。这导致冤假错案想要得到纠正需要耗费相当长的时间。有论者对党的十八大后的 24 起重大冤假错案进行统计,发现我国冤假错案被纠正的平均时间为 17 年,其中被害人蒙冤的时间最长可达 27 年。[2] 冤假错案长时间无法得到改正,不仅对司法权威造成严重损害,而且对于被害人的伤害也随着时间不断加深。因此,需要更加合理的方法来提高错案被纠正的概率。

对于"事实不清、证据不足"的案件,以往案件多遵循"疑罪从轻"的原则,认定犯罪嫌疑人有罪而非作出无罪判决,因此没有实现较好的错案纠正效果。部分法院意识到冤假错案对犯罪嫌疑人的巨大损害,但是又担心宣判犯罪嫌疑人无罪会导致不好的社会效果,于是采取折中的解决办法,对犯罪嫌疑人予以从轻处罚。例如,在"张辉、张高平强奸致死冤案"中,张辉与张高平是出租车司机,二人将被害女子王冬深夜送到火车站后离开。王冬后来被人强奸并杀害,抛尸水沟中。对于该案,一审法院以强奸罪分别判处张辉死刑、张高平无期徒刑。二审法院在审理过程中发现了诸多疑点,但是此案已经

---

[1] 参见付黎明、夏红:《刑事错案纠正的优化路径——以 2005 年至 2017 年影响性诉讼案件为样本》,载《山西省政法管理干部学院学报》2019 年第 4 期,第 70 页。
[2] 参见陈永生、邵聪:《冤案难以纠正的制度反思——以审判监督程序为重点的分析》,载《比较法研究》2018 年第 4 期,第 70 页。

造成重大社会影响,二审法院不敢作出无罪判决,于是遵循"疑罪从轻"的精神,二审改判张辉死刑缓期二年执行,张高平有期徒刑15年。张辉与张高平直到9年后才由于真凶被发现才被宣告无罪。[1]因此,疑罪从轻虽然能够一定程度上防止死刑立即执行这种无法挽回的后果,但是也对被冤枉者带来极大的伤害。在赵作海案昭雪之后,河南省商丘市公检法三机关接受了媒体采访,也承认了在案件的审理过程中发现了一些案件疑点,但还是从"疑罪从轻"角度考虑,认定赵作海构成故意杀人罪,并最终判处死刑缓期二年执行。[2]因此,疑罪从轻的理念并不能很好地防止冤假错案的发生。

目前我国虽然提倡"疑罪从无",但这一精神并未在实践中得到彻底的贯彻。2013年中央政法委发布的《关于切实防止冤假错案的规定》提出:"对于定罪证据不足的案件,应当坚持疑罪从无原则,依法宣告被告人无罪,不能降格作出'留有余地'的判决。"这一规定明确了疑罪从无的原则。司法实务中也已经开始运用疑罪从无的精神对被告人予以出罪。例如,在赵志红案中,赵志红在呼和浩特、乌兰察布两地作案二十余起,多名女性惨遭强奸杀害,被认为是另一起著名的冤假错案呼格吉勒图案的真凶。在审理赵志红案过程中,最高人民法院认为,侦查时提取的一些重要物证或失去鉴定条件,或已灭失,致使证据不够确实、充分,不能得出部分犯罪系赵志红实施的唯一结论,因此对于部分犯罪事实不予确认。[3]在该案中,即使赵志红已经被认定为是多起强奸杀人案的行为人,最高人民法院依然严

---

[1] 参见范继军:《"疑罪从轻"的道德风险及其规制——兼论刑事审判权回归诚信的路径选择》,载2013年最高人民法院《全国法院第25届学术讨论会获奖论文集:公正司法与行政法实施问题研究(上册)》,第9页。
[2] 参见刘宪权:《"疑罪从轻"是产生冤案的祸根》,载《法学》2010年第6期,第16页。
[3] 参见徐光华:《疑罪从无是司法机关应坚持的,更是全社会要接受的》,载《人民法院报》2019年8月1日,第6版。

格审查了案件证据,对于证据不清的事实坚决不予认定,体现了"疑罪从无"的精神。但是,虽然最高人民法院作出了表率作用,疑罪从无的精神并未在地方的司法实践中得到完全的贯彻。有论者在2017年统计了2185份对证据链是否完整存在争议的刑事裁判文书,发现在证据链存在争议的情况下,仅有0.3%的案件作出了无罪判决。而在大陆法系国家,刑事审判的无罪率一般可以达到5%,英美法系国家则可以达到20%。[1] 这说明我国司法实务并未完全接受疑罪从无的理念,需要让这一理念进一步落实在司法实践中。

3. 我国需要完善冤假错案防范制度

要解决冤假错案问题,除了建立事后的发现机制外,也需要进一步完善事前的防范机制,从源头上遏制冤假错案的发生。要防止赵作海等冤假错案的重现,一方面要规范舆论对司法的干预,另一方面也要完善我国的刑事证据制度,及时排除非法证据,防止刑讯逼供等问题的发生。

需要规范媒体传播,矫正公众入罪思维。互联网技术的发展产生了微博、抖音、快手等短视频信息传播媒介。民众通过这些传播平台以碎片化的时间来获取信息,因此极易受到片面信息的影响,从而导致过激的民意捆绑司法,作出不公正的判决。例如,在唐慧案中,唐慧指控周军辉、秦星等人强迫唐慧的女儿(11周岁)多次卖淫,使其遭受轮奸和毒打,引发舆论的广泛关注。许多媒体着重描述了唐慧"英雄母亲"的形象,民众为媒体所宣扬的唐慧及其女儿的悲惨经历感到同情与愤怒,要求司法机关对涉案警察从重处罚。最

---

[1] 参见邓丹云、苏映霞:《"以审判为中心"的实证图景与理想建构——以2185份刑事裁判文书为分析视角》,载《法院改革与民商事审判问题研究——全国法院第29届学术讨论会获奖论文集(上)》,人民法院出版社2018年版,第12页。

终,周军辉、秦星被判处死刑,4人被判无期徒刑,另有1人获刑15年。而随着更多案件细节的披露,唐慧的女儿存在谎报年龄,主动而非被迫卖淫的可能性。对于"周军辉等人毒打唐慧女儿"的事实也没有相应的证据支撑。也就是说,本案仍然存在证据不足的情况。并且,唐慧过激的缠访闹访行为影响司法裁判,导致对周军辉等人的量刑过重。[1] 但是,在我国尚未有相关的制度来进一步规制舆论对司法审判的干预。因此,媒体对案件的报道需要进一步完善,正确引导民众对案件作出正确评价,防止激化民意绑架司法。

需要进一步完善证据制度。在赵作海案发生时,我国的证据制度还存在很大问题,没有形成较为有效的出罪机制。例如,在赵作海案中,法院注重口供而轻视客观证据。这一定程度上促使相应侦察机关使用暴力逼取犯罪嫌疑人的口供。并且,司法机关在审理过程中没有利用DNA鉴定死尸是否真的是"被害人",没有查明杀人凶器能造成的伤痕是否与尸体伤痕相符。[2] 这种轻视客观证据的办案方法与我国过于粗糙的刑事证据规定有关。1996年,全国人大对《刑事诉讼法》作了全面修改,其中第五章以8个条文对刑事证据制度进行了规定,并且条文规定得都较为原则,无法准确应用在司法实践中。1998年、1999年最高人民法院、最高人民检察院、公安部先后分别作出执行《刑事诉讼法》的具体规定,一定程度上充实了刑事诉讼证据规则,但仍缺乏系统性和完整性,未能规定非法证据排除规则,不能满足司法实践的需要。[3] 因此,刑事证据制度需要进一步

---

[1] 参见马长山:《"舆情公案"的制度指向与民意捆绑——以"唐慧案"为例》,载《江海学刊》2015年第3期,第129页。
[2] 王丽芬:《从"佘祥林案"到"赵作海案"看我国的刑事证据制度》,载《内蒙古农业大学学报(社会科学版)》2010年第6期,第16页。
[3] 参见李梦娟:《赵作海案催生刑事证据新规》,载《民主与法制时报》2010年6月7日,第A03版。

加以完善，将非法取得的证据排除在案件事实认定之外，才能够最大限度地规制刑讯逼供等非法取证行为，减少冤假错案的发生。

三、制度变革

在赵作海案、聂树斌案等一系列冤假错案被发现后，国家开始推进冤假错案审查与防范机制，并取得了一定的效果。同时，未来应当将冤假错案制度进一步细化，从源头上防止冤假错案的发生。

1. 赵作海案推进冤假错案审查与防范机制变革

赵作海的昭雪，使司法机关意识到制度的不足促生了冤假错案的发生，因此对我国刑法理念和刑法制度都进行了一系列的变革。其中，我国刑事司法的办案理念已经由强调入罪逐步转向少捕慎诉慎押。证据制度和司法体制都进一步得到完善，使司法审判更加独立的同时，非法证据排除规则也更多的在司法实践中得到运用。

少捕慎诉慎押的刑事政策，具体是指在审理案件过程中慎重进行羁押、追诉，依法能不捕的不捕，尽可能适用非羁押强制措施，并且依法行使起诉裁量权，对符合法定条件的充分适用相对不起诉，发挥审查起诉的审前把关、分流作用。2021年4月，中央全面依法治国委员会把"坚持'少捕慎诉慎押'刑事司法政策"列为2021年工作要点。[1] 这说明国家已经开始重视将少捕慎诉慎押的刑事理念贯彻进司法实践之中。

证据制度在赵作海案昭雪后也得到了进一步的修改完善。通过细化非法证据排除规则，能够防止刑讯逼供等侵害被告人合法权益的行为发生。例如，2010年最高人民法院、最高人民检察院、公安部、

---

[1] 参见樊崇义：《适应犯罪生态变化 推进少捕慎诉慎押》，载《检察日报》2021年12月30日，第3版。

国家安全部和司法部在赵作海冤案昭雪后联合发布了《关于办理死刑案件审查判断证据若干问题的规定》和《关于办理刑事案件排除非法证据若干问题的规定》。其中,《关于办理死刑案件审查判断证据若干问题的规定》特别强调了对死刑案件应当实行最为严格的证据要求,并且细化了死刑的证明标准,更加具有可操作性。其第5条规定,只有当涉案证据得出的结论具有唯一性时,才能判处死刑。并且,在第二章中明确规定了每项证据分类的"确实、充分"标准。这说明我国的死刑证据审查更加细致严格,有效地防止冤假错案的发生。2017年最高人民法院、最高人民检察院、公安部、国家安全部、司法部《关于办理刑事案件严格排除非法证据若干问题的规定》则细化了非法证据排除规则,规定了以刑讯逼供等非法手段取得的言词证据的排除规则。第6条规定:"采用暴力、威胁以及非法限制人身自由等非法方法收集的证人证言、被害人陈述,应当予以排除。"上述规定都更好地规范了证据的采集和认定,从而防止由于证据的问题导致冤假错案的发生。2013年9月,最高人民检察院制定的《关于切实履行检察职能防止和纠正冤假错案的若干意见》第10条规定,检察机关在审查证据时,不仅要注重审查证据的客观性、真实性,更要注重证据的合法性。这进一步加强了对非法证据的审查和排除,有利于维护被告人的合法权益。

赵作海案还推动了律师在场权的设立。律师在场权是指律师在侦查机关所进行的侦查活动中享有在场权,尤其是进行侦查讯问时享有在场权。由于赵作海案中存在严重的刑讯逼供,因此有学者指出,应当让律师在侦查阶段就介入案件的审理,这样能够保证犯罪嫌疑人的合法权益不受侵犯。[1] 实践中已经有司法机关开始将律师在场权落

---

[1] 参见唐颖、喻绍玉:《徐州鼓楼:律师旁听侦查讯问已有两年》,载《检察日报》2010年7月14日,第8版。

实到具体案件的审理中。例如,江苏省徐州市鼓楼区人民检察院在赵作海案后发布了《徐州市鼓楼区人民检察院律师旁听侦查讯问实施办法(试行)》,规定律师可以受检察机关侦查部门邀请,在侦查部门对犯罪嫌疑人进行综合讯问时在场旁听。截至2020年,天津、苏州、南京、泰兴、株洲、金华北京等全国5省8城市已在试点或推行这一制度,以积极保障犯罪嫌疑人的权利,防范冤假错案的发生。[1]

赵作海案还推动了司法体制的改革,促进了审判权行使的独立,防止审判受到其他因素影响而酿成冤假错案。例如,2015年,最高人民检察院出台《关于完善人民检察院司法责任制的若干意见》(现已失效),该意见第34条第1款规定,检察人员包庇、放纵被举报人、犯罪嫌疑人、被告人,或使无罪的人受到刑事追究的,应当承担司法责任。这一规定强化了检察人员的责任,要求检察人员更加审慎地对待刑事案件的被告人,更加有利于防止无罪的人遭受刑事处罚。又如,中央政法委在2015年中央政法会议中强调,中央政法各单位和各地政法机关今年对各类执法司法考核指标进行全面清理,坚决取消刑事拘留数、批捕率、起诉率、有罪判决率、结案率等不合理的考核项目。[2] 这在客观上也为无罪判决的存在提供了更大的制度空间。

2. 制度变革起到了积极的治理效果

检察机关不捕率和不诉率提高。笔者统计了2019年到2022年最高人民检察院发布的相关数据,可以看出,自从提出"少捕慎诉慎押"之后,全国检察机关不捕率、不诉率都在逐年上升,见图2-1、图

---

[1] 郭翔鹤:《嫌犯受讯可请律师旁听 北京成第八个推行城市》,载新浪网2010年12月7日,https://news.sina.com.cn/c/2010-12-07/141318441222s.shtml,访问日期:2024年1月11日。

[2] 《取消不合理指标后,该如何考核司法》,载《新京报》2015年1月22日,第A02版。

2-2。[1] 这说明,"少捕慎诉慎押"取得了良好的实践效果,司法机关正在转变思维,摒弃了过去"重定罪轻保护"的理念,而更加注重保障人权,防止冤假错案的发生。

图 2-1　2019—2022 年全国检察机关不捕率

图 2-2　2019—2022 年全国检察机关不诉率

法院作出无罪判决的比例在稳步上升。有论者统计了 2011 至 2017 年 6429 份无罪裁判文书,发现公诉案件的无罪判决总体呈现上升

---

[1] 数据来源:2019—2022 年各年度《全国检察机关主要办案数据》。

的趋势(见图2-3)。[1] 这说明了自从赵作海案之后,司法机关意识到了冤假错案对司法权威和公信力的巨大打击,对无罪判决更加宽容。

图 2-3　2011—2017 年样本案例中无罪案件数量

3. 制度变革还应当进一步细化

虽然我国已经通过少捕慎诉慎押、增加无罪判决的方式在一定程度上避免了冤假错案的发生,但是仍然具有进一步优化的空间。我国刑事律师辩护的有效性仍然不足,应当进一步发挥律师在防范冤假错案中的作用。可以建立异地管辖制度,防范由地方保护主义造成的冤假错案。同时,应当让民众更加理性地看待刑事案件,防止司法被民意裹挟而造成冤假错案。

应当提高刑事案件律师辩护有效性。虽然我国初步实现了律师辩护全覆盖,但是在全覆盖过程中,律师辩护的有效性还不够高。例如,对于犯罪嫌疑人没有委托辩护人的情形,人民法院可以进行指定

---

[1] 王禄生:《中国无罪判决率的"门道" | 20 年数据盘点 | 数说司法》,载搜狐网 2019 年 3 月 13 日,https://www.sohu.com/a/301078625_652400,访问日期:2024 年 6 月 22 日。

辩护。但是在实践中指定辩护的效果并不显著。有论者统计了4709份刑事判决书,发现指定辩护的辩护意见采纳率是7.16%,而委托辩护意见采纳率为23.72%,远高于指定辩护的采纳率。[1]这说明指定辩护在实践中容易流于形式,无法真正保障犯罪嫌疑人的合法权利。因此有多位学者提出,我国的律师辩护制度需要从全覆盖进一步朝着有效性方向发展。[2]为此,政府应当加大对律师辩护的经费保障力度,切切实实地将法律援助相关经费列入本级政府预算,每年在政府预算中详细列出具体的预算额度,从而提高律师辩护的积极性从而提升辩护质量。同时,要强化同行业的监督指导,建立考核机制和第三方评价制度,并且将法律援助补贴与考评结果相挂钩,对长期怠于从事法律援助的律师予以惩戒公示,从而督促律师履行职责,减少冤假错案的发生。

应当建立重大刑事案件的异地管辖制度。异地管辖制度是指将部分案件交给异地司法机关进行侦查、起诉或审判。我国已经对部分类型的案件实行了异地管辖制度。例如,有论者统计了114件重大职务犯罪案件,发现有87.7%的案件采用了异地管辖模式。[3]由于重大职务犯罪案件极易受到涉案官员的"关系网"影响,从而妨害法院进行独立审判,因此为了避免干扰,需要将案件进行异地办理。赵作海案等冤假错案中当事人往往被判处无期徒刑以上刑罚,属于重大的刑事案件。对于这类案件,也容易受到行政机关和社会舆论

---

[1] 参见李蓉、孙秋雨:《基于司法大数据的辩护有效性实证研究》,载《湘潭大学学报(哲学社会科学版)》2023年第5期,第81页。
[2] 参见熊秋红:《推进刑事案件律师辩护全覆盖试点工作向纵深发展》,载《中国司法》2022年第12期,第43页;熊选国:《提高站位 深化认识 进一步推动刑事案件律师辩护全覆盖向纵深发展》,载《中国司法》2022年第12期,第12页;陈卫东:《推进刑辩全覆盖纵深发展》,载《法人》2023年第5期,第40页。
[3] 参见谢小剑、崔晓立:《重大职务犯罪案件异地管辖实证分析》,载《昆明理工大学学报(社会科学版)》2018年第1期,第2页。

的影响,阻碍审判独立进行。因此,对于这类有重大社会影响的刑事案件也应当效仿异地审判制度,交给其他地方的司法机关进行审理,这样可以最大程度上保证审判独立,防止冤假错案的产生。

应当积极培育理性民意。对于社会舆论对案件的评价与呼声,司法机关应当努力向公众厘清司法活动对事实、证据认定的要求。[1] 首先,应当不断推进警务、检务公开以及审判公开,从而使得公众能够了解重大刑事案件办理的全过程,公检法机关也能因此得到社会各界的全面监督,最大程度上减少刑讯逼供、行政干扰审判的情况出现。其次,应当建立影响性案件新闻发言人制度。2018年最高人民法院《关于进一步深化司法公开的意见》第24条规定:"加强人民法院新闻发布工作,建立完善人民法院新闻发言人制度,健全优秀新闻发言人培养选拔机制。逐步建立覆盖全国法院的例行新闻发布制度,完善和规范新闻发布流程标准。"本条强调了法院应当重视媒体的作用,但是规定得过于笼统,缺乏细化的规则,未来应当制定更加详细的制度。最后,应当将公民旁听庭审活动建成常态化机制,使得公民可以凭身份证旁听任何公开审理的案件。也可以在庭审后听取参加庭审人员的意见建议,进一步改进庭审工作和提高庭审效率。这样的措施可以让公民充分参与和理解司法运作的过程,从而使公民能够更加透彻地理解司法的精神,避免以偏激的民意攻击司法。

习近平总书记强调,要"努力让人民群众在每一个司法案件中感受到公平正义。"[2] 因此,司法机关不仅要做好冤假错案的追查工

---

[1] 参见邓辉、徐光华:《影响性刑事冤假错案的产生、纠错、追责与民意的关联考察——以22起影响性刑事冤假错案为主要研究范本》,载《法学杂志》2018年第4期,第72页。

[2] 习近平:《高举中国特色社会主义伟大旗帜 为全面建设社会主义现代化国家而团结奋斗——在中国共产党第二十次全国代表大会上的报告》,载《中国人大》2022年第21期,第10页。

作,更要有效防范冤假错案的发生。司法机关未来应当更加注重控审辩三方的互相监督,同时贯彻落实好非法证据排除等具体制度,从源头上遏制冤假错案的发生,让每一个公民都能在司法案件中感受到公平正义。

第四节 佘祥林等冤错案件与国家赔偿制度的优化

一、案情介绍

1994年1月20日,当时的湖北省京山县(现改名为京山市)雁门口镇吕冲村佘祥林之妻张在玉(患有精神病)突然失踪,张在玉的亲属怀疑其被佘祥林所杀。同年4月11日,当地窑堰发现一具无名女尸。经公安机关排查,认为死者为佘祥林的妻子张在玉,佘祥林因有故意杀人嫌疑遂被警方刑事拘留,后被逮捕。

1994年10月13日,湖北省荆州市中级人民法院判处佘祥林死刑。佘祥林不服,以未杀人为由提出上诉。湖北省高级人民法院经审查,以"事实不清、证据不足"为由将案件发回重审。1995年5月至1996年2月,荆州地区检察分院将此案两次退回京山县人民检察院补充侦查。由于行政区划变更,京山县人民检察院于1997年11月23日向荆州市人民检察院移送起诉。荆门市人民检察院经审查认为佘祥林不足以判处无期徒刑以上刑罚,遂将案件移送京山县人民检察院起诉。1998年3月31日,京山县人民检察院将此案起诉至京山县人民法院。京山县人民法院经审查认为,佘祥林为达到另娶之目的,将其妻张在玉带到雁门口镇吕冲村九组窑凹堰边杀害,并用石头沉尸于堰塘中,最终以故意杀人罪对其判处有期徒刑15年,剥夺政治权利 5 年。

佘祥林不服判决,再次提出上诉。1998 年 9 月 22 日,荆门市中级人民法院经审理裁定驳回上诉,维持原判。其后,佘祥林于湖北省沙洋监狱服刑。2005 年 3 月 28 日,"死亡"11 年的张在玉回到家中。得知此消息,荆门市中级人民法院审判委员会于次日晚讨论决定撤销此前所作的判决和裁定,并将该案发回京山县人民法院重审。2005 年 4 月 13 日,京山县人民法院经依法另行组成合议庭重新审理后认为,佘祥林之妻张在玉并未被杀害,原审被告佘祥林犯故意杀人罪不能成立,最终宣告佘祥林无罪。

2005 年 5 月 10 日,佘祥林以再审无罪赔偿为由向荆门市中级人民法院提出 430 万元的国家赔偿申请。荆门市中级人民法院与赔偿请求人佘祥林经协商达成和解协议;荆门市中级人民法院依法支付佘祥林限制人身自由赔偿金 25 万余元;赔偿佘祥林家人支付的无名女尸安葬费 1100 元。此外,京山县雁门口镇人民政府一次性给予佘祥林家庭生活困难补助费 20 万元。[1]

二、理论阐释

精神损害赔偿制度是法治文明发展程度的重要体现。精神损害赔偿制度的有无以及完善与否,直接关系着人民群众人权保障工作的落实效果。有必要深刻认识精神损害赔偿的意义,厘清国家赔偿中精神损害赔偿存在的问题,以期发挥个案在推动制度变革中的引领性作用。

1. 国家侵权精神损害赔偿的意义

国家赔偿之精神损害赔偿制度的确立是法治发展的必然要求。

---

[1] 参见《最高人民法院发布 25 起国家赔偿法颁布实施二十五周年典型案例之八:佘祥林申请湖北省荆门市中级人民法院再审无罪国家赔偿案》,最高人民法院 2020 年 12 月 29 日发布。

具体而言,首先,国家侵权精神损害赔偿制度是现代法治精神的具体体现,是对权利主体权利的合理确认和充分保障。[1] 现代法治的本质在于防止国家权力侵害个人权利。[2] 国家侵权精神损害赔偿制度的确立在于,赋予公众在其权利受到国家机关或国家机关工作人员不法侵害时获得国家赔偿的权利,这不仅为私权利的保障提供了坚实的法律后盾,通过贯彻落实公平正义的现代法治理念,消弭人民群众因公权力主体的不当公务活动所产生的嫌隙和裂痕,恢复其对法律的信任,对国家机关及其工作人员的信任,同时也有助于防治公权力机关的专横行径,通过赔偿机制迫使公权力机关规范行权,促使其切实采取有效措施加强管理,提高依法治理的水平,进而推动国家治理体系和治理能力的现代化进程。国家侵权精神损害赔偿制度从保障私权利、限制公权力的角度出发,立足人民群众对公平正义的迫切需求,通过维护个人权利,实现社会的和谐、稳定、可持续发展。

其次,国家侵权精神损害赔偿制度是抚慰受害人,切实维护其精神权益的重要制度保障。公权力主体实施的侵权行为对权利主体所造成的精神损害虽然是无形的,但却是客观存在的,仅仅依靠消除影响、恢复名誉、赔礼道歉等非物质利益手段并不足以充分保障其精神权益。事实上,精神损害对人体的危害程度并不亚于肉体伤害。许多精神伤害的时间持续较长,甚至基本上不可能或者难以逆转,且精神对肉体具有支配作用,对精神的伤害有时也会进一步转化为对肉体的伤害。[3] 如2011年覃汉宝"故意杀人"案中,蒙冤9年的覃汉宝因"真凶"自首后被无罪释放,看似圆满解决的案件背后,却潜藏着

---

[1] 参见王志民:《论国家侵权的精神损害赔偿》,载《政法学刊》2004年第1期,第17页。
[2] 参见江平、季卫东:《对谈:现代法治的精神》,载《交大法学》2010年第1期,第1页。
[3] 参见张明楷:《身体法益的刑法保护》,载《政治与法律》2022年第6期,第8页。

无尽悲哀。谭汉宝在关押期间逐渐失去了活着的欲望，萌生了强烈的自杀意念，出狱后一度患上了严重的妄想型分裂症，不仅导致身体健康每况愈下，甚至还出现了明显的自残和暴力倾向，使整个家庭陷入了巨大的痛苦。[1] 若单纯依据 2010 年《国家赔偿法》第 33 条之规定，以国家上年度职工日平均工资计算每日赔偿金，显然不足以弥补受害人所遭受的精神损害，无法达到有效的抚慰作用。因此，国家侵权精神损害赔偿制度不仅要有，而且在确定具体赔偿标准时还应充分考虑损害赔偿的社会效果，最大限度恢复受害者对法律和公权力主体的信任，这不仅是维护社会和谐稳定的重要之举，同时也是推进法治国家建设的应有之义。

最后，国家侵权精神损害赔偿制度是完善我国法律体系，推进法治建设的重要环节。国家赔偿法中的"精神损害"与民法中的概念并无本质区别，是指公民因人身权受到侵犯而遭受的精神痛苦或精神利益的丧失或减损，其表现为受害人因人身权受到侵犯而产生的一定程度的屈辱、焦虑、恐惧、愤懑、绝望等情绪创伤甚至是精神障碍，以及因国家机关及其工作人员违法行使职权行为导致的死亡或者受重伤的受害人或者其近亲属由此产生的精神痛苦等。[2] 既然二者对于"精神损害"概念的内涵并无二致，且民事领域已经赋予了被侵权行为人依法获得精神损害赔偿的权利，则豁免公权力主体对被害人侵权行为的精神损害赔偿显然有损法律体系的科学性和合理性。国家机关及其工作人员的权力来源于人民对其自身权利的让渡，作为以服务人民群众为根本宗旨，以维护人民群众最根本利益为

---

[1] 参见冯志刚、刘万永:《一起了犹未了的杀人案》，载《中国青年报》2012 年 2 月 15 日，第 7 版。

[2] 参见刘竹梅、王振宇、苏戈:《〈关于审理国家赔偿案件确定精神损害赔偿责任若干问题的解释〉的理解与适用》，载《人民司法》2021 年第 13 期，第 53 页。

出发点和落脚点的公权力主体,其侵权行为违背了人民意志,有悖于其行使公权的基本准则,从根本上来说该侵权行为的严重性要大于平等民事主体之间所实施的侵权行为。故在权利主体的合法权益遭受国家机关及其工作人员不法侵害的场合下,后者应当更有责任对权利主体所造成的精神损害予以充分赔偿,这不仅能够在相当程度上修复、维护公权力机关的公信力,同时也能够与民事领域的精神损害赔偿形成照应,完善我国法律体系,提高我国法治化进程。

2. 关于佘祥林案等国家赔偿案的反思

从1995年石东玉"故意杀人"案到2020年张玉环"故意杀人"案,因冤假错案所引发的国家赔偿案件屡见不鲜,佘祥林案不过是众多案例中的其中一例。该类案件一经报道便引发了社会各界的广泛关注,而法院所作判赔决定与公众预期的背离,以及相似案例中判赔决定之间的相互突破和矛盾,无不揭示着国家侵权精神损害赔偿制度存在的问题,有必要予以系统梳理和深刻反思。

首先,国家侵权精神损害赔偿制度缺位。1995年石东玉"故意杀人"案、2000年杜培武"杀妻"案、2003年黄亚全等"抢劫"案等系列冤假错案的发生引发了社会的广泛关注和热议。公众在对其遭遇深表同情的同时,亦表达了对其最终所获国家赔偿金额的关注。然而,由于当时适用的是1994年公布的《国家赔偿法》尚未建立精神损害赔偿制度,因此只能依据该法第26条之规定,按照国家上年度职工日平均工资计算侵犯公民人身自由的每日赔偿金,这导致即便是被错误剥夺人身自由多年的被害人,也仅能获得"最低水平的正义",见表2-3。如1999年史延生等"抢劫"案中,黑龙江哈尔滨铁道工人史延生因一句话被错判为抢劫犯,其亲属被判包庇罪,一家七口共被羁押168个月,虽然后被证实为冤案,但其最终所获国家赔偿仅为 6000 余元,相当于被剥夺一天的自由仅能获得 1 元多的赔偿。[1] 如果说史延生、杜培武、佘祥林等人尚可获得"最低水平的正义",那么同样是蒙冤已久的被害人,有些则历经多年都无法获得相应赔偿。如张石梭"故意杀人"案中,被错误羁押了长达 16 年的张石梭因证据不足而于 1979 年元宵节当天予以释放,由于出狱时警方并未出具出狱释放证明,导致张石梭在其后的奔走信访中因无法证实自己被公安机关错误剥夺多年人身自由而一直未能收到具体回复,虽然其最终在"牢友"的证明下使公安机关承认其清白,但对于在媒体上道歉及赔偿的要求则被公安机关驳回。[2] 过低甚至是空白的赔偿金显然无法达到有效抚慰被害人的预期,虽然佘祥林等人均附加提出了精神损害赔偿申请,但囿于国家侵权精神损害赔偿制度的缺位,其申请无一例外以"不属于国家赔偿法规定的赔偿范围"为由被驳回。值得一提的是,佘祥林案中,被错误剥夺 11 年人身自由的佘祥林申请国家赔偿 237 万元,虽然最终仅获得 25 万余元限制人身自由赔偿金,但之后当地政府决定一次性给予佘祥林 20 万元家庭困难生活补助金,本质上是对其精神损害的补偿。[3] 低位的人身自由赔偿金和生命健康赔偿金本就无法实现对被害人人权的切实保障,而精神损害赔偿金的缺位则更是对被害人客观上所遭精神痛苦、精神利益减损或丧失的过滤和忽视,违背了以人为本的法治发展原则,不利于恢复其对公权力机关和法律的信任,相当程度上将阻碍和谐稳定的社会发展进程。

---

[1] 参见袁婷、王琪:《国家赔偿法不平凡的 14 年》,载《民主与法制时报》2008 年 3 月 17 日,第 A04 版。

[2] 参见杨清竹:《半个世纪仍无法昭雪的命案》,载《政府法制》2011 年第 3 期,第 28-29 页。

[3] 参见徐光华、倪佳颖:《影响性刑事案件推动制度变革的现实样态及启示——以 2005 年至 2021 年 236 个影响性刑事案件为研究范本》,载《河北法学》2023 年第 7 期,第 148 页。

表2-3 典型个案中被害人羁押期限与国家赔偿金额统计

典型个案	羁押期限	国家赔偿金额
1995年石东玉"故意杀人"案	72个月	6万余元
1999年史延生等"抢劫"案	168个月	6000余元
2000年杜培武"杀妻"案	26个月	9万余元
2003年黄亚全等"抢劫"案	121个月	15万余元
2005年佘祥林"杀妻"案	133个月	25万余元
2009年吴志峰"故意杀人"案	16个月	申请赔偿遭拒
2010年张石梭"故意杀人"案	192个月	申请赔偿遭拒

其次，国家侵权精神损害赔偿标准设定偏低。党的十八大以来，加强人权司法保障成为推动依法治国，建设社会主义法治国家的重点工作之一。在这一背景下，精神损害抚慰金制度的建立转变了冤假错案受害人精神损害赔偿缺位的状况。2014年最高人民法院出台《关于人民法院赔偿委员会审理国家赔偿案件适用精神损害赔偿若干问题的意见》（以下简称《意见》），明确精神损害抚慰金的具体数额原则上不超过人身自由赔偿金、生命健康赔偿金总额的35%。然而，该《意见》所设35%的标准过于保守，不切合实际，导致该标准频频在司法实践中被突破，实有形同虚设之意，见表2-4。如2014年呼格吉勒图"强奸、杀人"案中，蒙冤18年的呼格吉勒图因"真凶再现"而得以昭雪，最终共获得了约206万元的国家赔偿，其中人身自由赔偿金、死亡赔偿金合计105万元，精神损害抚慰金100万元，后者占前者的比重超过了95%，远高于《意见》列明的35%的标准，创下了当时精神损害抚慰金制度建立以来的最高纪录。[1]尔后的

---

[1] 参见徐鑫：《国家赔偿中的"相应"精神损害抚慰金——基于"呼格案"的评析与展开》，载《法治常态，西部新态——第七届西部律师发展论坛获奖论文集》。

2015年念斌"投毒"案中,蒙冤8年的念斌最终所获人身自由赔偿金、生命健康赔偿金合计59万元,精神损害抚慰金55万元,后者占前者比重为93.2%,亦居于高位。2017年聂树斌"强奸、杀人"案中,聂树斌所获精神损害抚慰金所占人身自由赔偿金、生命健康赔偿金的比重甚至达到了惊人的99.2%。事实上,在《意见》出台之前,精神损害抚慰金在人身自由赔偿金、生命健康赔偿金中的占比便远超35%的标准,如2013年张氏叔侄"强奸、杀人"案中,张氏叔侄获得的精神损害抚慰金占比已经达到了68.7%。《意见》出台前后,精神损害抚慰金占人身自由赔偿金、生命健康赔偿金中的比重整体趋于高位,且呈现逐渐上升的趋势,《意见》的出台并未能有效降低精神损害抚慰金的比重,层出不穷的突破性精神损害赔偿反映了司法机关对社会期待的主动回应,同时也说明了《意见》所作35%的标准尚不足以实现对被害人精神损害的有效抚慰,国家侵权精神损害赔偿标准的设定仍然偏低。

表2-4 典型个案中被害人羁押期限与国家赔偿金具体明细统计

典型个案	羁押期限	人身自由赔偿金、生命健康赔偿金总额(A)	精神损害抚慰金额(B)	占比(B/A)
2013年张氏叔侄"强奸、杀人"案	10年	131万元	90万元	68.7%
2014年呼格吉勒图"强奸、杀人"案	2个月(已枪决)	105万元	100万元	95.2%
2015年念斌"投毒"案	8年	59万元	55万元	93.2%
2017年聂树斌"强奸、杀人"案	7个月(已枪决)	131万元	130万元	99.2%
2019年金哲宏"故意杀人"案	23年	267万元	201万元	75.3%

最后,国家侵权精神损害赔偿缺乏科学统一的量化分级判赔标准。2010年修正后的《国家赔偿法》虽然增设了精神损害抚慰金制度,规定"造成严重后果的,应当支付相应的精神损害抚慰金",但对于"严重后果"的具体情形以及精神损害抚慰金的计算方式却并未有涉及。大面积的留白使法律适用存在较大的弹性空间,法官的自由裁量权得到了充分释放,极易造成冤假错案类案被害人获得的精神损害抚慰金额相差较大,甚至是权利被侵犯程度较重的主体所获精神损害抚慰金额低于权利被侵犯程度较轻的主体等情形,显然有失公允,不利于维护司法公信力,见表2-4。如2013年张氏叔侄"强奸、杀人"案中,被错误剥夺人身自由10年的张氏叔侄最终获得精神损害抚慰金90万元,平均每羁押1年所获精神损害抚慰金9万元。而2015年念斌"投毒"案中,被错误剥夺人身自由8年的念斌最终所获精神损害抚慰金为55万元,平均每羁押1年对应的精神损害抚慰金仅为6.8万元,明显低于2013年张氏叔侄"强奸、杀人"案中的计算标准。若按照前者的标准计算,则念斌最终将获得72万元的精神损害抚慰金,超出既得款项17万元。如此悬殊的精神损害抚慰金判赔结果显然有损司法公信力,且将在相当程度上影响冤错案件被害人对公权力机关信任的恢复。对比2014年呼格吉勒图"强奸、杀人"案,在羁押2个月后被枪决的呼格吉勒图,其亲属最终获得精神损害抚慰金100万元,仅比张氏叔侄多了10万元。生命的非法剥夺与10年人身自由的非法剥夺,二者的严重程度在物质层面仅呈现10万元的差距,显然是不合适的,不仅不能体现国家赔偿的诚意,同时也反映了其对人权的漠视。除此之外,在2019年刘忠林"故意杀人"案和2020年张玉环"故意杀人"案中,张玉环因被错误羁押27年,获得精神损害抚慰金157万元,而被错误羁押25年的刘忠林,其精神损害抚慰金却是 197 万元，比错误羁押时间更长的张玉环高出 40 万元，显然有违公平公正原则。上述案例所反映的各地法院对精神损害抚慰金裁判的较大差异，归根结底在于缺乏科学统一的量化分级判赔标准，大面积的立法留白导致法院因裁量权过大而频频酿成精神损害抚慰金判赔的不公平，有违现代法治精神，不利于实现对人权的充分保障，有碍和谐稳定社会的构建。

表 2-5　典型个案中被害人羁押期限与精神损害抚慰金额统计

典型个案	羁押期限（A）	精神损害抚慰金额（B）	B/A
2013 年张氏叔侄"强奸、杀人"案	10 年	90 万元	9 万元/年
2014 年呼格吉勒图"强奸、杀人"案	2 个月（已枪决）	100 万元	/
2015 年念斌"投毒"案	8 年	55 万元	6.8 万元/年
2019 年刘忠林"故意杀人"案	25 年	197 万元	7.8 万元/年
2020 年张玉环"故意杀人"案	27 年	157 万元	5.8 万元/年

三、国家侵权精神损害赔偿制度的变革

个案推动制度变革是当前较为典型的现象，以佘祥林案为代表的众多冤假错案共同推动了国家赔偿法中关于精神损害赔偿制度的建立、发展和完善。

1. 增设精神损害抚慰金制度

1999 年史延生等"抢劫"案、2000 年杜培武"杀妻"案、2005 年佘祥林"杀妻"案等冤假错案的国家赔偿案件发生时，国家赔偿法尚未将精神损害纳入判赔范畴，对于国家机关造成受害人名誉权、荣誉权

损害的,仅规定了赔偿义务机关应当在侵权行为影响的范围内,为受害人消除影响,恢复名誉,赔礼道歉。佘祥林等人所提出的精神损害赔偿申请因不属于国家赔偿的规定范畴而频频遭拒,引发了社会各界对于精神损害赔偿的思考和热议。精神损害难以直接用金钱来衡量与计算,但物质利益对精神损害的抚慰作用又是客观的,仅仅依靠消除影响、恢复名誉、赔礼道歉等非物质利益手段不足以充分保护受害人的精神权益。[1] 2005年佘祥林"杀妻"案中,被错误剥夺11年人身自由的佘祥林除了获得25万余元限制人身自由赔偿金,还额外收获了当地政府一次性给予的20万元家庭困难生活补助金,后者以行政救助的形式对佘祥林予以抚慰,本质上是对其精神损害的补偿。2010年,在学界和社会的一致呼吁下,《国家赔偿法》经修正,在以消除影响、恢复名誉、赔礼道歉等非物质利益手段补偿精神损害的基础上,增设了"造成严重后果的,应当支付相应的精神损害抚慰金"的规定。至此,精神损害抚慰金制度正式确立,司法实践中冤假错案被害者及其近亲属的精神损害赔偿诉求也因此得到了法院的积极回应,该阶段实现了精神损害赔偿从无到有的转变。

2. 提高精神损害赔偿标准

2010年修正后的《国家赔偿法》确立了精神损害抚慰金制度,开启了精神损害赔偿司法实践的新篇章。然而,由于精神损害的程度个别性较强,往往因案而异、因人而异,且与社会发展变化相关度较大,《国家赔偿法》并未设定一个完全统一的标准,而是为实践留下了裁量空间。[2] 精神损害赔偿标准的缺位导致各地法

---

[1] 参见徐小飞:《国家侵权精神损害赔偿标准的完善》,载《人民司法(应用)》2017年第7期,第97页。
[2] 参见马怀德、孔祥稳:《我国国家赔偿制度的发展历程、现状与未来》,载《北京行政学院学报》2018年第6期,第4页。

院作出的判决结果迥异,许多案件的赔偿标准过低,难以被当事人接受,也为法学理论界和司法实务界所诟病。[1] 经过数年探索与研究,2014年最高人民法院出台了《意见》,明确精神损害抚慰金的具体数额原则上不超过人身自由赔偿金、生命健康赔偿金总额的35%。然而,该标准在司法实践中被频频突破,其中2017年聂树斌"强奸、杀人"案中,聂树斌所获130万元精神损害抚慰金甚至达到了人身自由赔偿金、生命健康赔偿金总额的99.2%。《意见》所规定的35%的标准显然不符合实际,不足以实现对被害者精神损害的有效抚慰。

为进一步提高精神损害赔偿标准,2021年最高人民法院出台《关于审理国家赔偿案件确定精神损害赔偿责任适用法律若干问题的解释》(以下简称《解释》),将精神损害抚慰金占人身自由赔偿金、生命健康赔偿金总额的比重标准提升至50%,同时规定后果特别严重的,或者虽不具有该《解释》所列明的后果特别严重的具体情形,但确有证据证明按前述标准不足以抚慰的,可以在50%以上酌情考虑。《解释》的出台使被错误羁押近16年的吴春红所提出的国家赔偿申诉受到了最高人民法院的极大关注,最高人民法院赔偿委员会在综合考量了原刑事案件所判罪名、刑罚、羁押时间,受害人人身自由、生命健康受到侵害的情况,精神受损情况,受害人日常生活、家庭关系、社会评价受到的影响等诸多因素后,决定大幅提升精神损害抚慰金的比例和数额,将赔付吴春红的精神损害抚慰金从68万元提升至120万元,本案成为《解释》出台后首个按照在人身自由赔偿金、生命健康赔偿金总额50%以上酌定作

---

[1] 参见徐小飞:《国家侵权精神损害赔偿标准的完善》,载《人民司法(应用)》2017年第7期,第97页。

出赔偿决定的重大冤错案件。[1]

3. 尚须建立科学统一的精神损害量化分级判赔标准

佘祥林案等冤假错案推动精神损害赔偿实现了从无到有,从有到优的发展历程,其积极意义值得肯定。但同时应当注意的是,关于精神损害赔偿的量化分级判赔标准目前尚未建立,自由裁量权的行使空间依然较大。2021年最高人民法院出台《解释》,通过有限列举的方式明确了"后果严重"和"后果特别严重"的具体范畴,并分别予其在50%以上和以下酌定精神损害抚慰金所占人身自由赔偿金、生命健康赔偿金总额的比重和数额。通过有限列举将并列但严重程度不同的种概念以同一顺位置于同一属概念之下,各个种概念之间严重程度的梯度界限因缺乏明确、统一的量化分级标准,极易在自由裁量的过程中渐趋模糊,甚至出现交叉和重叠,类案异判现象由此产生,不利于司法公信力的重塑。

事实上,早在2014年最高人民法院出台的《意见》中就已初步规定了"后果严重"的认定标准,但由于同样未对参考因素进行分级分类,缺乏科学统一的量化判赔标准,致使司法实践中类案异判现象严重,甚至出现了诸如2013年张氏叔侄"强奸、杀人"案和2014年呼格吉勒图"强奸、杀人"案中,被错误剥夺生命的被害人所获精神损害抚慰金仅超出被错误剥夺人身自由10年的被害人10万元的情况。而在其后发生的2018年金哲宏"故意杀人案"中,被错误剥夺23年人身自由的金哲宏所获精神损害抚慰金则高达201万元,约为呼格吉勒图(已枪决)精神损害抚慰金的2.1倍。生命权是最重要的人权,生命法益的价值远高于自由法益,从这

---

[1] 参见李昌林:《2021年中国人权司法保障十大案例评析》,载《人权法学》2022年第4期,第20页。

一点来看,被错误剥夺生命的被害人所获精神损害抚慰金应当远多于被错误剥夺人身自由的被害人。而之所以出现上述案例中精神损害抚慰金的结果悖论,归根结底在于缺乏科学统一的精神损害量化分级判赔标准。在我国台湾地区和美国的部分州,对于同一单位服刑时间内的冤案受害者而言,死囚冤狱、被控性侵等冤狱与普通刑期冤狱的冤案赔偿,赔偿的"价钱"是不一样的,其考虑到不同类型的监禁,受害者心理上的恐惧与折磨、社会影响,包括其亲属在内的精神损害、其他成本损耗等均存在不同程度的差异,故对赔偿金的设置予以了精细划分。[1] 精神损害抚慰金的设置也宜作此区分,有必要按照冤假错案受害人所遭受的伤害程度,如羁押时间、伤残程度、是否已死亡等,进行分级分类,并依次确定相应的精神损害抚慰金判赔区间,构建科学统一的精神损害量化分级判赔标准,坚定贯彻公平公正在个案中的落实。

---

[1] 参见黄鑫政:《刑事国家赔偿之精神损害赔偿的新方式》,载《立法评论》2020年第1期,第214页。

第三章
典型刑事个案对推动社会制度变革方面的现状及其意义

典型刑事案件推动了社会制度的变革。其中较为典型的有"徐玉玉被电信诈骗案""吴英集资诈骗案""崔英杰刺死城管案""唐福珍自焚反抗强拆案""廖丹刻章救妻案""南京虐童案"等案件。本章通过对上述典型案件进行分析,发现这些案件都有效地推进了社会制度的完善:"徐玉玉被电信诈骗案"推动了个人信息管理制度的完善,对个人信息犯罪的打击力度加大;"吴英集资诈骗案"推动了我国金融体制改革,中小企业融资难问题得到有效缓解;"崔英杰刺死城管案"使城管制度进一步优化,警民冲突问题被有效遏制;"唐福珍自焚反抗强拆案"推动拆迁制度改革,强拆问题得以从严打击;"廖丹刻章救妻案"推动医保制度优化,百姓看病难问题得以有效纾解;"南京虐童案"使司法机关更加重视儿童受虐待问题,促进《反家庭暴力法》顺利出台。这说明了我国利用典型刑事个案推动社会制度完善方面取得了显著成就,促进了我国社会的和谐稳定发展。

第一节　徐玉玉被电信诈骗案与公民个人信息保护

一、案情介绍

2015年11月至2016年8月,陈文辉、黄进春、陈宝生、郑金锋、熊超、郑贤聪、陈福地等人交叉结伙,通过网络购买学生信息和公民购房信息,分别在江西省九江市、新余市,广西壮族自治区钦州市,海南省海口市等地租赁房屋作为诈骗场所,分别冒充教育局、财政局、房产局的工作人员,以发放贫困学生助学金、购房补贴为名,将高考学生作为主要诈骗对象,拨打诈骗电话2.3万余次,骗取他人钱款共计56万余元,并造成被害人徐玉玉死亡。

山东省高级人民法院认为,被告人陈文辉等人以非法占有为目的,结成电信诈骗犯罪团伙,冒充国家机关工作人员,虚构事实,拨打电话骗取他人钱款,其行为均构成诈骗罪。陈文辉还以非法方法获取公民个人信息,其行为又构成侵犯公民个人信息罪。陈文辉在江西省九江市、新余市的诈骗犯罪中起组织、指挥作用,系主犯。陈文辉冒充国家机关工作人员,骗取在校学生钱款,并造成被害人徐玉玉死亡,酌情从重处罚。据此,以诈骗罪、侵犯公民个人信息罪判处被告人陈文辉无期徒刑,剥夺政治权利终身,并处没收个人全部财产;以诈骗罪判处被告人郑金锋、黄进春等人15年至3年不等有期徒刑。[1]

---

[1] 参见王煜、王梦遥:《"徐玉玉案"宣判主犯获无期徒刑》,载《新京报》2017年7月20日,第A13版。

二、理论阐述

年仅 18 周岁的徐玉玉作为即将进入大学的学生,由于自身对电信网络诈骗的警惕程度不高,被电信诈骗后,基于心理压力造成心源性休克,引起多器官衰竭,抢救无效而死亡,引起了社会舆论的强烈反应。这一反应主要源自民众对电信网络诈骗日益猖獗的现状的不满。电信网络诈骗由于其隐蔽性高、涉案金额巨大的特点,使其不同于传统的诈骗,更容易给公民带来巨大的人身财产损失。同时,电信网络诈骗的实施离不开对公民个人信息的获取和利用。电信网络诈骗在我国的兴起,也表明了我国个人信息保护仍然存在较大的漏洞。

1. 徐玉玉案的发生原因

徐玉玉作为一个刚刚从未成年人转向成年人的学生,社会经验相对缺乏,对电信诈骗和个人信息保护的意识较为薄弱,因此导致财产损失。我国年轻人群体目前已经成为电信诈骗的主要受害者。根据中国信息通讯研究院 2020 年发布的《新形势下电信网络诈骗治理研究报告》,"90 后"遭受电信网络诈骗的人数已超过其他受骗人数总和,占比达 63.7%。[1] 这说明年轻人在电信网络诈骗的识别方面并没有优势,电信诈骗防范意识依然较为薄弱。而在年轻人群体中,我国涉未成年人电信网络诈骗问题显得尤其严重。据统计,我国当前未成年网民达 1.91 亿人,未成年人互联网普及率高达 96.8%。但同时,未成年人在过去半年内遭遇过网络安全事件比例达 25.5%,遭受电信网络诈骗问题的案件数量有上升趋势。[2] 这与未

---

[1] 参见樊宇航:《高校电信诈骗防范对策研究——基于受害者被害心理视角分析》,载《网络安全技术与应用》2023 年第 2 期,第 92 页。
[2] 参见陈萍:《未成年人个人信息保护领域的公益诉讼实践与优化》,载《中国检察官》2023 年第 19 期,第 64 页。

成年人对电信诈骗不知情、不敏感息息相关。据统计,截至2021年,我国还有近30%的未成年人认为自己对个人网络隐私风险认识不清,甚至有3.8%的未成年人认为自己根本无法认识到网络隐私风险。[1] 未成年人由于还没有完全进入社会,对于电信网络诈骗认识不足,容易轻率地将自己的个人信息提供给他人,并被犯罪分子用于实施电信网络诈骗行为。

电信诈骗手段越来越隐秘多样,徐玉玉未能进行准确辨别,从而被骗取财物。在本案中,犯罪分子通过冒充罗庄区教育部门的方式行骗,通知徐玉玉可以申请贫困家庭助学金并要求其提前缴纳学费。由于犯罪分子提前知晓了徐玉玉录取的相关情况,徐玉玉难以分辨真假。实践中,除了徐玉玉被骗的方式外,犯罪分子还有许多难以甄别的犯罪方式。例如,有论者在2022年调查了746名遭受过诈骗的高校大学生,询问他们遭受诈骗的方式,发现诈骗的类型方式呈现出多样化的趋势,其中同一名大学生甚至会遭受多种诈骗方式的引诱,十分难以防范,见表3-1。[2] 如此多样化的诈骗方式使大学生往往难以识别出电信诈骗,导致与徐玉玉案相似的案件反复出现。仅2016年8月一个月,媒体就又爆出数起类似的电信网络诈骗案件。例如,在宋振宁案中,被害人宋振宁是山东理工大学的一名大学生,接到陌生来电声称宋振宁的银行卡被透支了6万多元,要求宋振宁还款。宋振宁在未经仔细核实的情况下给对方转了2000元钱后,发现自己被骗。最终宋振宁因过度悲伤猝死。[3] 又如,在蔡淑

---

[1] 参见孙宏艳、马铭阳:《85.4%受访未成年人接受过网络安全教育 主要渠道是学校家庭》,载《中国青年报》2021年5月27日,第10版。

[2] 参见程子良、翁添富:《大学生防范电信网络诈骗现状调查与对策研究——基于746名高校大学生的实证分析》,载《高校后勤研究》2022年第5期,第60页。

[3] 参见闫晶晶:《山东检察机关依法受理"宋振宁被电信诈骗案"审查起诉》,载《检察日报》2017年5月2日,第1版。

妍案中,蔡淑妍是一名高考录取新生,接到不法分子假冒"奔跑吧,兄弟"栏目组发出的虚假中奖短信,蔡淑妍回拨短信中的电话号码,被嫌疑人诱骗其点击登录钓鱼网站,并填入相关个人信息。随后,嫌疑人又以缴纳"保证金""个人所得税"等理由诱骗蔡淑妍向嫌疑人提供的账户汇款,蔡淑妍分3次共汇入9800元。蔡淑妍发现被骗后,跳海自杀。[1] 这些案例都表明,多种多样的诈骗方式使受害人很难轻易识破骗局,从而使电信诈骗得以顺利进行。而在被骗后,作为涉世未深的未成年人、大学生,由于心理压力过大而导致难以承受,甚至选择自杀等极端方式结束自己的生命。

表3-1 746名高校大学生被骗方式统计

诈骗方式	人数(人)	诈骗方式	人数(人)
冒充领导、老师诈骗	480	购物退款诈骗	524
冒充亲友诈骗	495	网络招聘诈骗	354
冒充公检法诈骗	409	发布虚假中奖信息	536
机票退改签诈骗	277	其他	236

2. 我国电信网络诈骗的现状

徐玉玉案能够成为舆论关注的热点案例,也体现出我国民众对于电信网络诈骗案件的重视。目前,我国电信网络诈骗案件呈现出案件数量多、侦破难度高、经济损失大的特点。因此,需要司法机关加以从重打击,来遏制电信网络诈骗案件的发展。

我国作为一个电信网络发展大国,具有庞大的电信网络使用群体,这为电信诈骗提供了很大的生存空间。据统计,截至2023年6

---

[1] 参见何春中:《三起社会关注的学生遭电信网络诈骗案告破:二十八名犯罪嫌疑人落网》,载《中国青年报》2016年9月10日,第3版。

月,我国网民规模达10.79亿人,互联网普及率达76.4%。[1] 在巨大的网民基数下,我国的电信诈骗案件数量也呈现出逐渐增多的趋势。据统计,在2017年至2021年,全国各级人民法院一审审结电信网络诈骗类案件共计10.30万件。其中,2018年同比上升71.69%,2019年同比上升25.15%,2020年同比上升40.36%。[2] 电信网络诈骗案件数量快速增加,也使司法机关需要加大对电信网络诈骗案件的打击力度,来及时遏制案件数量不断增加的趋势。

我国电信诈骗案件造成的经济损失数额巨大。由于电信网络诈骗往往使用移动支付来骗取财物,导致被害人在转移财产时容易一时冲动,难以进行理性考虑,这也使电信网络诈骗的犯罪金额往往较大,给被害人造成巨大的经济损失。据统计,仅徐玉玉案发生的2016年上半年,全国就因电信网络诈骗遭受直接经济损失114.2亿元。[3] 我国不仅电信网络诈骗造成的经济损失总额高,单个典型网络诈骗案件所造成的损失金额也巨大。最高人民法院在2016年3月4日发布的9个电信网络诈骗犯罪典型案例中,有5个案件造成的被害人损失都达到了百万元级别。例如,在谢怀丰、谢怀骋等人推销假冒保健产品诈骗案中,谢怀丰、谢怀骋利用从网络上非法获取的公民个人信息,聘用多个话务员,冒充中国老年协会、保健品公司工作人员等身份,以促销、中奖为诱饵,向一些老年人推销无保健品标志、未经卫生许可登记的"保健产品"。谢怀丰等人通过上述手段共

---

[1] 参见柴嵘、王瑶琦:《10.79亿网民最爱三大件》,载《北京晚报》2023年8月30日,第8版。

[2] 参见张晨:《全国法院五年一审审结电诈案件超10万件》,载《法治日报》2022年9月7日,第3版。

[3] 参见孙少石:《电信诈骗犯罪及其治理研究》,中南财经政法大学2019年博士论文。

造成被害人经济损失达到1886689.84元。[1]

电信网络诈骗案件的破案难度高。以电信诈骗为代表的网络犯罪是利用高科学技术实施远距离的、非接触性犯罪,犯罪嫌疑人与被害人不发生面对面的直接接触,直接利用现代通信技术、网络技术以及网上银行技术实施诈骗行为。这使公安机关在追查电信网络诈骗源头时十分困难,让犯罪人能够更加大胆地实施电信网络诈骗活动。例如,犯罪人通过AI换脸和拟声技术伪装好友,对福州市某科技公司法人代表郭某实施诈骗,在视频聊天"核实"对方身份后,被害人郭某10分钟内被骗走430万元。[2] 对于这一案件,由于对方的外貌和声音都经过AI处理,既让被害人容易被骗,也导致公安机关很难发现犯罪人的身份,破获此类案件就需要很大的努力,犯罪分子就会更加顺利地进行诈骗活动,危害公民的人身财产安全。

3. 电信网络诈骗兴起的原因分析

电信诈骗之所以具有数量大、金额高、侦破难的特点,主要源于科技的发展为电信网络诈骗提供了更加隐蔽便捷的手段,使犯罪成本大大降低,促使电信网络诈骗案件不断发生。同时,我国个人信息保护还不够完善,导致个人信息容易泄露从而被犯罪分子用于诈骗,促进了电信网络诈骗案件的发生。

科技发展所带来的社交方式的转型为电信网络诈骗提供了生存空间。微信、QQ等社交平台的兴起,使交流各方的身份都隐藏在网络中,更加有利于违法犯罪行为的展开。有论者研究了400份有关

---

[1] 参见罗书臻:《最高人民法院通报电信诈骗犯罪典型案例:北京一半以上案件为团伙作案发送诈骗信息5000条即可获刑》,载《人民法院报》2016年10月8日,第1版。
[2] 参见何亮:《双"法"齐下破解AI诈骗难题》,载《科技日报》2023年6月2日,第5版。

网络电信诈骗的刑事裁判文书,发现利用网恋、网贷等新兴社交平台进行网络诈骗的案件数量在 2013 年之前为零,而在 2014 年之后开始逐渐出现。[1] 这一趋势与电信网络诈骗案件数量的逐年递增趋势基本吻合,说明网络技术的发展使电信诈骗案件数量增加。互联网时代,移动支付的问世使人们处分财产更加容易,留给被害人理性分析的时间更少。被害人对犯罪人产生信任后,直接通过第三方交易平台进行货币交易,导致电信诈骗发案率更高,电信诈骗得以更加顺利地进行。据统计,在所有的电信网络诈骗案件中,手机 APP 已经成为主要的电信网络诈骗途径,超过 60% 的诈骗是通过 APP 实施的。[2] 这说明新兴的科技手段迅速被犯罪分子掌握利用,成为电信网络诈骗的主要手段。

我国对个人信息保护不足,也使公民的个人信息极易遭受侵害,从而引发电信网络诈骗案件。科技的发展使个人信息以数据形式广泛存在于网络空间之中。根据国际数据公司(IDC)最新发布的报告显示,中国数据量规模将从 2022 年的 23.88ZB 增长至 2027 年的 76.6ZB,年均增长速度(CAGR)将达到 26.3%,位列全球第一。[3] 如此庞大的数据规模也意味着网络空间中的个人信息数量也在不断增加。但同时,我国对个人信息的保护措施还不完善,导致个人信息极易遭受侵害。据统计,2018 年至 2022 年我国网络安全漏洞数量呈

---

[1] 参见王梓伦、杨学锋:《互联网背景下电信诈骗犯罪的变化趋势及对策研究——以 400 份刑事判决书为例》,载《辽宁公安司法管理干部学院学报》2023 年第 5 期,第 44 页。
[2] 参见靳高风、杨皓翔、何天娇:《疫情防控常态化背景下中国犯罪形势变化与趋势——2020—2021 年中国犯罪形势分析与预测》,载《中国人民公安大学学报(社会科学版)》2021 年第 3 期,第 5 页。
[3] 参见王柱力:《IDC:到 2027 年中国数据量规模增长至 76.6ZB》,载《北京商报》2023 年 7 月 15 日,第 1 版。

现逐年上升的趋势,见图 3-1。[1] 这说明我国网络安全问题十分严重,容易造成个人信息泄露。例如,在全国首例利用 AI 实施的"特大侵犯公民个人信息案"中,行为人共累积获取公民个人信息 10 亿余组,黑客利用网络技术获取公民个人信息的速度已达毫秒级。这一案件表明,网络监管的不力,使犯罪分子能够利用很快掌握到公民的个人信息,犯罪分子实施电信网络诈骗行为更加容易。

图 3-1 2018—2022 年全国网络安全漏洞数量

4. 公民个人信息被泄露的危害性

公民个人信息被泄露不仅会导致电信网络诈骗案件不断发生,而且还会对公民的其他人身、财产权利造成严重威胁。个人信息的泄露会助力犯罪分子利用公民个人信息实施侵犯公民隐私权的活动,并且会对公民的个人信用和身份认定造成严重影响。

---

[1] 参见王一涵:《这份漏洞报告折射出哪些网络安全发展趋势》,载光明网 2023 年 7 月 24 日,https://wlaq.gmw.cn/2023-07-24/content_36717908.htm,访问日期 2023 年 12 月 20 日。

个人信息的丢失会导致个人隐私受到侵犯。根据2016年中国互联网协会《中国网民权益保护调查报告》的统计显示,有54%的网民最担心个人信息的泄露将导致公民的生活安宁权、个人的隐私权等合法权益受到较大程度的侵害。[1] 实务中已经出现多起因个人信息泄露而导致的公民遭受"人肉"网暴的案件。例如,在陈某某犯罪团伙侮辱他人案中,陈某某等人利用黑客手段获取大量公民个人信息,在网上接受他人雇佣后,采取曝光隐私信息、电话短信"轰炸"等手段对受害人实施网络暴力,造成多名未成年受害人不同程度患上抑郁,甚至产生自杀倾向。[2] 这一案件表明,如果不对个人信息的泄露问题加以及时制止,那么在对个人隐私权进行侵犯的同时,也有可能进一步危害到公民的生命健康,引发更为严重的后果。

个人信息的丢失会导致个人身份被冒用的问题。个人信息在社会交流中作为个人身份的证明依据,如果被他人获取,则可能出现"冒名顶替"的现象。例如,王佳俊冒名顶替案中,王佳俊与被害人罗彩霞均是同一高中的应届文科毕业生,两人同时参加高考,罗彩霞成绩为514分,王佳俊成绩为335分。王佳俊在班主任张文迪的帮助下,获取了罗彩霞的身份信息以及高考成绩等相关信息,并且伪造了罗彩霞的迁移证、高考档案等相关材料。最终,王佳俊代替罗彩霞被贵州师范大学录取。[3] 在本案中,由于罗彩霞的个人信息泄露,导致其身份信息被冒用,最终失去了上大学的机会。如果不对个人信息保护加以完善,那么公民的个人信息可能在不知情的情况下被冒

---

[1] 参见段艳艳:《公民个人信息泄露的危害及治理》,载《云南警官学院学报》2017年第3期,第94页。
[2] 《依法惩治网络暴力违法犯罪典型案例》,载《人民法院报》2023年9月26日,第4版。
[3] 参见刘万永:《罗彩霞:从新闻当事人到记者》,载《浙江法制报》2013年5月9日,第14版。

用,从而对公民的人身财产权利造成损害。

个人信息的丢失会导致个人信用损害的问题。行为人利用被害人的个人信息进行借贷活动,损害被害人的信用记录,并造成被害人的财产损失。例如,唐某某趁室友韦某不备,窃取韦某的手机卡、身份证和银行卡信息后,以韦某的名义注册"云闪付",再将该"云闪付"账号绑定自己实际控制的微信账号,并绑定韦某名下的中国农业银行卡账户。后被告人唐某某以韦某的名义从"小米贷款"APP多次借款共计3万元。由于唐某某逾期未还款,最终造成韦某的个人借贷信用受损。[1] 由于个人信息与公民本人高度联系,因此一旦被犯罪分子利用,则会对公民与人身密切相关的各种权利都造成严重威胁。

三、徐玉玉案促进了对电信诈骗的打击与个人信息保护制度

徐玉玉案发生之后,国家更加重视打击电信网络诈骗犯罪,出台了多项制度来治理电信网络诈骗活动,并且构建了完整的个人信息保护体系,试图从源头上打击电信网络诈骗犯罪。这些措施都取得了良好的治理效果,但仍然具有进一步完善的空间。

1. 徐玉玉案促成的制度变革

徐玉玉案等的出现,使国家在防范电信网络诈骗方面加大力度,构建了电信诈骗预警防范机制。同时,出台了《个人信息保护法》等专门保护公民个人信息的法律,使个人信息保护更加全面。

进一步完善了电信诈骗的预警防范体制,建立电信诈骗预警劝阻机制。预警劝阻是指警方通过分析各类高发电信诈骗警情中诈骗

---

[1] 参见范春忠:《冒用他人身份信息向网络银行借款行为的定性》,载《人民法院报》2022年8月4日,第6版。

分子拨打电话的特点,设置预警规则,系统实时监测异常话务并发出预警,指挥中心采取发送提醒信息、电话劝阻及民警上门劝阻等干预措施。2022年4月,中共中央办公厅、国务院办公厅《关于加强打击治理电信网络诈骗违法犯罪工作的意见》中指出,"要构建严密防范体系。强化技术反制,建立对涉诈网站、APP及诈骗电话、诈骗短消息处置机制;强化预警劝阻,不断提升预警信息监测发现能力,及时发现潜在受害群众,采取劝阻措施。"这一规定强调了预警劝阻在打击电信网络诈骗中的重要作用,要求公安机关更加重视事前预警。实践中,预警劝阻措施已经取得了一定的效果。据公安部统计,2021年全国公安机关日均下发预警指令超11万条,成功避免2891万名群众受骗,紧急止付涉案资金达3291亿元。[1] 这说明预警劝阻机制能够有效地防止电信网络诈骗案件的发生,保护公民财产安全。

个人信息保护的法律法规得到逐步完善。在徐玉玉案发生之后,我国的个人信息保护立法也进入快速发展的阶段。2017年《民法总则》(现已失效)第111条规定:"自然人的个人信息受法律保护。任何组织和个人需要获取他人个人信息的,应当依法取得并确保信息安全,不得非法收集、使用、加工、传输他人个人信息,不得非法买卖、提供或者公开他人个人信息。"这一规定专门明确强调了对个人信息的保护,体现出国家对于个人信息保护的重视。2017年最高人民法院、最高人民检察院还出台了《关于办理侵犯公民个人信息刑事案件适用法律若干问题的解释》,进一步细化了侵犯公民个人信息罪的认定标准,使侵犯公民个人信息罪更加具有可操作性。2021年,我国正式出

---

[1] 参见李佳鹏:《反诈预警日均超11万条 "全链条"攻防战持续上演》,载《经济参考报》2022年3月30日,第A08版。

台了《个人信息保护法》,对个人信息保护进行系统性规定,使法律体系更加完善。这些制度的完善都有利于对个人信息的全面保护,有利于司法机关依照法律对侵犯公民个人信息的行为加以严格治理。

2. 制度变革带来了显著的治理成果

制度变革使公安机关打击电信网络诈骗的水平得到显著提升。笔者统计了2020—2022年的电信网络诈骗案件破案量,发现破案数量呈现逐年递增的趋势,见图3-2。[1] 这说明我国对电信网络诈骗的打击力度逐渐加大,并且这种打击收获了良好的社会效果。据统计,2022年我国共破获电信网络诈骗案件46.4万起,缉捕电信网络诈骗犯罪集团头目和骨干351名,并且使电信网络诈骗发案率连续17个月同比下降。[2] 发案率逐渐下降说明了司法机关的大力整治起到了效果,部分犯罪分子不敢再铤而走险,利用电信网络实施诈骗行为。

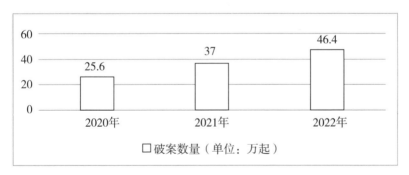

图3-2 2020—2022年全国电信网络诈骗案件破案数量

---

[1] 数据来源:《一大批境外诈骗窝点被成功铲除》,载《法治日报》2023年12月22日,第3版。

[2] 参见张天培:《打好反诈人民战争 维护群众财产安全》,载《人民日报》2022年4月15日,第7版。

公民的个人信息保护意识以及电信诈骗防范意识得到显著提升。例如,2022年中央宣传部组织开展"全民反诈在行动"集中宣传月活动,组织各类反诈宣传"进社区、进农村、进家庭、进学校、进企业"活动2万余场次,发送反诈宣传短信30.7亿条,国家反诈中心官方政务号发布短视频9330余条、播放量超50亿次。[1] 通过这些活动,公民意识到电信诈骗的危害,并且积极地参与电信网络诈骗的防治活动中。例如,2022年6月全国人大常委会对反电信网络诈骗法草案进行二次审议后,再次向社会公开征求意见,共有12390位公众提出了28406条意见。[2] 这说明公民对于电信网络诈骗十分重视,为打击电信网络诈骗犯罪提供建议。

我国个人信息保护力度得到明显加强。徐玉玉案后,我国加大了对公民个人信息犯罪的打击力度,侵犯公民个人信息案件的起诉人数呈现逐年递增的趋势,见图3-3。[3] 除了进行事后的从严打击,我国个人信息保护的事前预防力度也有显著提升。例如,2020年我国工信部对52万款应用程序(APP)进行了技术检测工作,责令1571款违规APP进行整改,对120款整改不到位的及拒不整改的APP直接下架。[4] 这有效地防止企业利用APP盗取公民的个人信息,一定程度上保护了公民个人信息免遭泄露。

---

[1] 参见董凡超:《持续掀起全民反诈新热潮:公安机关深入推进打击治理电信网络诈骗违法犯罪》,载《法治日报》2023年7月27日,第6版。
[2] 参见荆龙:《反电信网络诈骗法草案将提交三次审议:从事电信网络诈骗犯罪及关联犯罪或将记入信用记录》,载《人民法院报》2022年8月27日,第1版。
[3] 数据来源,史绍丹、张子璇:《2019年以来检察机关办理个人信息保护领域公益诉讼案件8361件》,载《检察日报》2022年11月10日,第1版;孙风娟:《2022年检察机关起诉侵犯公民个人信息犯罪9300余人》,载《检察日报》2023年3月3日,第1版。
[4] 参见李万祥:《关闭APP广告为啥这么难》,载《泉州晚报》2021年4月21日,第3版。

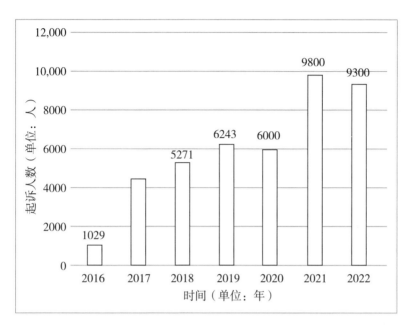

图 3-3　2016—2022 年我国侵犯公民个人信息罪历年起诉人数

3. 我国个人信息保护仍需进一步完善

虽然目前公民个人信息保护正在逐步完善当中,但是仍然存在诸多不足之处。由于刑法尚未根据《个人信息保护法》的相关规定作出调整,因此对于公民个人信息的概念以及"告知-同意"规则的适用,还需要刑法与《个人信息保护法》等前置法进行协调统一。

侵犯公民个人信息罪中的个人信息概念还需要进一步限缩。2017 年最高人民法院、最高人民检察院《关于办理侵犯公民个人信息刑事案件适用法律若干问题的解释》第 1 条规定:"公民个人信息是指以电子或者其他方式记录的能够单独或者与其他信息结合识别特定自然人身份或者反映特定自然人活动情况的各种信息,包括姓名、身份证件号码、通信通讯联系方式、住址、账号密码、财产状况、行踪轨迹等。"这一定义以"可识别性"作为标准,即该信息具有能够识别到特定个人的可能性,就将其视为公民个人信息。但是,这一规定只关注信息识别特定个人的可能性有无,而不考虑可能性大小和识别难度等问题。随着科技的发展,只要有足够先进的手段和充足的资源、时间,几乎任何信息都具备识别特定个人的可能性。如此,"可识别性"这一标准实际上就失去了界定公民个人信息的功能和意义。如果机械地、形式化地贯彻"可识别性"标准,将会导致公民个人信息范围无限扩张,有违刑法谦抑性。[1] 因此,应当在刑法中适当限缩公民个人信息的范围,充分发挥前置法的作用,维持刑法的最后法地位。

需要将"告知-同意"制度进一步落实在侵犯公民个人信息罪中。侵犯公民个人信息罪采用了空白罪状的表述方式,只有实施了"违反国家有关规定"等前置法规范的行为才能够成立本罪。2021年出台的《个人信息保护法》作为本罪最重要的前置法规范,在文本中共27处提及了信息所有者的个人同意,构建了以"告知-同意"为核心的个人信息处理规则。但是侵犯公民个人信息罪的司法解释还没有及时将"告知-同意"制度纳入认定侵犯公民个人信息的考量范畴之中,导致司法实务中对被害人同意他人获取并利用自己个人信息的行为应当产生何种法律效果认识不够明确。例如,在"林某强侵犯公民个人信息案"中,林某强从事贩卖微信号的业务,通过从他人处购买或者微信用户自愿出租出售等方式收集微信号,然后出售给他人获利。法院认为,林某强收集并贩卖他人自愿提供的微信号,依然构成侵犯公民个人信息罪。因此对这部分微信号数量不予核减,也没有作为量刑情节从轻处罚。[2] 在该案中,法院没有认识到

---

[1] 参见于冲:《侵犯公民个人信息罪中"公民个人信息"的法益属性与入罪边界》,载《政治与法律》2018年第4期,第15页。
[2] 参见江西省吉安市中级人民法院刑事裁定书,(2021)赣刑终2号。

被害人同意能够对侵犯公民个人信息罪的定罪量刑产生影响,因此即使微信用户同意他人出售个人信息,也无法予以出罪或者从轻处罚。因此,应当将"告知-同意"制度进一步落实在刑法中,以保持刑法与前置法律的统一。

网络安全和信息化事关党的长期执政,事关国家长治久安,事关经济社会发展和人民群众福祉。[1] 因此,对于电信网络诈骗与侵犯公民个人信息这类严重危害国家网络安全的行为,应当予以严厉打击。未来应当进一步完善公民个人信息的刑法保护,从源头上打击侵犯公民个人信息的行为。同时,司法机关应当及时了解新型网络诈骗手段,向民众宣传最新的电信网络诈骗方式,增强民众的防范意识,更加有效地维护我国的电信网络安全,使徐玉玉案不再重复上演。

第二节 吴英集资诈骗案与金融体制改革

一、案情介绍

被告人吴英于 2003 年 8 月在浙江省东阳市开办东阳吴宁贵族美容美体沙龙;2005 年 3 月开办东阳吴宁喜来登俱乐部,同年 4 月开办东阳市千足堂理发休闲屋,同年 10 月开办东阳韩品服饰店;2005 年起,吴英以合伙和投资为名高息集资,2006 年 4 月,吴英已负债 1400 余万元。在此情况下,吴英为能继续集资;使用非法集资款先后虚假注册了本色集团以及众多本色系公司,成立后大都未实际经

---

[1] 参见《深入学习贯彻习近平总书记关于网络强国的重要思想》,载《人民日报》2023年7月17日,第1版。

营或亏损经营,但吴英采用虚构事实、隐瞒真相、虚假宣传等方法,给社会造成其公司具有雄厚经济实力的假象,以高额利息为诱饵,以投资、借款、资金周转等名义,截至 2007 年,先后从林卫平等 11 人处集资 7 亿多元,用于偿还本金、支付利息、购买房产、汽车、珠宝、公司运营及个人挥霍等,至案发时尚有 3.8 亿多元无法归还。

2009 年 12 月 18 日,金华市中级人民法院一审以集资诈骗罪判处吴英死刑,剥夺政治权利终身,并处没收其个人全部财产。[1] 吴英不服一审判决,2010 年 1 月,以主观上无非法占有目的、客观上未实施欺诈行为、债权人不属于社会公众、借款系单位行为等理由,提起上诉,要求宣告无罪。

2012 年 1 月 18 日,浙江省高级人民法院作出二审裁定,认为一审法院定罪准确、量刑适当,裁定驳回吴英的上诉,维持死刑判决。[2]

2012 年 4 月 20 日,最高人民法院裁定不核准吴英死刑,将案件发回浙江省高级人民法院重新审判。[3]

2012 年 5 月 21 日,浙江省高级人民法院作出判决,撤销一审判决中对被告人吴英的量刑部分,维持其余部分;判处吴英死刑,缓期二年执行,剥夺政治权利终身,并处没收其个人全部财产。[4]

二、理论阐述

刑事司法在某种意义上正是通过对个案的裁判来反映社会诉求,通过个案正义的引导进而在某种程度上推进司法正义,最后实现

---

[1] 参见浙江省金华市中级人民法院刑事判决书,(2009)浙金刑二初字第 1 号。
[2] 参见浙江省高级人民法院刑事裁定书,(2010)浙刑二终字第 27 号。
[3] 参见最高人民法院刑事裁定书,(2012)刑二复 43120172 号。
[4] 参见浙江省高级人民法院刑事判决书,(2012)浙刑二重字第 1 号。

政治效果、法律效果与社会效果的有机统一。吴英案作为在该时期具有影响力的典型案件,一定程度上可以反映当时集资诈骗案件的普遍性、多发性与复杂性。以吴英案为切入点,剖析该时期集资诈骗罪产生的原因,有利于厘清我国民间金融监管存在的问题。

1. 规则表达与社会实践的背离使吴英案成为热点案件

类似吴英案的判决并不是个例,同一时期有诸多因集资诈骗罪被判处死刑的案件发生。例如,2012年1月,安阳集资诈骗案刘洪飞(涉案金额为8537万元)一审被判处死刑。又如,2011年4月,亳州"兴邦公司"集资诈骗案首犯吴尚澧(涉案金额为37亿元)被判处死刑。再如,2011年1月哈尔滨"金源葆"集资诈骗案(涉案金额为8.6亿元),两主犯庄勋华、庄勋斌均判处死刑。2012年1月,浙江省高级人民法院维持吴英死刑。无论是法律界学者,还是其他领域的专家及知名人士都对吴英适用死刑的合法性和合理性进行批判与质疑。例如,2012年2月6日由中国政法大学公共决策研究中心主办的"论吴英是非生死谈民间金融环境——吴英案法律研讨会"上的学者几乎都反对对吴英适用死刑。[1] 又如,2012年2月4日,在第十二届中国企业家论坛开幕演讲上,经济学家张维迎旗帜鲜明地反对吴英案的判决。[2] 在诸多集资诈骗罪中,吴英案之所以引发广泛关注,一方面是因为集资诈骗罪在实践中罪与非罪的认定有巨大争议。在金融管理主义本位、严厉打击非法集资类犯罪刑事政策及"维稳"政策的影响下,加上"诈骗"一词本就极易作无限的扩张解释,集资诈骗罪在实践中被滥用,成为名副其实的"口袋罪",不少民营企业

---

[1] 参见肖世杰:《从吴英案看我国民间金融的监管困局与改革路径》,载《法学论坛》2012年第6期,第92页。
[2] 参见张维迎:《如何建立市场:从特权到权利》,载南方周末2012年12月16日https://www.infzm.com/contents/70296,访问日期:2024年1月11日。

家因此被判重刑,甚至死刑。[1] 有学者认为,吴英案的判决是典型的以结果倒推故意、以"巨额"证明诈骗,一审判决书对涉案数额娓娓道来,但对"诈骗方法"却一笔带过。[2] 另一方面,在经过诸多集资诈骗案行为人被判处死刑后,国家对于非法集资罪的高压态度引发了民间融资领域的担忧。2011 年,《刑法修正案(八)》公布,其中取消了 13 个罪名死刑,废除了包括票据诈骗罪、金融凭证诈骗罪等绝大多数金融诈骗犯罪死刑的规定,却唯独保留了集资诈骗罪死刑。当时,浙江民间非法集资与民间借贷的界限并不明朗,司法机关罪与非罪的认定也十分模糊。严厉的非法集资监管模式使本无法律身份的民间金融的生存空间受到极大压缩,以致基本令其只能在夹缝中生存。而在集资可能被判处死刑的压力之下,企业家们对金融监管制度及金融市场普遍存在担忧,这些"担忧"也在吴英被判处死刑后达到高潮。

2. 严监管并不能有效惩治集资诈骗犯罪

实务中,国家对于集资诈骗罪的监管一直持严厉态度,主张将扰乱金融市场秩序非法集资行为予以严惩。例如,2004 年,最高人民法院《关于依法严厉打击集资诈骗和非法吸收公众存款犯罪活动的通知》中强调:"近年来,一些地方集资诈骗、非法吸收公众存款犯罪活动十分猖獗,大案要案接连发生,严重扰乱金融市场秩序,侵犯公民、法人和其他组织的合法权益。"并指出,"对集资诈骗数额特别巨大并且给国家和人民利益造成特别重大损失,罪行极其严重的犯罪

---

[1] 参见徐昕、黄艳好、王万琼:《非法集资类犯罪的立法反思与对策》,载《学术界》2015 年第 3 期,第 57 页。

[2] 参见高艳东:《诈骗罪与集资诈骗罪的规范超越:吴英案的罪与罚》,载《中外法学》2012 年第 2 期,第 412 页。

分子,依法应该判处死刑的,要坚决判处死刑,决不手软"。又如,2007年,国务院办公厅《关于依法惩处非法集资有关问题的通知》指出:"近年来,非法集资在我国许多地区重新抬头,并向多领域和职业化发展。2006年,全国公安机关立案侦查的非法集资案件1999起,涉案总价值296亿元。2007年1月至3月,仅非法吸收公众存款、集资诈骗两类案件就立案342起,涉案总价值59.8亿元,分别较去年同期上升101.2%和482.3%。若不采取切实有效措施予以治理整顿,势必造成更大的社会危害。"

为此,各级地方政府本着"非过正无以矫枉"的指导思想,纷纷出台了一系列相关的规范性文件,加强了对民间融资活动的监管,其矛头直指社会上广泛蔓延的非法集资现象。从对"非法集资"进行形式上的界定,到对"非法集资"的各种形式进行明文式列举,可以看出,现行法律规范中所列的"非法集资"已基本将各种形式的民间融资囊括殆尽。一般而言,通过加大处罚力度会有效地震慑犯罪和降低发案率。但是,在这一时期民间的各种融资活动(乃至是所谓的非法集资活动)却依然如故,甚至呈井喷之势而愈演愈烈。可以毫不夸张地说,官方规范民间融资行为与整饬非法集资的规范性文件数量和各种融资活动以及非法集资现象几乎存在同步增长的"双高"现象,乃至出现了政府管理学意义上所谓的"监管失灵"。有数据显示,仅在2011年11月至12月15日,一个半月间,全国公安机关立案非法集资案件420起,涉案金额近百亿元。[1] 以浙江为例,2007年至2011年,这5年内共有219人因集资诈骗罪被判处刑罚,因集资诈骗获刑人数从2007年的8人升至2011年的75人,5年增长数超

---

[1] 参见靳高风、简思达:《当前我国非法集资活动形势与处置对策分析》,载《福建警察学院学报》2012年第4期,第36页。

过8倍。2009年至2011年,这3年里浙江全省至少有10人因犯集资诈骗罪被判处死刑、死刑缓期执行。[1]

3. 吴英案等非法集资案背后是金融体制的问题

吴英案的舆情也让国家认识到,集资诈骗罪的高发现状并非金融监管不严所致,而是我国金融体制与经济发展现状背离的后果。2012年3月14日,时任国务院总理温家宝在十一届全国人大五次会议举行的记者会上,在回答记者关于吴英案问题时表示,吴英案反映了民间金融的发展与我们经济社会发展的需求还不适应,并提出对于吴英案的处理,法院会采取审慎的态度。[2] 这种不适应主要表现在垄断的金融市场与中小企业融资需求之间的冲突。21世纪初期,我国的金融市场处于垄断的状态,官方金融机构完全掌握了"吸收存款"和"发放存款"的权限,但又对贷款的对象区别对待。此时,银行贷款实行配额制,其主要贷款配额面向国家大中型企业,而对于民间小微企业贷款条件要求较高,且所占份额微乎其微。[3] 2010年,在当时金融危机的大背景下,我国民间小微企业的发展迅猛,小微经济的持续稳定增长客观上需要数量巨大的资金作为强大的支撑。但在官方垄断的金融体制下,当时多元的市场经济主体的融资需求,不能找到足够的资金渠道,便向民间资本寻求补充。中国人民银行温州市中心支行监测显示,只有10%的企业能从正规金融系统获得融资,而有接近90%的企业需依赖民间借贷途径融资。这

---

[1] 参见陈东升、王春:《暴利驱动定罪模糊致浙江非法集资泛滥》,载《法制日报》2012年2月9日,第004版。

[2] 参见《在十一届全国人大五次会议记者会上温家宝总理答中外记者问》,载《人民日报》2012年3月15日,第001版。

[3] 参见叶良芳:《从吴英案看集资诈骗罪的司法认定》,载《法学》2012年第3期,第20页。

为民间放贷提供了强大的市场需求,因而温州有89%的家庭个人和60%的企业参与了民间借贷。[1] 而经过改革开放的充足发展,民间闲散资本的实力也愈发强大,在客观上也想找到更为高效且便捷的投资渠道。此时,由于没有官方的政策予以支持,双方投融资的过程中都存在投机心理。一方面,借款人急于寻找到资金以解燃眉之急,便可接受以高于官方的利息取得资金的条件。另一方面,贷款人在出借的过程中,也经过风险与收益的评估与计算,认为收回本息在可控的范围内。在制度、需求与逐利心理的驱使之下,民间融资的规模逐渐变大,范围逐渐变广,方式逐渐变多。同时,由于民间资本通常在私下进行,没有官方的介入,融资渠道、体系、方式存在诸多漏洞。从此角度来看,诸多"吴英"案的发生为必然趋势。

三、吴英案与金融诈骗认定的变革

轰动一时的"吴英集资诈骗案"终因2012年5月21日浙江省高院的一纸死缓判决而尘埃落定。此案历时五年之久,从网上"罪不至死"的呼声到两会高层"审慎吴英案"之表态,从法律界非法集资诈骗认定之争到民间地下融资该与不该之辩,可谓引发了社会各界对社会公平、死刑改革、民间资本出路、金融垄断、价值观标准等一系列问题的大讨论,堪称普通案件演变为法治事件的典范。虽然吴英案在一片唏嘘之中落下帷幕,但其所带来的变革性影响却远未结束。[2]

1. 吴英案推动了集资诈骗罪死刑的废除

吴英案件事发伊始至终审判决,不管是在刑法领域还是金融领

---

[1] 参见邢少文:《吴英案的制度反思》,载《南风窗》2012年第4期,第70页。
[2] 参见陈云良、汪湛:《法治中国的节点——2012年中国法治进程分析》,载《中南大学学报(社会科学版)》2013年第5期,第97-98页。

域等诸方面都展开了深刻的全民大讨论。从刑法的角度分析该案,主要围绕着吴英行为属于非法集资行为还是正常的民间借贷行为,是非法吸收公众存款行为还是集资诈骗行为,如果吴英构成集资诈骗罪那么吴英是否罪至该死这三个问题展开讨论。从吴英案来看,对我国司法制度变革的影响主要体现在集资诈骗罪死刑的废除上。

吴英死与不死的问题则成为不仅是刑法学者而且是社会公众最为争议的焦点问题。刀下留人的呼吁在吴英案中响声最为壮观和浩大。司法和民意的冲突在吴英案中同样存在着交锋,而不同于以往的民众在"杀人偿命"观念影响下对司法审判中出现的杀人者不处死判决的不可接受和抨击,民众在吴英案的呼声倒是出现了不应处死吴英这一边倒的倾向。正是考虑到学者及社会各界人士对于在吴英案适用死刑引发的讨论,在此过程中,民间融资制度也发生改变,司法机关逐渐意识到废除死刑也能做到罪责刑相适应。于是,2015年制定《刑法修正案(九)》时,考虑到当时金融体制改革正在进行,加上当时很多民营企业在融资方面存在着一些困难,导致此类的集资行为多发,同时也体现了少杀慎杀的原则,于是废除了集资诈骗罪的死刑。

2. 对金融制度认识的更新促进了认定金融诈骗罪观念的改变

吴英案带来的影响并不局限于个案引发对于死刑废除的思考,也是国家对于金融诈骗罪立法与司法态度的转变。

首先,改变了金融诈骗罪重刑惩治的认定思路。1995年6月30日第八届全国人民代表大会常务委员会第十四次会议通过的《关于惩治破坏金融秩序犯罪的决定》,明确列举出6种金融诈骗犯罪形式,即集资诈骗、贷款诈骗、票据诈骗、信用证诈骗、信用卡诈骗和保险诈骗,并且将集资诈骗罪、票据诈骗罪、信用证诈骗罪的法定最高刑规定为死刑。这主要是针对当时金融领域违法犯罪活动严重的实际情况,为依法治理金融"三乱",严厉惩治金融领域内的诈骗犯罪活动提供有力法律武器。1997年《刑法》在分则第三章第五节专门规定了金融诈骗罪,在基本保留前述1995年《关于惩治破坏金融秩序犯罪的决定》有关内容的基础上,又增加规定了金融凭证诈骗罪、有价证券罪两种新型诈骗犯罪。[1] 在当时经济体制建设、金融监管、风险防范的制度都不完善的情况下,对于这几种严重破坏国家金融秩序、危害国家和人民利益的金融诈骗犯罪,规定在犯罪数额特别巨大并且给国家和人民利益造成特别重大损失的情况下,判处无期徒刑或者死刑,对于严厉打击和震慑金融诈骗犯罪活动,维护社会主义市场经济秩序,有十分重要的意义。但随着我国社会主义市场经济体制建设不断推进,金融监管、风险防范的制度日臻完善,以吴英案为代表的案件的不断爆发,有关部门、一些全国人大代表和专家多次呼吁取消金融诈骗罪中的死刑。国家也意识到一味地使用重刑并不能有效遏制金融诈骗犯罪,便通过金融体制改革,加强金融领域的体制、机制建设减少犯罪的发生。例如,通过政府加强监管,拓宽民间资本投资渠道,加强对中小企业的资金支持,遏制非法集资诈骗犯罪。[2] 在立法上,2011年《刑法修正案(八)》、2015年《刑法修正案(九)》逐步废除了金融诈骗罪这一节罪名的死刑,从而在我国刑法中总体上对于经济犯罪不再保留死刑。

其次,认定犯罪的目光不再聚焦于行为人一方。据报道,吴英案

---

[1] 参见许永安:《中华人民共和国刑法修正案(十一)解读》,中国法制出版社2021年版,第146页。

[2] 参见臧铁伟:《中华人民共和国刑法修正案(九)解读》,中国法制出版社2015年版,第92页。

所集资金约 7.8 亿元,所集资的对象却仅有 11 人,其中有不少人本身是非法吸收公众存款的犯罪者。例如,吴英案中借款给吴英最多的林卫平是义乌有名的资金掮客,一人就将其非法吸收的公众存款向吴英放贷 4.7 亿元,超过吴英总集资资金的一半。案发时吴英未归还的林卫平借款是 3.2 亿元,而法院最终认定吴英集资诈骗的金额,也仅为 3.8 亿元。林卫平最终被东阳市人民法院以非法吸收公众存款罪判处有期徒刑 6 年。[1] 随着吴英案被广泛关注与被害人理论的发展,这使司法机关定罪、量刑时,不会像以往那样只关注行为人的罪过而不关注被害人过错。以集资诈骗罪为例,近年来,我国集资所引发的风险呈现明显上升的趋势。据统计,2017—2020 年全国法院审结的非法集资一审刑事案件的数量分别为 11713 件、11950 件、14164 件、15262 件,集资诈骗的形式也趋于多样化。[2] 但仍然有大量的投资人甘冒风险,诸多集资诈骗案件中,骗与被骗的角色也是相对的,出资人是上游集资的被骗者,又是下游集资的诈骗者。在集资类案件中,剔除出资者过错而强化集资者罪责,最终是加重国家责任,干预主义打破了竞争法则,导致市场在刑罚的监控下畸形发展。[3] 对集资诈骗行为,现今逐步认识到出资人对风险的助推作用而强调其应自担风险,而非简单地将其归为被害人。在集资诈骗案件中,几乎所有的投资参与者都想以"被害人"的面目出现,但司法机关没有能力以被害人的角度对所有投资人进行全面保护。如果将其认定为被害人,已然与规范保护法益和社会福利发展的目标相背

---

[1] 参见薛进展:《从吴英集资诈骗案看刑法保护的平衡性》,载《法学》2012 年第 3 期,第 13 页。
[2] 参见王丽丽:《依法惩治金融犯罪,维护国家金融安全稳定:最高人民法院发布依法惩治金融犯罪工作情况和典型案例》,载《人民法院报》2022 年 9 月 23 日,第 1 版。
[3] 参见高艳东:《诈骗罪与集资诈骗罪的规范超越:吴英案的罪与罚》,载《中外法学》2012 年第 2 期,第 437 页。

离,与金融学的认知有差异,更与办案现实相脱节。[1] 2019年1月,最高人民法院、最高人民检察院、公安部《关于办理非法集资刑事案件适用法律若干问题的意见》否认出资者的被害人地位,将其归为集资参与人,这是对出资者"愿赌服输"的一种心理的回应。[2] 2021年国务院《防范和处置非法集资条例》第25条第3款规定:"因参与非法集资受到的损失,由集资参与人自行承担。"有学者结合集资诈骗罪中出资人对风险的认知的差异,认为部分出资人并非真正意义上的被害人:"信息优势方、具有风险识别和承受能力的职业投资人等参与集资的行为属于自陷风险,不具有被害人属性。"[3]

最后,促进金融体制的改革。2010年国务院《关于鼓励和引导民间投资健康发展的若干意见》指出,鼓励民间资本发起或参与设立村镇银行、贷款公司、农村资金互助社等金融机构。支持民间资本发起设立信用担保公司,完善信用担保公司的风险补偿机制和风险分担机制。鼓励民间资本发起设立金融中介服务机构,参与证券、保险等金融机构的改组改制。2011年12月2日,最高人民法院发布的《关于依法妥善审理民间借贷纠纷案件促进经济发展维护社会稳定的通知》提出,对民间金融实行了一定的保护举措。2015年8月6日公布的最高人民法院《关于审理民间借贷案件适用法律若干问题的规定》对民间借贷进一步放开了公司、企业等法人、其他组织的主体限制,对于借款人数和数额上也未作出限制,并规定"经金

---

[1] 参见董彬:《集资诈骗罪中投资者诉讼地位的变革与影响——兼论非法吸收公众存款罪的改造》,载《经济刑法》2020年第1辑,第86页。
[2] 参见宋一欣:《愿赌服输:非法集资监管新思路》,载《证券时报》2017年5月6日,第4版。
[3] 董文蕙:《P2P模式下非法集资犯罪参与人与被害人之界分》,载《环球法律评论》2020年第1期,第61页。

融监管部门批准设立的从事贷款业务的金融机构及其分支机构,因发放贷款等相关金融业务引发的纠纷,不适用本规定。"对此进行反向解释,未经金融监管部门批准的"自然人、法人、其他组织之间及其相互之间进行资金融通"引发的纠纷应当适用该规定,即作为"民事案件"处理,对此不宜作为违法犯罪处理,在立法上对此种行为也不应"先刑"。

3. 未来还应如何进一步推进制度变革

金融犯罪作为经济犯罪,如果刑罚不足,特别是供给的刑罚量低于犯罪行为的对价或者犯罪人完全能够承受,不仅难以抑制犯罪,相反会激发其追求不法利益的欲望,甚至演变为变相引导犯罪的因素。如果过度使用刑罚或者无限延伸刑罚的触角,其结果不仅可能无法有效遏制犯罪,相反会因金融秩序治理完全依赖刑罚,转而抑制民间金融创新,最终给民生造成伤害,刑法打击金融犯罪的"'为民除害'可能会变成'除害害民'"的反制效果。[1] 基于目前我国强化优化营商环境的背景,如何进一步推进制度变革,可从以下方面予以探讨与检视。

首先,应当进一步改变重刑主义观念,探索治理金融乱象的新路径。虽然金融诈骗罪中的死刑陆续被废除,国家也通过金融体制改革意图降低金融诈骗的犯罪率。但是,从司法实践来看,金融诈骗罪的发案率仍处于高发阶段。以集资诈骗罪为例,据统计,全国检察机关办理涉嫌集资诈骗犯罪案件,2016 年起诉 1661 人;

---

[1] 刘宪权、李振林:《集资类案件中民刑交错现象及其归宿》,法律出版社 2017 年版,第 66 页。

2017年起诉1862人;2018年起诉1962人;2019年起诉2987人。[1] 2019年全国检察机关起诉集资诈骗案件同比上升约50%。而上海市2014—2019年的集资诈骗案件分别为14件、37件、37件、54件、75件和136件。[2] 2019年北京朝阳区人民检察院受理的非法集资审查起诉案件,涉案金额过亿元的有84件,占比18%。其中,涉案金额超过5亿元的15件,超过10亿元的7件,超过100亿元的2件。[3] 面对快速增长的非法集资案件,加大这类犯罪的刑罚力度具有一定的合理性,甚至有学者认为应当恢复死刑。[4] 2021年《刑法修正案(十一)》也通过修改集资诈骗罪的法定刑与实行无限额罚金刑,表达了遏制集资诈骗罪的决心。《刑法修正案(十一)》提升法定刑是刑事立法回应社会热点的应急性表达,也是对防范化解金融风险政治任务的刑法应对。然而,集资诈骗案件数量不断攀升是否是刑罚量不足所致,目前还难以得到理论印证。相反,重刑主义本身带来的制度风险却在实践中渐渐显现。刑法在此类犯罪突出时"挺身而出",在一定程度上会刺激利益保护不断寻求刑法的打击,也在不断强化此类犯罪带来的扰乱金融领域管理秩序问题的社会化,不断将民众要求严惩的诉求转化为司法现实,必将持续引发社会提升刑法打击力度的呼声,刑罚作为治理金融乱象的路径依赖也就越陷越深,最终给治理路径的转化带来困难,使治理金融风险能力的

---

[1] 参见董凡超:《检察机关办理非法集资犯罪案件数量逐年上升:2018年起诉涉嫌非法吸收公众存款罪15302人涉嫌集资诈骗犯罪1962人》,载《法制日报》2019年2月11日,第3版。
[2] 参见《2018年度上海金融检察情况通报》以及《2019年度上海金融检察白皮书》的数据。
[3] 参见李万祥:《非法集资类犯罪是重灾区》,载《经济日报》2019年12月25日,第15版。
[4] 参见潘高峰、毛丽君:《P2P凶猛,人大代表建议:集资诈骗数额特别巨大应处死刑!》,载《新民晚报》2019年3月4日。

现代化建设需要付出沉重的代价。"重刑作为遮羞布来掩饰制度的缺陷并强行维持现状,势必违背刑法补充性之原则,与刑法谦抑之本性相悖,从而使刑法陷入纯工具论的立场,导致刑罚的泛滥"。[1] 就近年来的治理金融犯罪的历史与经验来看,重刑主义的刑法修正在遏制此类犯罪蔓延的效果不明显,刑罚量与犯罪率同步增长则是例证。刑法需要关注现实,也需要对合理诉求给予回应,但回应的范围、态度以及方式均应坚持一定的限度,单纯依靠增加刑罚量的单一道路,最终可能会积重难返,甚至得不偿失,对经济犯罪更需要特别小心。[2] 在严格管制的环境下,尽管有可能减少不法行为的得逞率,但与此同时也减少了合法交易的成功率,并且增加了它们的成本。过分僵硬的规定由于缺乏广泛的社会认同,往往导致普遍的违规行为和违法不究现象,从而给金融欺诈者以更大的可乘之机。[3]

其次,加快金融体制改革,引导民间资本规范化运作。民间借贷中的社会资金流动是满足民营企业资金需求的重要渠道,也是促进社会经济发展的活力来源之一。如果将这些融资活动界定为未经有关金融管理机关批准,再加上一些民营企业通过有关金融管理部门批准的机构获得资金相当困难,基于其生存与发展的内生力量则会寻求不法的渠道融资。这种金融的垄断制度是导致众多"吴英"案发生的根本原因。随着国家对于民间资本运营的开放,金融生态发生了结构性的变化,民营银行的解禁、银行的混业经营、金融工具的发达、金融产品的增多以及互联网金融的野蛮生长,自然会伴随着失范

---

[1] 刘宪权、李振林:《集资类案件中的民刑交错现象及其归宿》,法律出版社 2017 年版,第 101 页。
[2] 参见张庆立:《德日机能主义刑法学之体系争议与本土思考》,载《华东政法大学学报》2018 年第 3 期。
[3] 参见王卫国:《金融欺诈对商事立法的挑战》,载陈光中主编:《金融欺诈的预防和控制》,中国民主法制出版社 1999 年版,第 52-53 页。

行为的发生。[1] 金融本身存在风险,而金融创新有助于规避金融风险和维护金融稳定。但金融创新也会因突破金融监管加剧金融风险,甚至会引致金融危机。我国面对汹涌来袭的金融新型业态,需要对这一新的金融业态进行同步和适度监管,以免这种金融创新溢出一些风险。一旦监管缺位或者监管不当,新型业态必然会对金融稳定和金融秩序带来负面影响。正确的监管不是通过加大刑罚力度踩刹车、堵出路,而是制定合理、弹性、多层次的金融政策,通过经济社会管理民事、行政等手段将金融活动向规范化引导,防止内部矛盾激化,避免不必要的刑罚扩张。强化刑民交叉与纠缠的中间道路的行政监管不失为优选的路径,发挥了拦截融资由不法向犯罪发展的预防犯罪的功能。"关于预防犯罪措施的改革哪怕进步一点,也比出版一部完整的刑法典的效力要高一百倍"。[2] 完善与健全融资或者集资的监管制度,符合未来刑事合规制度的趋势,也能体现坚持不放弃刑罚谦抑性原则的基本立场。

第三节 崔英杰刺死城管案与城市
管理理念、制度的变革

一、案情介绍

崔英杰于2006年8月11日17时许,在北京市海淀区中关村

---

[1] 参见郭华:《非法集资犯罪的司法扩张与刑法修正案的省察——基于〈刑法修正案(十一)(草案)〉对非法吸收公众存款罪、集资诈骗罪修改的展开》,载《法治研究》2020年第6期,第33页。
[2] [意]恩里科·菲利:《犯罪社会学》,郭建安译,中国人民公安大学出版社1990年版,第94页。

一号桥东南侧路边无照摆摊经营烤肠食品时,被北京市海淀区城市管理监察大队的执法人员查处。崔英杰对此不满,以持刀威胁的手段抗拒执法,当执法人员将崔英杰经营烤肠用的三轮车扣押并装上执法车时,崔英杰进行阻拦,后持刀猛刺城市管理监察大队海淀分队的现场指挥人员李志强(男,殁年36岁)颈部一刀,致刀柄折断,后逃离现场。李志强因被伤及右侧头臂静脉及右肺上叶,致急性失血性休克死亡。

北京市第一中级人民法院经审理认为,被告人崔英杰以暴力方法阻碍城市管理监察人员依法执行职务,并持刀故意非法剥夺他人生命,致人死亡,其行为已构成故意杀人罪,犯罪性质恶劣,后果特别严重,应依法惩处。考虑崔英杰犯罪的具体情节及对社会的危害程度,对崔英杰判处死刑,可不立即执行。最终,法院以故意杀人罪,判处崔英杰死刑,缓期二年执行,剥夺政治权利终身。[1]

二、理论阐述

崔英杰案作为全国首例城管执法人员因执法而死亡的案例,引起了舆论的广泛关注。行使国家权力的城管执法人员与在社会夹缝中生存的摊贩都是民众平时经常接触的对象,故而二者的冲突更加能够为民众熟知,从而引发舆论讨论。崔英杰案本身也暴露出了城管制度亟待解决的问题,需要进行制度改革加以修正和完善。

1. 崔英杰案成为典型刑事案件的原因

崔英杰案引发社会舆论的广泛关注,和该案的行为人与被害人都有着密切的关系。该案的行为人崔英杰是一名家庭贫困的退伍军人,以摆摊为生,这样的身份容易引起民众的同情。同时,受害人是

---

[1] 北京市第一中级人民法院刑事判决书,(2006)一中刑初字第3500号。

一名城管人员，民众基于对城管制度与城管暴力执法的不满，也更倾向于站在崔英杰的立场上，呼吁司法机关对崔英杰从轻处罚。

首先，崔英杰的遭遇令民众同情。现实中的舆论在面对一起案件时，常常会站在弱者的角度进行叙事。因此，弱者一方更容易引起民众的同情。例如，有论者统计了《南方周末》报道的55件影响性刑事案件，其中处于普通民众地位的一方犯罪的有26件，占比47.27%。[1] 并且，这些案件也受到了普遍的关注，如邓玉娇案、崔英杰案、许霆盗窃ATM机案等影响性较大的案件。而当舆论进入虚拟的网络空间中时，弱者的舆论优势就更加巨大，部分案件甚至在还没有认清事实的时候，民众便会先入为主地认为弱势的一方是有理的，强势的一方则会被认定为一个专断、刻毒、蛮横无理的对象。[2] 在崔英杰案中，由于崔英杰具有的弱者身份，使民众对其产生了更多的同情，也引发了民众对本案的讨论。

由于像崔英杰一样的个体行业从业者众多，因此崔英杰的遭遇更容易引起人民的同情。该案中，崔英杰是一个流动摊贩，经营烤肠生意，是生活中很常见的个体从业者。据统计，自从改革开放以来我国个体工商户数量不断增加，1978年仅有14万户，而截至2006年6月底，已经增加至2506万户。[3] 这些还不包括未经登记注册的普通散户，这说明以崔英杰为代表的这类群体基数十分庞大。因此，在崔英杰案出现时，庞大的个人经营群体必然更加同情崔英杰的遭遇，从而为崔英杰发声。崔英杰是一名失业的复员军人，这一身份也

---

[1] 参见徐光华：《从涉案主体的身份特征看影响性刑事诉讼中的司法与民意——以2005—2014年〈南方周末〉评选的55件影响性刑事案件为例》，载《暨南学报（哲学社会科学版）》2015年第3期，第83页。
[2] 参见庞弘：《"弱者胜"——论赛博空间的一种权力逻辑》，载《文化研究》2020年第2期，第221页。
[3] 参见富子梅：《我国个体工商户稳定增长》，载《人民日报》2012年8月28日，第1版。

容易引起民众的同情。军人是一个受人尊敬的职业,但军人退伍后如何进行安置一直成为问题。过去的复员军人依照国家计划分配来获取职业。但为了缓解市场经济条件下政府计划分配的压力,2011年修订的《兵役法》第54条规定:"国家建立健全以扶持就业为主,自主就业、安排工作、退休、供养以及继续完成学业等多种方式相结合的士兵退出现役安置制度。"也就是说,有相当部分的复员军人无法得到妥善的安置而需要自谋出路。据统计,在崔英杰案案发的2006年,全国共接收安置退役士兵、复员干部42.5万人,仅占全部退役人员的40%,仍有60%的退役人员需要自谋职业。[1] 由于军人为国家做出了巨大的奉献,又无法得到妥善的安置,更容易得到人们的同情。崔英杰在部队时训练刻苦,还因此获得过"优秀士兵"的称号。因此,当这样一个优秀的复员军人最后因摆摊而面临牢狱之灾,更加容易引起民众的同情。崔英杰的家庭状况容易引起民众的同情。崔英杰的家庭十分贫困,父亲患有高血压,母亲患有心脏病,家里的经济负担较大。并且,在决定摆摊之前,崔英杰曾经从事过保安的工作,还被老板克扣了工资,连摆摊所用的三轮车也是向朋友借钱买来。因此,崔英杰糟糕的家庭状况,也更容易使得民众对崔英杰产生同情。

其次,城管执法制度令民众不满。崔英杰案能够引起热议,也与民众对城管执法的不满有关。该案中,被害人李志强是海淀区城市管理监察大队海淀分队一名城管队员,也是全国首位殉职的城管人员。但除了官方对李志强授予"革命烈士"称号外,民间媒体的舆论几乎没有为李志强及其所代表的城管发声。有论者对200位城市居

---

[1] 参见王阿惠、胡琳:《沙场归来再出发——改革开放40年来退役军人安置工作回顾》,载《解放军报》2018年12月15日,第7版。

民进行的走访调查显示,有32.5%的被调查者认为城管可有可无,甚至城管的存在会损害执法队伍的形象。[1] 这也侧面表达出了民众对于城管执法人员的不满。

城管制度虽然是为了保护民众,但由于设计过于滞后引发民众不满。国家设计城管制度,主要是源于城市化的需要。自从改革开放以来,我国一直在加快城市化进程,也因此带来了城市规模的扩张与城市居民人口的大幅度增加。据统计,截至崔英杰案案发时的2006年,我国的城镇人口已达57706万人,占全国总人口比重的43.9%。[2] 在接近一半的人口都是城市居民的情况下,城市规模的快速扩张也带来了很多的问题,流动人口激增、社会冲突增加等现象给城市管理工作带来了新的挑战。根据国家统计局公布的数据,2005年我国流动人口规模已经达到1.47亿人,并且流动人口数量还在不断提升,见图3-4。[3] 流动人口往往由于生活没有保障,容易产生违法犯罪行为,导致城市化中的犯罪率的显著提升。根据《中国法律年鉴》发布的数据,自2000年起,在城市化进程加快的17年间,我国每10万人中的被批捕人数由56.48上升到77.80,而被提起公诉人数由55.93增加到122.71。[4] 这说明了城市高速发展带来了城市管理的突出问题,为了城市治理的需要,自1997年北京市宣武区设立了我国首个城市管理综合执法机构——城市市容监察大队开

---

[1] 参见谭志恒、吴镇洲、秦国际:《城管行政执法实践中存在的法律问题调查研究》,载《沈阳工程学院学报(社会科学版)》2014年第2期,第211页。
[2] 数据来源:国家统计局第七次全国人口普查公报。
[3] 数据来源:《"七普"数据昭示的我国人口流动新趋势》,载澎湃新闻网2021年6月1日,https://www.thepaper.cn/newsDetail_forward_12902468,访问日期:2023年12月20日。
[4] 参见李顺辉、孙秋碧:《地区收入差距和城镇化对犯罪率的空间影响——基于2000~2017年中国省际面板数据的实证分析》,载《福州大学学报(哲学社会科学版)》2020年第3期,第69页。

始,各城市相继开展了以相对集中行政处罚权、强制权为中心的城市管理综合执法体制改革,也就是形成了如今的城管制度。

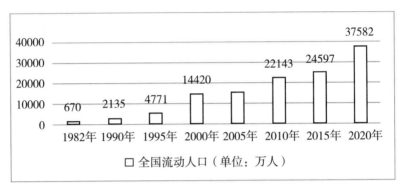

图3-4　1982—2020年全国流动人口数量

但是,城管制度设计过于滞后,导致城管制度起到了反效果,非但无法有效治理城市,反而加剧了城市居民与执法机关之间的矛盾和冲突。在国家层面上,《行政处罚法》第18条第2、3款规定:"国务院或者省、自治区、直辖市人民政府可以决定一个行政机关行使有关行政机关的行政处罚权。限制人身自由的行政处罚权只能由公安机关行使。"这一条被认为是城管制度的法律依据,但是现今仍未出台一部关于城市治理的成文法律,导致城管在进行具体执法时陷入无法可依的境地。而在地方层面上,城市管理立法也较为落后。据统计,全国近300个地级市仅有50余个出台了《城市管理条例(城市管理综合执法条例)》。[1] 这使许多城市的城管在执法时处于无法可依的状态,民众也会对城管执法的正当性依据表示怀疑,进一步加深了民众与城管之间的冲突与矛盾。部分城管人员在执法过程中采取

---

[1] 参见余池明、唐潇、张晓娟:《新时期我国"大城管"体系建设的进展、问题与推进策略》,载《城市管理与科技》2023年第2期,第83页。

暴力方式，容易进一步激化城管与民众之间的矛盾，从而引发激烈的社会舆论。例如，2021年9月，一位卖菜的老人在街边摆摊时遇到城管执法，老人在收拾东西准备离开时，秤杆被城管人员拿走，随后老人去抢夺时摔倒在地。当城管人员准备驾车离开时，老人坐在车辆后备厢上，被城管人员一把拎起狠摔向地面。[1] 这一案件引发了舆论的激烈反应，体现出城管人员执法暴力对城管人员体制的严重损害。城管人员的暴力执法也催生了民众的暴力抗法行为。据统计，从2004年6月25日到2016年12月30日止，全国共计发生城管人员执法过程中，相对人暴力抗法事件257起，造成受伤人员213人，死亡16人。[2] 如果城管人员能够进行柔性执法，避免以过于强硬的暴力手段对待民众，那么民众的暴力抗法情绪才能得到缓解，避免出现伤亡的严重后果。

2. 城市管理中对摊贩的态度

城市管理制度的立法较为落后，这一点在对城市小摊贩的管理上尤为明显。具体而言，国家对于城市摊贩的管理倾向于打击而非疏导，极大压缩了摊贩的生存空间。并且，城管人员对于违规摊贩的处罚过重，经常出现"小过重罚"，加剧了摊贩进行暴力抗法的可能性。

由于对流动摊贩惩治缺乏具体细化的规范，城管人员的自由裁量权过大，经常出现"小过重罚"现象，导致对被处罚者的处罚不均衡。例如，陕西省榆林市榆阳区某蔬菜摊贩出售芹菜，榆阳区城管人员将其中2斤芹菜取走进行检验，发现该菜贩出售的芹菜农药超标。

---

[1] 参见郑生竹、杨绍功：《南通摆摊老人当街遭暴摔，折射基层治理"协管"之困》，载《新华每日电讯》2021年9月17日，第7版。
[2] 参见谢泽龙：《近年来全城管系统执法遭遇暴力抗法事件数据分析》，载搜狐网2017年4月1日，https://www.sohu.com/a/131582292_649222，访问日期：2023年12月20日。

榆阳区市场监管局决定对该菜贩处以罚款6.6万元。[1] 但是,该菜贩一共只卖出了5斤芹菜,获利20元。对获利20元的商品处以6万元的罚款,明显超出了公众的认识,属于严重的处罚失衡。

3. 城市管理理念需要进行转变

我国城市管理制度的不足,反映出我国城市管理理念相对落后。我国的城市管理理念还停留在政府全面管理、注重打击的阶段,不利于城市的发展与经济活力的释放。我国的城市管理理念应当从管理型政府转向服务型政府,根据城市居民反映的重点问题进行突出治理,而不是进行全面控制。

我国传统的城市管理理念是全面管理,这一理念符合当时的城市发展状况。改革开放初期,我国地方政府采取的是自上而下的"全面管理"理念。[2] 具体而言,就是地方政府采用了传统国家的集中管理模式,对城市内部的经济、文化、生态等各个方面实施绝对的领导作用。这种全面管理的理念在过去与我国单一产业的城市模式相匹配。我国传统的城市模式在计划经济的模式下,以单一产业为主。据统计,2005年,我国有262个资源型城市,这些城市依靠发掘基础资源作为单一产业进行发展。[3] 例如,山西省太原市的城市发展依托山西焦煤集团的煤炭产业,辽宁省鞍山市的城市发展则围绕着鞍山钢铁厂的发展进行。在计划经济模式下,由政府进行全面管理能够提高城市的运行效率,从而实现经济最大化的发展。

如今,我国的城市发展已经从单一发展转变为多元发展,因此城

---

[1] 《"小过重罚"何时休》,载《检察风云》2022年第19期,第7页。
[2] 参见王雅莉:《论城市管理理念及其发展意义》,载《城市》2005年第5期,第19页。
[3] 参见李智远、陈洪波:《利用好五个"新动能"推动资源型城市转型发展》,载《中国城市报》2021年1月25日,第16版。

市管理理念也应当转变为"城市公共管理"理念。"城市公共管理"理念认为,政府并不应当对城市中的每一件事实行全面控制,而是根据城市中企业、社区、居民的需要,自下而上地满足城市内部的管理需求。[1]这种观念认为政府的设立在于服务城市中的居民而不是控制居民。那么,只有当居民具有管理需要的情况下,政府才能够出手进行治理,这种管理理念更加符合如今的城市发展状况。随着市场经济的逐步完善,城市发展正在摆脱过去计划经济体制下单一的产业模式,转而向产业多元化发展。在城市发展多元化的背景下,城市管理制度也应当能够服务城市内不同产业主体,而不是进行全面控制、压抑城市产业的发展。

三、崔英杰案推进城市管理制度变革

崔英杰案引发舆论的强烈反应后,使得城市管理制度得到了进一步优化,在一定程度上化解了城管与流动摊贩之间的紧张关系,使城市治理效果得到改善。但同时,城市管理制度仍然存在精细化程度不高、范围覆盖不全面等问题,需要进行进一步完善。

1. 崔英杰案推进的制度变革

在崔英杰案发生之后,国家更加重视对城市摊贩的治理,中央与地方政府都出台了相应的政策来化解城市管理与摊贩生存之间的矛盾。同时,政府在治理方式上也采取更加柔和的举措,防止官民之间出现激烈的冲突,使城市治理更加人性化。

在制度层面上,国家给予流通摊贩更为宽松的生存空间。在2006年中国城市规划年会中,时任建设部副部长仇保兴在发言时就

---

[1] 参见刘刚:《城市政府公共管理理念的转变趋向》,载《甘肃科技纵横》2005年第2期,第64页。

提出,流动摊贩也是城市多样性的组成部分,因此城市管理部门应当对流动摊贩更加宽容,利用街道的空闲时段、剩余空间,将小商贩组织起来,放开管制。[1] 随后,国家出台了相关的条例来具体落实对流动摊贩的保护。2009年出台的《个体工商户条例(征求意见稿)》第9条第3款规定:"无固定经营场所的摊贩,申请登记为个体工商户的,登记事项不包括经营场所。"第10条第1款规定:"无固定经营场所的摊贩,应当在当地人民政府或者工商行政管理部门指定或者允许的区域内从事经营活动。"这两个条款明文规定了流动摊贩可以成为个体工商户并且从事经营活动,给予了流动摊贩一定的法律地位。2011年正式颁行的《个体工商户条例》第29条又规定:"无固定经营场所摊贩的管理办法,由省、自治区、直辖市人民政府根据当地实际情况规定。"这一规定通过将流动摊贩的管理进一步放权给地方政府,而不是由法律强制规定,给了流动摊贩更大的自由空间。

除了中央层面上给予的制度支持,地方政府也积极响应国家的号召,为流动摊贩提供制度保障。《食品安全法》第36条第2款确立了鼓励和支持食品摊贩进入集中交易市场、店铺等固定场所经营,或者在指定的临时经营区域和时段内开展经营活动的限制导向。基于此导向,各省份食品安全相关地方立法基本采用了引导鼓励流动摊贩进入集中交易市场等固定场所经营,限定其在指定的区域和指定的时段范围内经营,并禁止其在指定区域和指定时段以外营业的立场,将在指定区域、指定时段经营设定为流动摊贩的法律义务,并对在指定区域、指定时段外经营的流动摊贩规定了相应的法律责任,并由城管等部门依据相应法律法规查处。例如,上海市城市管理行政

---

[1] 参见方夷敏等:《建设部副部长仇保兴表示城市对小摊贩应宽容》,载《南方都市报》2006年9月21日。

执法局于 2020 年制定的《上海市城市管理行政执法局关于优化营商环境的指导意见》指出，政府支持商家开展"外摆摊"经营。并且，对于流动摊贩发生的情节轻微、纠正及时、没有造成危害后果等违法行为，不需要予以行政处罚，而是要推进柔性执法，在行政执法中推广运用说服教育、劝导示范、行政指导等非强制性手段。又如，2020 年浙江省商务厅会同省文旅厅、省财政厅等 7 部门联合印发的《关于开展省级夜间经济试点城市创建工作的通知》指出，对于夜间摊点临时占道的审批，应当简化审批程序，以便给商家减轻负担。通过这些措施，地方政府由禁止流动摊贩活动逐步转化成规范流动摊贩的经营，试图在城市秩序管理与流动摊贩生存之间寻找平衡。

在执法方式上，地方政府"以改代罚"，不再单纯地对流动摊贩进行惩罚，而是首先为流动摊贩合法依规经营提供帮助。例如，2023 年 6 月，新疆维吾尔自治区玛纳斯县城区内部分摊贩在摆摊出售烧烤、油炸食品时，未按规范张贴食品摊贩备案卡、健康证，具有食品安全隐患。对此，玛纳斯镇人民政府并没有对未备案的摊贩进行处罚或扣押其生产用具，而是主动承担起对食品摊贩的综合管理职能，为食品摊贩办理包含经营者姓名、住址、联系方式、经营种类、经营地点等信息的备案卡和健康证，确保摊贩依法依规经营。[1] 通过这样的柔性执法，缓解了城管与流动摊贩之间的紧张情绪，摊贩也更愿意服从城管人员的管理，实现官民双方的和谐共处。

2. 城管制度变革的实践意义

给予流动摊贩生存空间，能够更好地激活地摊经济，助力经济发展。地摊经济是指在城市街道、广场、市场等公共场所设立的临时性

---

[1] 参见王娜、李鹏飞：《检察建议呵护城市烟火气》，载《新疆日报》2023 年 6 月 12 日，第 5 版。

商业摊位,出售各类商品和服务的经济形态。这种经济形态的特点是灵活性高,经营成本低,能够快速响应市场需求变化,为消费者提供丰富多样的商品和服务选择。因此,流动摊贩是地摊经济中的经济主体,对流动摊贩的合理管制带来的是地摊经济的快速发展。据统计,在2018年至2022年期间,我国地摊经济的市场规模和增长率呈现出稳步上升的趋势。在这五年间,地摊经济市场规模不断扩大,从最初的小规模发展到覆盖全国各地的庞大市场,市场规模从2018年的22.59万亿元,增长至2022年的31.48亿元,见图3-5。[1] 这说明城管制度对流动摊贩的宽容,使地摊经济能够迅速发展,为提升我国的经济活力提供帮助。

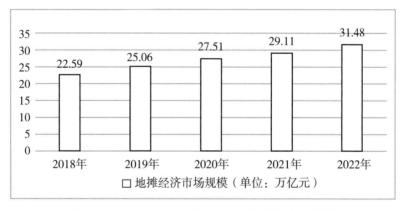

图3-5 2018—2022年全国地摊经济市场规模

承认流动摊贩的合法经营也有助于解决社会就业问题。例如,2020年成都市《城市管理五允许一坚持统筹疫情防控助力经济发展措施》第1条规定:"允许在居民居住集中区附近开辟临时占道

---

[1] 《中国地摊经济报告:是一种非常具有中国特色的经济形式》,载搜狐网2023年9月25日,https://www.sohu.com/a/723391146_121114988,访问日期2023年12月20日。

摊点摊区,引导自产自销农户、流动商贩规范经营;允许快递企业临时占道派送,保障市民基本生活用品供应。有条件的地方可设置占道夜市,营造市井场景。"这一规定使地摊经济的作用得到了充分的发挥,在两个月时间里,成都增加就业岗位逾 10 万个,有效解决了疫情期间城市居民的就业问题。[1] 在新冠疫情的影响下城市经济活力不足,此时流动摊贩的存在及时解决了就业,缓解了社会矛盾,释放了城市居民的生活压力。

对流动摊贩进行合理规范也符合城市居民的生活实际需要,提升城市居民的幸福感。流动摊贩具有经营地点灵活、价格较低的经营优势,因此符合民众的生活需要。有论者对民众在流动小吃摊消费频率进行调研,发现 97.4% 的被调查者每星期都会至少光顾流动小吃摊一次,甚至有 4.6% 的被调查者表示,基本上每天都会光顾流动小吃摊进行消费。[2] 这说明了流动摊贩很受群众的欢迎。也因此,给予流动摊贩一定的生存空间,也是提升民众对于城市管理满意度的重要途径。

3. 城管对流动摊贩的治理应进一步完善

虽然我国的城市管理制度针对流动摊贩已经做出了较大调整并取得了良好的效果,但是我国的城市管理对于流动摊贩的处理仍然存在一些问题,需要进行进一步的改进。城管对流动摊贩的实际需求仍然不够了解,治理手段也相对较为传统,未来应当转向更加精准化、智能化的城市管理。并且,应当进一步提升执法人员综合素质,避免暴力执法的现象出现。

---

[1] 参见龙跃梅:《不妨有序发展"地摊经济"》,载《科技日报》2020 年 5 月 28 日,第 6 版。
[2] 参见陈文丽:《有序激活"地摊经济" 升腾城市烟火气》,载《中国商报》2023 年 6 月 2 日,第 4 版。

在管理摊贩时应进一步精准把握摊贩的实际需求。目前仍然存在城市管理无法满足摊贩经营需求的情况,例如,广州虽然建设有147个摊贩疏导区,提供了10760个摊位,但是这些摊位远不能满足广州约30万个摊贩的需求。并且其中一部分摊位处在客流量较少的区域,即使摊贩在指定区域摆摊也无法盈利,导致现在仍然有50%左右的流动摊贩活动在天桥、地铁站、广场等人群密集的地方。[1]因此,在考虑设置摊贩疏导区时,不能仅挑选位置空旷的区域,而是应当设置在某些中心地带,并维持秩序,才能更好地满足到流动摊贩的需求。

应当采用信息化手段管理城市摊贩。随着大数据产业的不断发展,政府可以支持信息化的地摊经济,即通过数据的方式管理摊贩的运营。已经有部分城市进行了城市管理数字化的尝试,据统计,我国目前全部直辖市、省会城市都已经建成数字化城市管理新模式,地级市建成266个、县级市170个、县城474个。[2]这说明我国正在积极推广城市管理的信息化模式。但是,数字化的信息管理模式并没有被推广进流动摊贩治理中。未来可以对流动摊贩建立电子档案进行统一管理,通过电子技术了解到流动摊贩的经营动向,以便能够及时对违法行为进行治理,提高治理效率。

执法队伍的素质有待进一步提高。虽然很多地方政府都建立了城市管理的考评机制,但这一机制在现实运作过程中还存在很多缺陷。例如,有论者调查了泉州市120名城市管理考评中心的考评工作人员,发现其中实际能够参与考评工作的仅有82人。并且,考评

---

[1] 参见谢源源等:《广州120个疏导区难聚人气 一半以上小贩仍在街头游走》,载《新快报》2015年9月28日,第5版。
[2] 参见余池明、唐潇、张晓娟:《新时期我国"大城管"体系建设的进展、问题与推进策略》,载《城市管理与科技》2023年第2期,第83页。

工作人员中有72%的人是90后的应届毕业生。[1] 这部分考评人员相对年轻,对城市管理认知度不高,很难正确给出城市管理评价。因此,应当进一步细化城管人员的选拔考核制度,让更加有经验、懂管理的人才担任城管职务,避免执法过程中的暴力使日趋完善的城管制度无法发挥作用。

城市治理作为国家治理的重要环节,一直受到国家与广大民众的重视。习近平总书记在上海考察时提出"人民城市人民建、人民城市为人民"重要理念。[2] 随着科技的发展和城市包容度的提升,未来的城市治理也必然朝着智能化、高幸福感的城市治理模式转型。因此,在城管制度的设计上,应当充分考虑被管理者的生存状态,结合最新的科技手段,让每个城市居民都能在城市管理中获得幸福感与归属感。

第四节　唐福珍自焚反抗强拆案与拆迁制度的变革

一、案情介绍

为响应村招商引资政策,1996年8月,唐福珍前夫胡昌明与成都市金牛区天回镇金华村村委会签订了建房用地协议,双方约定:胡昌明在金华村投资兴建厂房,从事服装加工业务以促进当地村民就业,同时享受村土地优惠政策。金华村村委会负责办理相关建房用

---

[1] 参见苏国文:《城市管理考评人才现状与培养模式分析——以福建省泉州市为例》,载《企业改革与管理》2019年第3期,第50页。
[2] 参见《提高城市治理现代化水平　开创人民城市建设新局面——上海城市治理的调研与思考》,载《光明日报》2023年8月15日,第6版。

地手续。其间,金华村村委会曾向金牛区国土局申办企业用地手续,因该局内领导班子面临调整未能给予办理;2004年8月4日,金牛区规划局经过实地查看,认定胡昌明的厂房建筑位于红线以内,并加盖公章,但允许其补办手续。2005年金华村村委会再次向金牛区国土局申办企业用地手续,相关部门以修建市政道路,即将进行动工搬迁为由再次拒绝办理。

2007年8月,为推进成都市污水处理配套工程建设,有关部门决定实施拆迁,而唐福珍、胡昌明的房屋正处于规划红线以内,金牛区相关部门通知胡昌明必须自行拆除其违建厂房。2007年10月,金牛区城管执法局向胡昌明下达《限期拆除违法建设决定书》,胡昌明对限期拆除决定不服,于2007年12月提起行政复议。2008年2月,成都市城管执法局作出复议:维持金牛区城管执法局限期拆除违法建设的决定。此后,胡昌明未在法定期限内寻求救济,并拒绝拆除其所建房屋。

2009年4月10日,金牛区城管执法局对胡昌明的厂房强制拆除,遇当事人阻挠被迫停止。11月13日,金牛区城管执法局再次实施强制拆除,唐福珍以自焚方式予以阻止,后因医治无效死亡。12月3日,成都市金牛区政府对事件作出处理:认定唐福珍、胡昌明所建房屋系违章建筑,应予拆除;金牛区城管执法局拆除唐福珍、胡昌明违章建筑系合法行为;因有关部门领导处置不力,决定对金牛区城管执法局局长钟昌林予以停职并接受调查;同时认定:胡昌明、唐福珍及其亲属的行为构成妨害公务罪,行政机关对其采取强制措施系合法行为。[1]

---

[1] 参见李垒:《行政法案例的合法性与正当性分析方法——以"唐福珍自焚案为例"》,载《武汉科技大学学报(社会科学版)》2012年第3期,第309-310页。

二、理论阐述

20世纪90年代中后期以来,中国地方政府的行为发生了很大转变,地方政府的工作重心由"经营企业"转向"经营城市",由"抓住办企业的权利"转向"抓住土地开发权",从侧重工业化转向侧重以土地开发为主的城市化,地方政府财政收入来源的重点逐步由依靠企业转向依靠土地征收和土地出让。[1] 随着中国城市扩张的步伐,提高了城市化率,促进了经济增长。全国城市建成区面积在1996—2010年扩张了19843.82平方公里,年均增长率为5%,并且年均增速从1996—2000年的约2.7%增至2001—2005年的7.9%和2006—2010年的4.5%。城市化率则由20世纪90年代末期的约30%提高至2010年的近50%。经济增长保持了年均9%以上的增速,经济总量一举跃升至世界第二位。[2] 但在城市拆迁与重建的过程中,也产生了以唐福珍案为代表的诸多拆迁乱象。以唐福珍案为切入点,能够进一步分析该时期的乱象及乱象产生的原因。

1. 拆迁制度的乱象

进入21世纪以后,住房制度改革迅速遍及全国,房地产业日益成为我国经济的支柱之一。在政府主导的城市建设与改造的过程中,城市面貌和居民生活条件明显改善。据2013年10月清华大学发布的调查报告估算,在2013年有6430万家庭面临征地拆迁,涉及人数超过2亿人。[3]

---

[1] 参见曹正汉、史晋川:《中国地方政府应对市场化改革的策略:抓住经济发展的主动权——理论假说与案例研究》,载《社会学研究》2009年第4期,第2页。
[2] 参见张平、刘霞辉:《城市化、财政扩张与经济增长》,载《经济研究》2011年第11期,第4页。
[3] 参见郭美宏:《"三方对话"会诊征地拆迁难题:政府将拆迁"外包"虽省事,但易引发拆迁方与拆迁户之间的暴力冲突,通过征收土地交易税,平衡农户和政府利益,可大大减少补偿矛盾》,载《检察日报》2014年4月7日,第5版。

城市房屋拆迁的过程也是拆迁人与被拆迁人合作的过程,经济利益的分配与平衡需要双方达到合理的平衡点。当被拆迁人无法取得理想的分配结果时,往往拒绝与拆迁人合作,成为所谓的"钉子户"。例如,2004年9月开始的重庆市九龙坡区杨家坪鹤兴路一带的改造项目,在该片区280户均已搬迁的情况下,杨武一家由于不满意开发商提出的补偿标准,因而就一直对峙,不愿搬离。2007年,杨武一家与开发公司的对抗现状在各大网上广泛流传:一个已经被挖成大坑的工地中间,孤零零地伫立着一幢两层小楼,它的四周被挖成了悬崖峭壁,犹如一个海中孤岛。一时间,杨武一家被冠为"最牛钉子户",成了议论的热点。[1] 当拆迁人使用强硬手段推进时,拆迁冲突和暴力事件也会相伴而生并逐渐异化,各种强硬拆迁手段和反暴力手段不断升级。例如,上海市闵行区被拆迁户潘蓉用"燃烧瓶"抵抗强拆;[2] 又如,湖北武汉东西湖区居民杨友德自制"土炮"轰退百人拆迁队;[3] 再如,江西抚州临川区居民钱明奇因遭强拆上访十年无果,最终酿成3人死亡、5人受伤的"5·26"连环爆炸案。[4] 部分被拆迁人甚至用生命"捍卫"自己的权利与利益,2009年发生的唐福珍自焚案并不是个案。例如,2003年8月22日江苏南京居民翁彪在拆迁办点燃身上的汽油自焚;又如,2010年9月10日江西宜黄钟如奎家三人自焚案;再如,2011年4月22日和5月9日,湖南株洲、江苏

---

[1] 参见林来梵、陈丹:《城市房屋拆迁中的公共利益界定——中美"钉子户"案件的比较》,载《法学》2007年第8期,第25页。汤小俊:《重庆"最牛钉子户"事件调查》,载《中国土地》2007年第3期,第13页。

[2] 参见鄢闻余、白羽:《争议"强制拆迁":一个女人的燃烧瓶和政府铲车的拆迁大战》,中央电视台财经频道《经济半小时》栏目,2009年11月21日21时20分。

[3] 参见张寒:《一个人的战争:我要守住我的家》,载《新京报》2010年6月9日,第A20版。

[4] 参见南庄:《抚州爆炸案制造者的上访人生》,载《凤凰周刊》2011年第17期,第40页。

兴化接连发生两起因法院实施强制拆迁而引发拆迁人自焚的悲剧。[1] 抗拆事件的产生是国家物权主义与自由交换相冲突的产物,是维权需求与制度不能相冲突的产物。[2] 拆迁与抗拆是拆迁人与被拆迁人之间激烈的对抗,其中不仅被拆迁人有损失,拆迁人也付出了惨痛的代价。例如,2011年6月23日,山西朔州发生拆迁血案,被拆迁人吴学文激烈抵抗强拆,造成朔城区城建局局长和城建局监察大队队长一死一伤。[3] 据统计,仅2010年2月到6月,发生具有影响力的恶性拆迁事件就达13起。[4] 有学者指出,该时期频频发生的拆迁事件和流血拆迁严重损害了党和政府的公信力,动摇社会的法治基础,增加了社会不稳定因素,已经成为此时中国群体性事件的最主要诱因。[5]

2. 拆迁制度乱象产生的原因分析

在追求土地财政效益的时代背景下,拆迁实质关涉经济利益的分配与平衡。拆迁制度乱象背后产生的原因实质在于拆迁工作实施后的利益分配、纠纷解决机制问题。

第一,拆迁补偿标准太低或者不统一。在实践中,各地的拆迁补偿标准存在很大的差异,不仅地域间、城乡间有巨大的补偿差距,而且有

---

[1] 参见占才强:《株洲58岁被拆迁户自焚》,载《南方都市报》2011年4月24日,第A13版;朱春风、王国柱:《江苏兴化男子不满法院强拆其租用浴室自焚》,载《扬子晚报》2011年5月10日。
[2] 参见张豪:《城市房屋从拆迁到征收的制度嬗变——兼评〈国有土地上房屋征收与补偿条例〉》,载《社会科学战线》2012年第2期,258页。
[3] 参见夏阳:《朔州强拆致官员被杀追踪:内地公务员首度死于强拆》,载《凤凰周刊》2011年第23期,第36页。
[4] 参见周杏梅:《拆迁补偿争议和解的困境与出路》,载《河南省政法管理干部学院学报》2010年第6期,第123页。
[5] 参见王锡锌:《拆迁变法:变迁、变法与社会参与》,载《行政管理改革》2010年第9期,第42页。

些地方甚至由当地政府自行决定补偿标准。在法治观念日益深入人心的今天,这种随意性显然是引发冲突的一个重要根源。根据媒体重点报道的拆迁事件可以发现,发生拆迁纠纷的大部分案件,当事人都认为补偿不足以弥补其财产损失,或者因原来住房面积小因此补偿总款低、家庭收入少而不能新购房屋以安居。2004年嘉禾案中被拆迁人李涌泉拥有一栋独院三层楼房,使用面积近二百平方米,补偿总费用仅10万元,而在县城同类地段购买一套100平方米的商品房就需要约10万元;2008年本溪张剑案因拆迁人对2200平方米的"国有自留地"不予补偿违法强硬拆迁而起;上海潘蓉案中480平方米的市价近千万的四层小楼补偿总款只有118万并遭强制拆迁;2009年的唐福珍事件是一栋1600平方米的企业经营房屋在建造完工10年后被认定违法并要求拆除,由于补偿过低业主对抗强拆。[1] 虽然不能排除个别被拆迁人视拆迁为发财的机会,漫天要价。但是,究其根本是拆迁政策不公开透明,甚至因人而异,缺乏必要的社会监督所致。实践中,因拆迁政策的不公开、不透明,政府在拆迁过程中随意改变政策,补偿标准因人而异,甚至形成了"会哭的孩子有奶吃"的局面,这成为引起被拆迁人疑虑与不满的主要原因,增加了拆迁的难度。[2]

第二,司法程序不规范,导致被拆迁人无法通过正当途径维护自身权益。实践中,征地拆迁工作一般由基层政府属地负责,而基层政府往往将拆迁"外包"。以利益为主导的拆迁公司在处理拆迁工作的过程中,有些拆迁公司无视被拆迁人利益,采取强制手段加快推进拆迁工作,引起拆迁方与被拆迁人之间的暴力冲突。在冲突处理方

---

[1] 参见胡清波:《城市房屋拆迁中被拆迁人失权的制度分析》,载《中国青年政治学院学报》2011年第2期,第89—90页。
[2] 参见张素华:《房屋强制拆迁制度存在的问题及对策——兼评〈国有土地上房屋征收与补偿条例〉》,载《法学评论》2012年第3期,第103页。

面,司法机关受地方政府干预,办案缺乏独立性。有些地方司法机关对暴力强拆行为的起诉不受理,公安机关对强拆行为不立案、不出警。一些法院内部抬高"立案门槛",法官对立案材料的审查突破了"形式审查"的要求,用各种理由拒收起诉材料。司法机关的办案经费等来源于政府财政部门,因此地方政府干预司法审判过程很难避免,贪污受贿现象也可能发生,无法保证审判的独立和公正。司法机关在无法独立、公正裁决的情形下,往往会策略性地选择沉默。[1] 被拆迁人无法通过正当途径维护自己的合法权益时,往往采取较为极端的方式与拆迁人对抗,形成较为恶劣的群体事件。

第三,公民维权意识的提高和非正当维权成功者的示范效应导致拆迁纠纷解决方式的异化。随着国家法治的逐步健全,被拆迁人维权意识也逐步提高。面对违法强拆,被拆迁人在正当法律途径无法解决问题后,往往采取上访、暴力等非法律途径与拆迁人对抗。这些案件被媒体报道后,受到公众的普遍关注而上升为典型案件。在公众舆论推动下,帮助当事人将问题解决。然而,此种案件的增加会进一步促进拆迁纠纷解决方式的异化。一方面,过多的拆迁领域典型案件的出现会使人们将政府暴力断水、断电以及强制推倒房屋等暴力场面与非法拆迁相关联,严重损害政府形象和公信力。另一方面,在被拆迁人无法或难以通过正当途径维护自身权益的背景下,众多通过非法律途径将问题得以解决的案件会形成示范效应。虽然被拆迁人的维权意识逐步提高,但是受典型案件的影响下,更多的被拆迁人会选择通过非法律途径解决问题,加剧维权行为与拆迁之间的激烈冲突,成为社会的不稳定因素。

---

[1] 参见苏丽、马燕:《关于城市房屋拆迁的行政法思考》,载《河北学刊》2014年第5期,第178页。

3. 唐福珍案发生的原因分析

导致唐福珍惨案发生的主要原因就是当天城管部门的违法强拆行为。2003年,成都市人民政府依据国务院法制办《关于在四川省成都市开展相对集中行政处罚权试点工作的复函》,制定了《成都市城市管理相对集中行政处罚权暂行办法》。该办法第11条规定,执法局依据城市规划法律法规、规章的规定,有权对未取得建设工程规划许可证、不符合城市规划要求的违法行为实施行政处罚。虽然法律授予了成都市金牛区城管局对违章建筑进行行政强制的权力,但城管局在本案执法过程中却存在诸多瑕疵。

首先,程序违法。在唐福珍第一次以死相逼时,成都市金牛区城管局居然在胡昌明的房屋内贴上了空白的封条。在进行第二次强制拆迁时,成都市金牛区城管局在凌晨5点就开始了拆迁工作。在实施拆迁之前城管执法人员未出示任何证件,也没有给屋内人员搬出房屋的时间,更没有采取保护人身和其他财产安全的措施。

其次,方式违法。城管人员与胡昌明的家人发生了激烈的冲突,双方都有过错。但是,在唐福珍用汽油泼身,以自焚相逼,并且表示如果城管人员退下则双方可以商量的情况下,成都市金牛区城管局城管人员并没有退下,致使悲剧发生。因此,具有严重瑕疵的行政强制行为是造成悲剧发生的主要原因。根据《国家赔偿法》的相关规定,城管局在执行公务中,违法行使职权,应当承担赔偿责任。成都市金牛区城管局的这次暴力执法行为不仅使唐福珍丧失了生命,也给胡昌明一家造成了严重的精神损害,只可惜当时的《国家赔偿法》中并没有关于精神损害赔偿的规定。

三、唐福珍案与拆迁制度变革

在唐福珍案发生后,2011年《国有土地上房屋征收与补偿条例》

出台与法治政府建设推动了拆迁制度的变革,使地方政府在拆迁工作中更注意方式方法,与拆迁相关的案件也随之减少。但是,在新形势下,城市拆迁纠纷则更需要在法治的轨道下,以更加公平、合理的方式处理。

1. 唐福珍案推动了《国有土地上房屋征收与补偿条例》的出台

在2011年之前,我国各省市在处理城市房屋拆迁时都是在2001年11月1日施行的《城市房屋拆迁管理条例》的基础上,结合当地民情制定的各地域城市房屋拆迁管理条例及实施细则。但是,《城市房屋拆迁管理条例》(已失效)在实施的过程中深受诟病,很多人称该《城市房屋拆迁管理条例》为"恶法"。[1] 它不区分公益拆迁和商业拆迁,规定行政机关有权作出拆迁许可,有权裁决拆迁纠纷,并有权自行采取强制拆迁措施,且诸多条款明显违反《立法法》《物权法》(已失效)等上位法的规定,因而被认为是官商合谋、与民争利的"利器"和"法宝"。

以唐福珍案为导火索,北京大学五位教授上书全国人大,建言审查《城市房屋拆迁管理条例》。[2] 2011年1月21日,国务院公布了修订并重新命名的《国有土地上房屋征收与补偿条例》。《国有土地上房屋征收与补偿条例》与《城市房屋拆迁管理条例》相比有诸多进步,特别是新条例取消了行政强制拆迁,宣告"行政强拆退出历史",一时间好评如潮。《城市房屋拆迁管理条例》第17条第1款规定:"被拆迁人或者房屋承租人在裁决规定的搬迁期限内未搬迁的,由房屋所在地的市、县人民政府责成有关部门强制拆迁,或者由房屋拆迁管理部门依法申请人民法院强制拆迁。"与该条款不同的

---

[1] 参见耿宝建:《城市房屋所有权人的权利保护——从〈拆迁条例〉到〈征收条例〉》,载《上海政法学院学报(法治论丛)》2011年第5期,第136页。
[2] 参见刘东亮:《拆迁乱象的根源分析与制度重整》,载《中国法学》2012年第4期,第136页。

是,《国有土地上房屋征收与补偿条例》第 28 条第 1 款规定:"被征收人在法定期限内不申请行政复议或者不提起行政诉讼,在补偿决定规定的期限内又不搬迁的,由作出房屋征收决定的市、县级人民政府依法申请人民法院强制执行。"是谓以"司法强拆"取代"行政强拆"之法律根据。有人认为,新条例的出台取消了行政强拆,标志着野蛮拆迁的终结。[1]

2. 城市拆迁制度的变革使拆迁工作的推进更加规范

有数据显示,2010 年与违法拆迁相关的群体性冲突占所有群体性冲突的 40%,在某些城市此类冲突的占比已超过 75%。[2] 以唐福珍案为代表的典型案件推动了国家对于拆迁制度的关注,同时随着我国法治建设的推进,在此后的十余年时间里,城市拆迁制度出现了诸多变化。

首先,《国有土地上房屋征收与补偿条例》的出台,旨在改变我国城市拆迁过程中出现的乱象,找到公益维护与私权捍卫契合点。从《国有土地上房屋征收与补偿条例》的实施效果来看,其在实践中取得了较好的效果。一是拆迁的工作宗旨、程序等取得了实质进步。《国有土地上房屋征收与补偿条例》改变了原有的拆迁宗旨、工作方式、工作程序,以更加合理的征收宗旨、征收程序等代替。有论者通过对某市某区 2652 户拆迁过程中搬迁期限内的搬迁情况进行了统计,2008 年、2009 年、2010 年搬迁期限内搬迁的户数比例分别为 55%、55.1%、55%,但在《国有土地上房屋征收与补偿条例》实施后,在更加合理的征收宗旨、征收程序的指引下,2014 年、2015 年搬

---

[1] 参见李立:《新拆迁条例终结暴力强拆:〈国有土地上房屋征收与补偿条例〉十大看点》,载《法制日报》2011 年 1 月 22 日,第 6 版。
[2] 参见周文章:《法治政府建设中依法行政的效用考察——基于 100 个城市的拆迁行政诉讼的实证分析》,载《浙江工商大学学报》2021 年第 3 期,第 155 页。

迁期限内搬迁的户数比例已经升至89%、88%。[1] 二是被拆迁人有维护合法权益的合理程序。《国有土地上房屋征收与补偿条例》实施前的拆迁行为，更多的是商业开发行为，开发商为了利益以各种方式加快拆迁的速度。而法律讲程序，程序与效率之间很难兼得。即使是按《城市房屋拆迁管理条例》的规定，当事人对裁决不服提起诉讼的，诉讼期间也不停止拆迁的执行。拆迁过程中，拆迁人的利益不能得到有效的保护。《国有土地上房屋征收与补偿条例》在这方面赋予了被征收人更多权利救济的途径，强调没有补偿的，不搬迁。同时按照最高人民法院《关于执行〈中华人民共和国行政诉讼法〉若干问题的解释》（现已失效）第95条的规定，对于申请执行的具体行政行为，人民法院经过审查可以不准予执行。被征收人可以通过法律途径表达自己的利益诉求，而法律本身也提供了合理的程序。在法律的支持下，被征收人将个人的利益诉求以公开的方式寻求法律的救济，通过司法的公正评判，达到诉求的表达与实现的目的。

其次，随着经济发展速度的放缓和公民权利意识的提升，地方法治政府建设要求地方政府必须对普遍的违法行政行为予以回应。2012年，党的十八大把法治政府基本建成确立为到2020年全面建成小康社会的重要目标之一，全面加强党对法治政府建设的领导成为这一阶段的突出特点。新一届领导班子更是把法治政府建设当成了重中之重。[2] 同年12月，党中央要求切实做到严格规范公正文明执法；十八届三中全会紧随其后要求纠正单纯以经济增长速度评定政绩的偏向，推进机构编制管理法制化及深化行政执法体制改革，建

---

[1] 参见吕姝洁：《新征收制度实施后依法征收观念形成的分析》，载《社会科学家》2016年第9期，第118页。
[2] 参见徐祥民：《习近平法治思想的整体认读》，载《浙江工商大学学报》2018年第4期，第60页。

立科学的法治建设指标体系和考核标准;其后的中共中央《关于全面推进依法治国若干重大问题的决定》和《法治政府建设实施纲要(2015—2020年)》对依法行政等法治政府建设的重要内容作出了细致规定。这些规定很大程度上涵盖了政治、法治、经济、民生、舆论等诸多环节,并将这些环节的行为均进行了量化。目前,依法行政被各级文件转化成了具体的、可以被量化执行的指标,为地方政府带来了全新的政治评价体系和竞争规则。在法治政府建设的过程中,法治观念是法治政府建设的重要内容。征收部门不仅要遵守具有外在强制性的法律,还需要从根本上转变观念、工作习惯和工作方法。形成法治思维。《国有土地上房屋征收与补偿条例》实施后,旧的程序已经固化,新的程序还不适应。加之建设法治中国大背景下,对依法行政的重视与规范。征收人开始一步一步探索,慢慢适应新的法律秩序。地方政府也逐步重视拆迁过程中的工作方式与方法,更关注被拆迁人的利益,注重对他们的人文关怀,与拆迁有关的暴力、群体性事件也随之减少。

3. 新形势下应进一步推进城市拆迁制度的完善

虽然《国有土地上房屋征收与补偿条例》取代《城市房屋拆迁管理条例》对国有土地上房屋征收与拆迁工作进行了规范。但是,随着城市化的进一步发展与城市拆迁工作的演变,城市拆迁过程中拆迁纠纷已经出现新的特征。例如,被拆迁人或家庭对拆迁补偿的心理预期较高,导致拆迁双方预期悬殊,出现了难以达成协议、签订协议后拒绝补偿或安置后仍持续诉讼、诉讼难以调解等情况。又如,《国有土地上房屋征收与补偿条例》从实体和程序上不断加强对政府拆迁权能的约束,使政府拆迁行为得以规范,但同时也使政府的拆迁权能受到极大限制,在遇到被拆迁人抵制时,往往会处于被动乃至束手无策的境地,导致拆迁改造进展缓慢。城市拆迁攸关被拆迁人的基本权益。如何扩大被拆迁人的参与,让其利益得到充分的表达,而又不至于膨胀公民的心理预期,导致拆迁工作难以开展的困境,是城市拆迁决策过程中需要进一步思考的问题。

首先,必须进一步完善与拆迁、征收相关的法律法规,确保地方政府有足够的法律依据来制定合理且细致的措施。这不仅可以使拆迁、征收工作在法治的轨道上顺利进行,还能为相关政策的实施提供坚实的法律基础。根据我国《立法法》第11条的规定,非国有财产的征收和征用只能由法律进行规范。然而,《国有土地上房屋征收与补偿条例》作为一个过渡性的暂行条例,条款较少,法律效力位阶较低,且缺乏相应的配套制度作为支撑,这使在拆迁过程中出现的复杂纠纷难以得到有效的解决。因此,城市拆迁需要一部实体完备、程序严格的法律,以及一套包含法律、配套法规、规章和司法解释的完整法律体系。这套法律体系不仅需要调整国有土地上的房屋拆迁关系,还应规范集体土地上的"城中村"拆迁改造行为。这样,我们才能更好地保障公民的合法权益,确保城市拆迁工作在法治的轨道上顺利进行。[1]

其次,明确政府在拆迁工作中的角色定位,积极引导被拆迁者通过正当途径解决纠纷。政府在拆迁中既是行政法律关系的主体,也是拆迁工作的规划者、制定者和完善者,同时还是拆迁市场秩序的监管者和公共利益与个人利益的协调者。然而,目前政府角色的重叠并没有达到预期效果。因此,准确定位政府在城市房屋拆迁中的角色,转变政府职能是迫在眉睫的任务。当前,城市房屋拆迁是在政府

---

[1] 参见刘晓兵、叶裕民:《由暴力拆迁到逆向垄断的法律呼唤——由太原桥东街拆迁案引发的思考》,载《城市规划》2016年第10期,第101页。

的主导控制下进行的,政府直接对拆迁人和被拆迁人进行监督和管理。这种角色定位的最大弊端在于强化了拆迁人和被拆迁人的不对等关系。因此,我们必须区分城市房屋拆迁中的政府行为与非政府行为,将市场机制引入城市房屋的拆迁中,厘清政府职能,明确政府角色定位。在唐福珍案中,被拆迁人寻求司法救济的过程十分艰难,导致了矛盾的激化和升级。为了避免类似情况再次发生,我们需要加大司法救济的力度,让被拆迁人可以通过法律途径维护自己的合法权益。这需要司法机关积极履行职责,为被拆迁人提供及时、公正的法律援助和服务,确保他们的合法权益得到有效保障。

最后,必须推进城市拆迁与征收工作的公众参与和透明度,以确保拆迁决策的公正性和合理性。如前所述,由于拆迁政策的不公开和不透明,政府在拆迁过程中随意改变政策,补偿标准因人而异,导致被拆迁人在拆迁过程中对拆迁补偿产生过高的心理预期,认为通过与拆迁人对抗可以获得更高标准的补偿。例如,有学者对成都市某旧城改造项目进行调研时发现,在95%以上的居民都同意搬迁,但仍有不到5%的居民坚持不获得超过统一补偿标准的补偿就不搬迁的情况下,当拆迁人为推进项目进度而选择妥协时,反而会引发了其他群众的攀比心理,进而阻碍了搬迁工作的进行。[1] 因此,在拆迁工作中建立透明的评估机制,统一拆迁补偿标准,确保补偿标准的公正性和统一性至关重要。同时,引导被拆迁人转变拆迁补偿理念,使其认识到不能利用非法方式在拆迁中获得额外利益,树立合理的拆迁补偿预期,减少被拆迁人的不公平感。

---

[1] 参见汪灏:《改革开放四十年地方性立法在中国城市房屋拆迁制度中的变迁与绩效分析——以成都市为例》,载《中国矿业大学学报(社会科学版)》2018年第6期,第55页。

第五节　廖丹刻章救妻案与医保制度改革

一、案情介绍

北京市内燃机总厂的合同工廖丹，因企业倒闭而下岗后，全家的生计只能靠比他小两岁的妻子杜金领打工维持。2007年夏天，在按摩院工作的杜金领被查患上了严重的尿毒症，需要通过长期透析进行治疗。杜金领每周要透析3次，每次420元，每月医药费就超过了5000元。高额的医疗开销让这个本来就没有多少积蓄的家庭无法承担。

廖丹去街道办给妻子办医保报销，但因为妻子不是北京户口，且不符合办理北京户口的条件，不能享受北京市民的医保待遇。虽然廖丹为妻子办理了城乡重大疾病医疗补助，这可以报销50%的医疗费用，但另外50%的医药费，对于廖丹的家来说也是很难承受的巨大数额。廖丹也想过让妻子回河北老家报销医疗费，但因妻子的身体禁不起来回折腾。于是他们决定自费透析，廖丹东拼西凑地借款，直到没有人愿意再借钱给他。2007年，廖丹发现，自己每次到医院交钱时，收费室在收费单上盖章后，再让他拿着收费单送到透析科室，两个科室不直接沟通。当年11月，廖丹通过路边刻假章的"小广告"，找人刻了北京医院的收费章，自己在收费单上盖上"章"，然后将收费单交到透析科。

2011年9月，北京医院因升级收费系统，透析科室负责人发现，杜金领一直在透析治疗，但收费系统里却缺少51次缴费记录，交来的49张收费单均系伪造，涉及费用17万余元。2012年2月22

日,廖丹再次陪着妻子去北京医院透析时,被刑事拘留。那时,杜金领才知道丈夫为给自己治病,私刻公章骗取医疗费用,她感慨万分、悲悔交集。考虑到廖丹家庭的情况以及他伪造收费单的初衷,检方认为廖丹的行为构成诈骗罪,量刑应在有期徒刑3—10年。2012年7月11日,北京市东城区人民法院开庭审理了廖丹的案件,廖丹对被控犯罪供认不讳,他只是反复地表明,"所做的一切只为让妻子先不死"。

廖丹为救妻子不惜以身试法的行为被媒体披露之后,引起了社会各界的关注和同情。影视明星姚晨在微博上转发了他的事,广东珠海政协委员陈利浩很快通过媒体向廖丹转交了17.2万元捐款,争取以全额退赔的方式为廖丹争取缓刑。陈利浩等人还发起了慈善捐助,筹集善款达50多万元。7月16日,廖丹先后分两次向法院退赔了全部案款。

2012年12月7日,法院经审理认为,廖丹伪造收费单据,骗取医院治疗费,数额巨大,其行为构成诈骗罪,依法应予以刑罚处罚,但鉴于廖丹到案后能够如实供述其所犯罪行,且全部退赔医院损失,综合考虑其犯罪动机、主观恶性,对其可从轻处罚,决定以诈骗罪判处廖丹有期徒刑3年,缓刑4年,并处罚金3000元。听到判决结果后,廖丹和法官握手表示感谢。[1]

二、理论阐述

"廖丹式"的失范行为,是医保制度缺陷导致其选择以身试法的鲜活例证。为避免类似悲剧再次发生,有必要结合医保制度,对廖丹

---

[1] 参见韩中锋:《"刻章救妻"的悲剧不要再发生了》,载《中国青年报》2016年5月19日02版。

案重新进行法理分析,发现廖丹案判决本身及医保制度存在的问题,更好地实现民意、制度、司法的良性互动。

1. 医保制度的意义

医疗保障是减轻群众就医负担、增进民生福祉、维护社会和谐稳定的重大制度安排。新中国成立后,我国医保制度在实践中不断发展进步。1951年2月,国务院颁布《劳动保险条例》,标志着劳保医疗制度的确立。1952年6月27日,国务院发布《关于全国各级人民政府、党派、团体及所属事业单位的国家工作人员实行公费医疗预防的指示》,标志着公费医疗制度建立。这一阶段,我国的医保制度,个人不缴费且全额报销的"免费医疗"福利型制度。实行40多年,在保障职工健康、促进经济发展、维护社会稳定等方面,发挥了重要作用。但这一时期,国家医疗保障制度的主要保障对象是城镇职工,而绝大多数的非就业、农村人口则缺乏相应的医疗保障制度性安排。这导致了当时的基本医疗保险制度未能有效保障多数民众的生命健康,基本医疗保险制度只服务于少数群体,社会公平无法得到保障。随着市场经济转型,福利性医疗制度被新型基本医疗保险制度所取代。

1998年国务院发布《关于建立城镇职工基本医疗保险制度的决定》,标志着中国进入了基本医疗保险新阶段,标志着"免费医疗"的结束。开始实行权利义务对等的保险原则。保费由单位与个人共同缴纳,体现了资金筹集的责任分担;医疗费用报销规定了起付线、共付比例、封顶线,体现了医疗费用的分担机制。2003年国务院《关于建立新型农村合作医疗制度意见的通知》,提出建立新型农村合作医疗制度,标志着数亿农民无医保的历史从制度上宣告结束。2007年国务院《关于开展城镇居民基本医疗保险试点的指导意见》决定,开展城镇居民基本医疗保险试点,标志着城镇非从业居民的基本医疗保险也有了制度安排。至此,我国新型基本医疗保险制度基本健全,实现制度全覆盖,医保制度对于保障人民群众生命健康、维护社会稳定具有重要意义。

第一,医保制度是推进健康中国建设的基本制度保障。党的十九届五中全会通过的中共中央《关于制定国民经济和社会发展第十四个五年规划和二〇三五年远景目标的建议》,提出了"全面推进健康中国建设"的重大任务。其中,保障人民健康是推进健康中国建设的重要原则。党的十八大以来,以习近平同志为核心的党中央坚持以人民为中心的发展思想和共享发展理念,把"健康中国"提升为国家战略,着力保障人民基本医疗权益,医疗保障制度建设也取得了令世人瞩目的成就。

经过20多年的努力,我国已经建立起世界上规模最大的基本医疗保障网,截至2022年年底,全国基本医疗保险参保人数134592万人,参保率稳定在95%以上。2022年,全国基本医疗保险(含生育保险)基金总收入30922.17亿元,比上年增长7.6%;全国基本医疗保险(含生育保险)基金总支出24597.24亿元,比上年增长2.3%;全国基本医疗保险(含生育保险)基金当期结存6324.93亿元,累计结存42639.89亿元。[1] 医保制度不断健全,保障水平稳步提升,人民群众基本医疗权益得到有力保障,显著提高了民众的健康水平。城乡居民人均预期寿命由新中国成立前的不足35岁,上升至2021年的78.2岁。[2]

第二,医保制度是解决人民疾病医疗后顾之忧的重要手段。习

---

[1] 数据来源于:2023年国家医疗保障局《2022年全国医疗保障事业发展统计公报》。
[2] 数据来源于:2022年国家卫生健康委员会《2021年我国卫生健康事业发展统计公报》。

近平总书记深刻指出,"我们建立全民医保制度的根本目的,就是要解除全体人民的疾病医疗后顾之忧",[1]明确了医疗保障制度的基本定位。当前,我国人口老龄化加速,截至2022年年底,全国60周岁及以上老年人口28004万人,占总人口的19.8%,其中65周岁及以上老年人口20978万人,占总人口的14.9%。[2] 慢性病患者数量庞大,高血压、糖尿病患者数量超过3亿人,解决老龄化问题、避免人民群众因病返贫,需要医保制度发挥应有作用。医保支付机制是保障群众获得优质医药服务、提高基金使用效率的关键工具。医保资金通过体量优势,可以将用药成本大幅降低。自2018年成立国家医疗保障局以来,通过建立医保药品目录的动态调整机制、集中采购等措施,有力地促进了药品和耗材价格回归正常水平。2022年,国家医保局医药管理司副司长李淑春表示:"2018至2021年,每年动态调整医保的药品目录进行了4次,四年累计调入507种,调出391种,目录内的西药和中成药数量增到了2860种。其中,整合全国需求谈判议价,将250种新药纳入目录,平均降价超过50%"。[3] 至2022年,个人卫生支出占卫生总费用27%,实现了群众"买得到、用得上、能报销"的愿望。

第三,"基本医保制度是实现社会公平正义,实现社会和谐稳定的'压舱石'。"[4]钟南山院士曾表示:"医患纠纷的根源在经营压力",我国的公立医疗服务机构虽然具有明显的公益性质,但管理者

---

[1] 习近平:《全面提高依法防控依法治理能力 健全国家公共卫生应急管理体系》,载《实践(党的教育版)》2020年第3期,第6页。
[2] 数据来源于:2023年民政部《2022年民政事业发展统计公报》。
[3] 邵萌:《国家医保局:2018年以来250种新药纳入医保 平均降价超50%》,载封面新闻2022年7月22日,https://new.qq.com/rain/a/20220722A03PIC00,访问日期:2024年1月4日。
[4] 胡浩、施雨岑、潘洁:《国家卫计委相关负责人详解"健康中国"施工图》,载新华社2017年3月11日,https://www.gov.cn/zhengce/2017-03/11/content_5176410.htm?trs=1,访问日期:2024年1月4日。

迫于经营压力也需要获取更多的经济利益,以保障医疗服务的可持续性。但医疗费用的上升可能会加剧医患关系的紧张,有42.1%的医务工作者认为"医疗费用过高"是造成当前医患关系紧张的首要原因。[1] 医保制度则有效地减轻了公民的医疗负担,随着人们对于健康的认识程度和重视程度不断加深,个人卫生支出费用在不断上升,而个人支出卫生费用支出的占比反而不断下降,这说明个人卫生支出补偿比在进一步提高,见表3-2。换言之,我国医改成效显著,在保证人民群众身体健康的情况下,政府和社会承担的卫生支出比例在增加,个人看病用药的负担在不断减轻。

表3-2 2017—2022年全国个人卫生费用情况说明表[2]

年份(年)	个人卫生支出费用(亿元)	全部卫生支出费用(亿元)	占比
2017	14874.8	51598.8	28.83%
2018	16662.9	57998.3	28.73%
2019	18489.5	65195.9	28.36%
2020	20055.3	72306.4	27.74%
2021	20954.8	75593.6	27.72%
2022	22914.5	84846.7	27.01%

有论者认为,群体性事件数量的增加主要由民众对社会经济不平等扩大的不满所致。[3] 而社会保障和社会福利政策的再分配功能,对于社会经济不平等所带来的潜在威胁具有一定的缓解

---

[1] 参见周云鹏、张平、郭卫珍、吴成秋:《医患双方对医患关系现状及医疗媒体报道的评价》,载《实用预防医学》2012年第5期,第794页。

[2] 数据来源于:2017—2022年国家卫生健康委员会《我国卫生健康事业发展统计公报》。

[3] 参见郭凤林、顾昕:《面向共同富裕的社会保障制度建设取向——基于医保政策的大数据分析》,载《北京工业大学学报(社会科学版)》2023年第4期,第52页。

作用。[1] 医保制度通过实现患者支出与医疗机构的动态平衡,有效地保障了患者身体健康,也缓解了医患关系,促进了社会的和谐稳定。

2. 廖丹案折射医保制度存在的问题

廖丹刻章救妻案,引发了民众对当前医疗保障、社会保障的关注,也将我国医疗保障制度面临的窘境和存在的问题进一步暴露出来。

首先,医疗资源配置地域差距较大。改革开放之后,中国区域经济发展逐步表现出分化特征,城乡区域发展的不协调性、不平衡性增大,中西部、东北等地区发展面临较大困难。在医疗资源配置方面也存在明显的地域差异,近年来,国家多次强调区域政策要增强发展的平衡性、协调性,通过政府拨款、地区帮扶等手段,医疗资源地区差异现象已经有明显好转。以河南省、甘肃省为例,人均医疗机构数量、卫生机构床位数、卫生人员数量等基础医疗资源,自 2005 年起快速提升,截至 2020 年部分数据已经接近甚至超过北京市。但仍应注意到,各省份的优质医疗资源配置的差异反而在不断扩大。以三级医院为例,经过 20 年的建设,河南省、甘肃省的人均三级医院数量有明显提升,但较北京市仍存在较大差距,见表 3-3。同时,国家卫生健康委 2021—2022 年度县医院医疗服务能力评估情况显示,平均每家县医院硕士及以上学历人员仅 16 人,东、中、西部地区分别为 40 人、11 人、5 人。另外,平均每家县医院的高级职称人数为 60 人,东、中、西部地区分别为 99 人、61 人、40 人,区域间优质医疗资源差距明

---

[1] 参见怀默霆:《中国民众如何看待当前的社会不平等》,载《社会学研究》2009 年第 1 期,第 112 页。

显。[1] 绝大多数基础疾病在当地的医院已经可以得到很好的治疗，但对于部分疑难杂症在中西部地区的治疗水平和东部地区仍有一定差距，部分患者不得不跨省域就医，这也是造成医疗资源挤兑的重要原因。

表3-3 2005—2020年部分地区人均医疗资源情况表[2]

	地区	2005年	2010年	2015年	2020年
人均医疗机构数量（个/万人）	北京市	3.13	4.80	4.50	4.84
	河南省	1.55	8.05	7.53	7.51
	甘肃省	4.66	10.42	10.69	10.47
人均卫生机构床位数量（个/万人）	北京市	51.42	47.28	51.40	58.02
	河南省	22.81	34.83	51.65	67.14
	甘肃省	25.01	35.32	49.14	68.69
人均卫生人员数量（人/万人）	北京市	102.06	113.96	133.24	158.99
	河南省	38.62	62.84	81.34	94.65
	甘肃省	38.17	53.71	69.80	91.52
人均三级医院数量（个/百万人）	北京市	2.93	2.60	4.01	4.84
	河南省	0.32	0.47	0.91	1.16
	甘肃省	0.47	1.09	1.50	1.88

其次，医保制度碎片化。改革开放以来，随着城镇化的深入推进和户籍制度的逐步放松，我国人口流动规模和频率持续上升，人口流动呈现出常态化趋势。流动人口规模由2000年的10229万人增加至2020年的37582万人，其中跨省流动占全部流动人口比例接近50%，见表3-4。大规模、常态化人口流动已经成为当下的基本国

---

[1] 参见国家卫生健康委办公厅：《国家卫生健康委办公厅关于通报2021—2022年度县医院医疗服务能力评估情况的函》。
[2] 数据来源于：2005、2010、2015、2020年国家健康委员会《中国卫生健康统计年鉴》。

情,这也对医疗保障工作的均等化发展提出了新的挑战。在大规模的人口流动背景下,由"地域阻隔"造成的"医保制度碎片化"(也即医保制度未能形成全国统一的制度,导致异地难以使用医保报销费用)可能会使参保居民在享受卫生服务的过程中遭受地域歧视,甚至损害其身体健康。长此以往,会阻碍人口的自由流动,降低劳动力资源的配置效率,阻碍城镇化进程,不合理的制度甚至会引发犯罪。

表3-4 2000—2020年全国流动人口情况表[1]

年份(年)	省内流动人数(万人)	跨省流动人数(万人)	全部流动人数(万人)	全国人口总数(万人)	流动人口占比
2000	6506	3723	10229	129533	7.90%
2005	7939	6796	14735	130756	11.27%
2010	7939	9433	22143	137053	16.16%
2015	14906	9691	24597	137462	17.90%
2020	25098	12484	37582	141178	26.62%

2021年年底,全国全民医保已经基本实现,医疗保险从制度上做到了全覆盖。由于户籍制度的存在,我国针对不同户籍的人群设立的职工医保、居民医保、农民工医保等,具有一定的多元性优势,但由于医保种类繁多、缺乏高层次的政府主导,容易陷入医保制度碎片化的局面。廖丹"铤而走险"的重要原因,是妻子的外地医保不能在北京市使用,案发时异地报销制度的操作难度较大。按当时医保制度规定,参保人员异地就医,需先在参保地申请,行政审批通过后在指定异地就医的医疗机构就诊并垫付全部医疗费用,医药费用回参保地报销,报销程序十分繁琐且困难。

---

[1] 数据来源于:2000、2005、2010、2015、2020年国家健康委员会《中国卫生健康统计年鉴》。

3. 关于廖丹案的反思

在这些典型刑事案件中,公众舆论推动了个案的审判。在民意的驱动下,这些刑事案件最终的判决一般都对民意进行了回应,最终实现了实质正义,但这不能说是法治的胜利。对于典型案件的反思,除了对个案本身进行思考,还应突破个案,对案件背后所折射的社会问题以及与之相关的制度进行深刻反思。

首先,廖丹案的判决合情,但合法性仍有商榷的空间。廖丹案的判决一定程度上平息了社会舆论,缓和了社会矛盾。但对于廖丹适用缓刑究竟是民意裹挟之下的"法外开恩",还是法律框架下的"依法从轻",仍应进一步讨论。

适用缓刑必须符合《刑法》第 72 条(缓刑适用)规定的"犯罪情节较轻"。廖丹诈骗的金额为 17.2 万元,按照 2011 年最高人民法院、最高人民检察院《关于办理诈骗刑事案件具体应用法律若干问题的解释》的规定属于数额巨大。同时,该司法解释第 2 条规定,诈骗数额接近本解释第 1 条规定的"数额特别巨大"的标准,并具有前款规定的情形之一(含诈骗医疗款物)的,应当认定为《刑法》第 266 条规定的"其他特别严重情节"。廖丹属于诈骗"医疗款物",且诈骗数额接近数额特别巨大,应当属于"其他特别严重情节"。即使廖丹到案后具有退赃、坦白等酌定从轻情节,可能判处 3 年以下有期徒刑,也不符合缓刑适用所要求的"犯罪情节较轻"。虽然有论者主张,根据刑法用语的相对性,《刑法》第 72 条规定的"犯罪情节较轻"与《刑法》分则条文中的"其他严重情节",并非互斥关系,即便行为属于"其他严重情节",也可以适用缓刑。[1] 也就是说,《刑法》第 72 条

---

[1] 参见张明楷:《刑法分则的解释原理(下)》(第二版),中国人民大学出版社 2011 年版,第 778 页。

中的"犯罪情节较轻"是综合考虑行为人的主客观方面后所得出的结论,而《刑法》分则中的"其他严重情节"则仅仅是对客观方面的描述,因此,符合刑法分则"其他严重情节"的案件,未必不能符合缓刑适用的"犯罪情节较轻"要求。上述观点看似合理,但在刑法学界尚未对缓刑适用条件"犯罪情节较轻"做出特别解释的情况下,如果对"情节"作不同于字面意思的解释,必然会导致缓刑适用圈的扩大。因此,一旦认定行为人构成犯罪且犯罪"情节特别严重",即应排斥缓刑适用。

不可否认,对于廖丹的"法外开恩",契合人民群众朴素情感,具有较好的社会效果。有论者指出:"廖丹救妻诈骗案,对我们转型时期的社会来说,是一个悲剧,但也是一个喜剧。它让我们的政府看到了民生关怀之不足,让我们中国特色的社会主义法律重现了一次人性化的感动。"[1]但廖丹案带给我们的更多是对社会制度、法律制度的反思,通过行政、司法手段避免类似案件再次发生。单就个案来看,通过法外开恩,对民意进行回应,似乎实现了法律效果和社会效果的统一。长此以往,可能会损害司法公信力。

其次,不合理的社会制度可能会催生犯罪。随着社会改革的不断深入,我国已经进入到社会转型的深化期,我国犯罪率总体呈上升趋势,见图3-6。从对犯罪人员的调查来看,在我国一些大中城市和沿海地区城市,参与犯罪的行为人主要为流动人口。曾有论者统计,流动人口犯罪已占各地犯罪总数70%以上,在部分经济发达地区,甚至超过了90%。[2]

---

[1] 汶金让:《廖丹救妻诈骗案:人性化判决赢得公信》,载《人民法院报》2012年12月13日,第2版。
[2] 参见贾娜:《政协委员甄贞:流动人口犯罪得重视了》,载《检察日报》2012年3月7日,第11版。

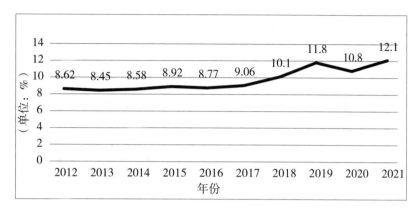

图 3-6　2001—2016 年全国犯罪增长率折线图[1]

司法实践表明,加强对流动人口的社会保障,对于降低犯罪率具有显著作用。早年间,对于恶意欠薪行为,由于《劳动法》的保障不到位和处罚力度不足,大量农民工遭受恶意欠薪。国家统计局数据显示,2008 年外出农民工被拖欠工资的比重为 4.1%。长期的拖欠工资极大地增加了农民工的生活压力,引发了一系列自残讨薪、暴力讨薪的恶性犯罪。针对这一现象,《刑法修正案(八)》增设了拒不支付劳动报酬罪,提高了对恶意欠薪行为的打击力度,2015—2019 年,全国检察机关共受理拒不支付劳动报酬犯罪近 1.7 万人。2016 年国务院办公厅发布《关于全面治理拖欠农民工工资问题的意见》明确了从根本上解决拖欠农民工工资问题的目标任务和政策措施。通过加大对农民工的保障,被欠薪农民工比例持续下降,从 2013 年的 1%,下降到 2018 年的 0.67%。全国劳动保障监察查处的欠薪案件、拖欠金额及涉及人数 3 个指标近年下降

---

[1] 参见卢建平:《为什么说我国已经进入轻罪时代》,载《中国应用法学》2022 年第 3 期,第 139 页。

幅度都在30%以上。[1]与之对应,提高对农民工的保障力度,对于因讨薪引发恶性暴力案件具有相当的抑制作用。[2]

最后,医保制度改革一直处于进行中。随着中国特色社会主义进入新时代,人民群众对健康福祉的需要日益增长,医疗保障领域发展不平衡、不充分的问题也逐步凸显。医保制度作为我国社会保障体系的重要组成部分,在减轻群众就医负担、增进民生福祉、维护社会和谐稳定方面具有重要作用。与之对应,深化医疗保障制度改革更是顺应新时代实现高质量发展的关键举措,当前我国正处于改革的攻坚期和深水区,时代的变革给医保制度持续带来新挑战,这也决定着我国医保制度的变革必然是系统性、长期性、持续性的。

改革开放以来,我国医保体系建设历经多次变革,得到了快速发展。但无论是医保治理体系还是治理能力,与人民日益增长的美好生活和健康福祉的需要都还存在着不小差距。例如,在人口大规模流动的大背景下,异地就医已经成为常态。国家卫健委《2020年国家质量服务与安全报告》指出,2021年我国流动人口达到3.84亿人次,其中仅基本医保参保人员异地就医就超过1.071亿人次,产生医疗费用4648亿元,占参保人医疗总费用的15%以上。大量病患受制于当地医疗水平,被迫前往大城市求医。仅2020年,全国三级医院收治的住院省外就医患者达到599万例。以外地患者看病最为常见的重病肿瘤为例,一名异地求医的癌症患者,以化疗28天为周期,除去排队等候和住院时间,1年至少需要往返6次,仅交通费一项就达

---

[1] 参见《让农民工不再"忧薪"——农民工工资清欠调查报告》,载新华视点2019年12月15日,https://mp.weixin.qq.com/s/IF3DGm16GptK-_QG9KGrLw,访问日期:2024年1月4日。
[2] 参见孙光宁:《社会学解释方法在指导性案例中的适用及其改进》,载《上海政法学院学报(法治论丛)》2020年第3期,第51页。

到上万元,加上门诊、食宿等固定自费支出,治疗费外的自费部分高达3万元,已经接近2022年全国人均可支配收入36883元,考虑到异地求医患者多来自欠发达地区,当地收入水平大概率低于全国平均水平,异地医保报销对其的意义更是不言而喻。但必须承认,我国幅员辽阔、各地方经济发展水平差异较大,异地报销制度的构建,很难一蹴而就。以医保异地结算为代表的医保制度,应当结合社会发展,不断优化、变革,真正解除全体人民的疾病医疗后顾之忧。我国当前发达地区与欠发达地区的三甲医院数量、每百万人三甲医院数量,差距较大,见图3-7。在地区优质医疗资源分配短时间内很难实现实质意义上的均衡时,深化医疗保障制度改革,成为解决当前医保领域发展不平衡不充分问题的必然选择。

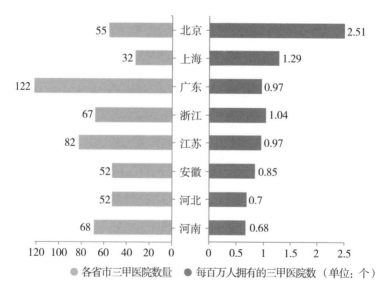

图3-7　2021年部分省市三甲医院及人均三甲医院数量[1]

---

〔1〕参见彭绍娟、肖煜嘉、杨毅:《599万中国人跨省就医,难在哪里?》,载新浪网2022年6月1日,https://k.sina.com.cn/article_5044281310_12ca99fde02001tzqy.html,访问日期2024年1月4日。

经济水平与生活质量的不断提高,人民群众对医疗保障的需要也不断提升,开始从传统、简单的医疗需求向现代、全面的健康需求的进行转变。通过实现健康需求,进而提升自己的生活质量与幸福程度,已经成为大多数居民的共同心愿。增进民生福祉作为国家发展的根本目的,决定了医保制度必须与时俱进地持续发展、全面发展,坚持在发展中保障和改善民生。

三、廖丹案与医保制度的变革

通过典型刑事个案,推进社会制度的变革,已经成为当前较为典型的现象,具有一定的积极意义。但社会制度的变革最终还需要依靠法治,通过将部分涉及重大民生的制度上升到法律层面,通过法律对相关制度进行明确、细化,才能更有效推行制度的实施。

1. 廖丹案推动了医保异地就医结算制度的变革

事实上,在廖丹案爆发之前,异地就医结算作为社会关心关注的热点问题,已经引起相关部门的关注,并着手部署参保群众异地就医费用结算问题。2009年3月17日,中共中央、国务院发布《关于深化医药卫生体制改革的意见》明确提出:"以城乡流动的农民工为重点积极做好基本医疗保险关系转移接续,以异地安置的退休人员为重点改进异地就医结算服务。"为贯彻落实这一规定的精神,2009年人社部、财政部印发《关于基本医疗保险异地就医结算服务工作的意见》,对异地就医结算服务的基本原则和指导思想进行明确,并针对不同类型异地就医人员医疗费用报销问题作出了原则性规定。[1]

---

[1] 《关于基本医疗保险异地就医结算服务工作的意见》第1条规定:"加强和改进异地医结算服务的基本原则和指导思想是,以人为本、突出重点、循序渐进、多措并举,以异地安置退休人员为重点,提高参保地的异地就医结算服务水平和效率,加强就医地的医疗服务监控,大力推进区域统筹和建立异地协作机制,方便必需异地就医参保人员的医疗费用结算,减少个人垫付医疗费,并逐步实现参保人员就地就医、持卡结算。"

但直至廖丹案案发,异地就医结算制度,尤其是针对未参加医疗保险的外来务工人员的跨省异地结算,仍存在着结算手续依然比较复杂、医疗费用垫付报销难等问题。人社部发布的《2011年度统计公报》显示,2011年全国农民工总量25278万人,其中参加医疗保险的农民工人数为4641万人。换言之,有超过4/5的外来务工人员未参加医疗保险,只参加了新型农村合作医疗保险。虽然早在2010年,人社部便曾明确,对自愿选择参加城镇居民医保的灵活就业人员和农民工,各地不得以户籍等原因设置参保障碍。但因地域分割、缺乏统筹等体制障碍,新农合医保对于外来务工人员明显缺乏事实上的救济作用。

廖丹案案发后,异地就医结算制度再次引起了社会各界的强烈关注。2014年人力资源和社会保障部《关于进一步做好基本医疗保险异地就医医疗费用结算工作的指导意见》明确了推进异地就医结算工作的近期目标任务,要求在2014年完善基本医疗保险市级统筹、基本实现市级统筹区内就医直接结算、规范和建立省级异地就医结算平台,到2015年基本实现省内异地住院费用直接结算、建立国家级异地就医结算平台,最终在2016年全面实现跨省异地安置退休人员住院医疗费用直接结算。2015年,新型农村合作医疗保险的主管部门,国家卫计委联合财政部发布《关于做好新型农村合作医疗跨省就医费用核查和结报工作的指导意见》,对以廖丹妻子为代表,参加新农合的外来务工人员,跨省异地就医核查和结报工作作出了具体部署。文件指出,要以维护广大参合农民的利益为根本,通过信息化手段优化服务流程、健全协作机制,提高新农合跨省就医费用核查和结报管理服务水平及效率,维护基金安全,方便群众结报,逐步实现新农合跨省就医费用直接核查和结报。并提出,2020年全国大部分省(区、市)要在具备条件的定点医疗机构开展跨省就医直接结报。

2. 异地就医结算制度变革的实践意义

异地就医结算制度的变革对于缓和社会矛盾、减轻群众负担具有明显的作用。2022年6月30日,国家医保局、财政部《关于进一步做好基本医疗保险跨省异地就医直接结算工作的通知》指出,经过持续推进并不断完善异地就医结算工作,已经取得明显成效。

首先,异地就医结算制度的变革,极大地降低了患者的负担,简化了群众异地就医住院费用结算的流程。为了推进异地结算信息化、智能化建设,2019年年底,国家异地就医备案小程序正式上线,2020年年底,自助开通异地就医直接结算服务试点启动。天津、山西等22个省的170个统筹地区作为试点地区开展全国统一的线上备案服务,成功办理备案6.48万人次,极大地简化了办理流程,提高了备案效率。[1]

2018年年底,全国跨省住院患者超过500人次的定点医疗机构全部接入异地就医结算平台,基本实现了异地就医医疗机构的全覆盖。截至2022年,全国住院费用跨省联网定点医疗机构6.88万家,比2017年增加了7倍。住院费用跨省直接结算率由2017年的不到5%,提高到2022年的65%左右,累计惠及2038.76万人次,住院费用跨省直接结算568.79万人次,为参保群众减少垫付762.33亿元;门诊费用跨省直接结算3243.56万人次,为参保群众减少垫付46.85亿元,极大地缓解了患者之前所承担的垫付压力,见图3-8。每个县已至少有1家定点医疗机构能够直接报销跨省异地就医门诊费用,每个统筹地区至少有1家定点医疗机构能够直接报销高血压、

---

[1] 参见王琬:《中国异地就医直接结算:政策价值、实践效果与优化路径》,载《学术研究》2021年第6期,第83-84页。

糖尿病等5种门诊慢特病异地就医费用。全国普通门诊费用跨省联网定点医疗机构38.21万家，累计惠及了6959.91万人次。[1]

图3-8 2017—2022年跨省异地就医直接结算人数、
医保基金支付金额情况表[2]

其次，异地就医结算制度的变革，对于实现全民医疗保障体系、扩大医保覆盖面，具有积极作用。有调查显示，80%的外来务工人员对社会保障"不感冒"，其原因除了文化程度较低，对保险制度理解不足外，更主要的原因则在于其自身的就业流动性大，担心社会保险缺乏区域流通性。[3] 通过对异地就医制度进行改革，对于缴纳医保的

---

[1] 参见张丰：《国家医保局：实现每个县至少有一家定点医疗机构直接结算门诊费等医疗费用》，载人民网2023年2月3日，http://health.china.com.cn/2023-02/03/content_42247913.htm，访问日期：2024年1月4日。

[2] 数据来源于：国家医疗保障局《基本医疗保险跨省异地就医住院医疗费用直接结算公共服务信息发布》第7期、第19期、第31期、第43期、第55期。

[3] 参见郑平：《跨省难转社保，企业不缴社保，部分外来工不愿买社保》，载《南方日报》2011年11月25日，第AC04版。

本地居民和外来务工人员一视同仁,消除外来务工人员对于医疗保险制度的后顾之忧,在缓解外来务工人员患病时医疗费用负担的同时,也推进了基本医保制度的全面覆盖,见表3-5。

表3-5 2010—2017年农民工参加医保人数情况表[1]

年份（年）	农民工参加医保人数/(万人)	农民工人数/(万人)	占比	年份（年）	农民工参加医保人数/(万人)	农民工人数/(万人)	占比
2010	4583	24223	18.92%	2014	5229	27395	19.09%
2011	4641	25278	18.36%	2015	5166	27747	18.62%
2012	4996	26261	19.02%	2016	4825	28171	17.13%
2013	5018	26894	18.66%	2017	6225	28652	21.73%

3. 医保制度变革应依靠法治

我国医保制度自诞生起,历经几十年的改革探索,逐步形成了制度框架清晰且已基本覆盖全民的医疗保障体系。但我国的医疗保障制度实际运行仍然主要依靠中央与地方发布的"意见""办法""通知"等政策性文件。作为一项重大的国家法定制度,我国医疗保障的法律依据仅有《社会保险法》对基本医疗保险的10条笼统规定。一方面,缺乏涉及大病保险、商业健康保险等的相关规定;另一方面,相关法律条文,主要是原则性规定,缺乏可操作性。例如,针对覆盖超过10亿人的新型农村合作医疗制度,《社会保险法》仅在第24条规定,"国家建立和完善新型农村合作医疗制度。新型农村合作医疗的管理办法,由国务院规定。"这也导致作为唯一覆盖全民并独立运行的重要社会保障制度医疗保障制度迄今却

---

[1] 数据来源于:2010-1017年人力资源与社会保障部:《人力资源和社会保障事业发展统计公报》。

仍处于政策治理局面,这不仅使医保制度缺乏稳定性与刚性保障,也容易引发我国医保制度存在制度不统一、地区差异大、一些政策长期试而难定的局面,影响了医保制度的持续健康发展。

其他发达国家的医疗保障制度普遍有健全的法律制度作为依据与保障。例如,德国作为现代社会保障制度起源国,在1883年就制定了首部社会保障法律即是医疗保险法。经过100多年的实践,该法作为《社会法典》的重要构成部分,法律条款已经达到13章328条,对医疗保险制度的各个方面都进行了详尽的规制。又如,与我国医保制度几乎同时起步的韩国,1963年就制定了《医疗保险法》,1999年又制定了新的《国民健康保险法》,并对该法进行了多次修订。目前共有9章119条,中文译本超过4万字,详细规范了医疗保险的各个方面。通过法治赋权明责和保障实施作为医疗保障制度建立、发展和完善的普遍规律,值得中国借鉴。

廖丹刻章救妻案发生的根本原因,是人民看病难、看病贵的问题未得到有效解决。舆论普遍要求对廖丹予以轻判甚至将廖丹奉为英雄的背后,不仅是出于对弱者的同情,更是对当前医疗保障制度的不满。对弱者的保护不能只体现在个案中,而应通过机制和制度的构建,避免类似悲剧再次发生。典型刑事案件在社会制度变革中的作用,更多的是将社会制度的缺陷公之于众,引发政府、社会的关注,但社会制度的缺陷最终只能依靠制度的革新来实现。值得肯定的是,在党中央的领导下,我国政府始终坚定不移地推进医疗体系变革。通过不断完善医保政策、提高医疗水平,为人民提供更加公平、优质、可及的医疗服务,以满足人民日益增长的健康需求、面对医疗卫生体系面临新的挑战和机遇。

第六节 南京虐童案与《反家庭暴力法》的出台

一、案情介绍

被告人李征琴与施某甲于2010年登记结婚,婚前双方各有一女,2012年下半年,李征琴夫妇将李征琴表妹张某某之子被害人施某某(男,案发时8周岁)从安徽省带至江苏省南京市抚养,施某某自此即处于李征琴的实际监护之下。2013年6月,李征琴夫妇至民政局办理了收养施某某的手续。2015年3月31日晚,李征琴因认为施某某撒谎,在其家中先后使用竹制"抓痒耙"、塑料制"跳绳"对施某某进行抽打,造成施某某体表150余处挫伤。经法医鉴定,施某某躯干、四肢等部位挫伤面积为体表面积的10%,其所受损伤已构成轻伤一级。案发后,施某某的生父母与李征琴达成和解协议,并对李征琴的行为表示谅解。

法院认为,被告人李征琴故意伤害被害人施某某的身体,造成施某某轻伤一级的严重后果,其行为已构成故意伤害罪。案发后,李征琴经公安机关通知后主动到案,如实供述主要罪行,构成自首,依法可以从轻处罚;取得被害人施某某及其生父母的谅解,酌情可以从轻处罚。依照刑法有关规定,以故意伤害罪判处被告人李征琴有期徒刑6个月。[1]

---

[1] 参见最高人民法院发布4起侵犯妇女儿童权益犯罪典型案例之四:李征琴故意伤害案。

二、理论阐述

南京虐童案因其特殊的家庭背景与残酷的虐待手段,引发了民众极大的愤慨。我国类似的家庭暴力事件因隐秘性高、举证困难,因此在实践中屡禁不止。并且,我国法律对于家庭暴力被害人的保护缺失,也使被害人难以通过法律途径获得公平正义,从而诱发以暴制暴等进一步的严重暴力犯罪,即被害人在受到家庭暴力之后,由于难以通过合法的渠道解决既有问题为避免进一步的侵害,转而采用暴力手段对抗自己已经遭受的家庭暴力。因此,亟待出台法律专门系统性地规制家庭暴力事件的发生。

1. 南京虐童案引发舆论关注的原因

南京虐童案所带来的舆论的巨大争议,与该案特殊的家庭背景以及检察机关对施虐者做不批捕决定这一不当处理有关。该案属于收养关系的家庭暴力案件,李征琴作为施某某的养母实施虐待行为,引发了舆论关于养父母应否具有监护权以及惩戒权的讨论。

传统的社会观念一般认为,父母对子女天然具有惩戒的权利,因此施加一定的暴力以管教子女是社会所容许的。但是,在本案中,李征琴的行为造成施某某轻伤一级的后果,明显超出了正常管教子女的惩戒范畴。实务中,关于以惩戒为名实施的虐待行为依然具有普遍性。例如,在马骄故意伤害案中,作为继父的马骄以管教子女为名对年仅 5 岁的幼子进行殴打,最终导致孩子死亡。法院最终认定马骄的行为明显超出了一般家庭惩戒的范畴,构成故意伤害罪,判处马骄无期徒刑,剥夺政治权利终身。[1] 因此,南京虐童案引发了民众对于父母如何正确教育子女的讨论,在家庭中本就处在弱势地位的

---

[1] 参见青海省西宁市中级人民法院刑事判决书,(2016)青 01 刑初 80 号。

子女遭受监护人的伤害时,更容易引起舆论的声讨。

养父母与子女关系的不和谐是收养关系中常见的问题,也是该案引发舆论关注的重要原因。收养家庭的养父母由于和子女之间是拟制血亲的关系,因此更容易诱发家庭冲突,进而演变成家庭暴力与虐待子女事件,其中,非亲生家庭中的虐待子女案件也往往能够引发更为强烈的舆论。例如,在于某虐待案中,丁某带着11岁的女儿小田与于某重新组建家庭。于某以小田学习及生活习惯有问题为由,长期、多次对其实施殴打,致其头部、四肢等多处软组织挫伤,身体损伤程度达到轻微伤等级。最终法院认定于某成立虐待罪,判处有期徒刑6个月。[1] 于某作为小田的继母,对小田实施明显不属于惩戒范畴的伤害行为,引发了舆论的激烈讨论。

南京虐童案中,李征琴对施某某施暴的手段残忍,也是该案引发舆论讨论的重要原因。在虐待案件中,施暴者的施暴手段往往令人触目惊心,因此更容易引发民众愤慨。例如,在马某虐待被看护人案中,马某(不具备教师资格)通过应聘到河南省某县幼儿园任某教师。2017年4月18日下午上课期间,马某在该幼儿园小班教室内,以学生上课期间不听话、不认真读书为由,用针分别扎本班多名幼儿的手心、手背等部位。经鉴定,多名幼儿的损伤程度虽均不构成轻微伤,但体表皮肤损伤存在,损伤特点符合具有尖端物体扎刺所致。2017年4月18日,被害幼儿家长报警,当晚马某被公安人员带走,同年4月19日被刑事拘留。在案件审理过程中,被告人马某及其亲属与多名被害幼儿的法定代理人均达成谅解。法院经审理认为,被告人马某身为幼儿教师,采用针刺手段对多名被看护幼儿进行虐待,情

---

[1] 参见陈金柱:《再婚家庭中未成年人受暴力伤害问题浅析》,载《人权》2007年第4期,第76页。

节恶劣,其行为已构成虐待被看护人罪,判处其有期徒刑二年,同时刑罚执行完毕后5年内禁止其从事未成年人教育工作。[1] 相关报道发布了受害幼儿伤痕累累的照片。虽然最终没有成立轻微伤,但是施暴者在幼小的儿童身上留下的疤痕使民众更加同情受害者的遭遇,也更加强烈地要求司法机关严惩施暴者。在南京虐童案中,李征琴对年仅8岁的施某某施加暴力致其轻伤,并且施某某的身上留下150余处挫伤。残酷的施暴手段使民众更加同情身为未成年人的施某某,从而要求对其养母进行严厉处罚。

2. 我国当下家庭暴力的现状

南京虐童案成为舆论关注的热点话题,也体现出我国民众对于当前我国家庭暴力现象的重视。目前我国家庭暴力现象呈现出高发性与隐秘性的特点,并且受害人通过法律途径维护自身合法权益的意识仍不够充分,这使家庭暴力很难被司法机关发现,施暴者难以受到法律惩处。同时,我国立法方面仍然对家庭暴力的受害人缺乏全面的保护,难以有效遏制家庭暴力现象的出现。

家庭暴力具有高发性与隐蔽性。家庭暴力常常发生在家庭内部,不为外界所知。受害者往往面临着来自施暴者的威胁和压力,担心揭露暴力行为会导致更严重的后果,从而对受到的暴行保持沉默。2013年联合国人口基金发布的《中国性别暴力和男性气质研究定量调查报告》指出,在遭受了伴侣暴力且寻求帮助的女性中,只有35%的人告诉了家庭成员,而其中,也只有25%得到了来自家庭的完全支持,45%的人受到的是责备、漠不关心,或被要求保持沉默。遭受伴侣暴力的女性中,只有10%告诉了医疗人员,

---

[1] 参见最高人民法院发布保护未成年人权益十大优秀案例之五:马某虐待被看护人案。

7%的人报了警。[1] 大部分受虐者处于长期被家暴、被压迫的生活中,而且他们的生活环境相对封闭,当发生家暴事件时,无法及时求得外界帮助。

公力救济的缺位,受害者难以获得有效的援助和保护。社会对于家庭内部问题的干预和干涉常常受到限制,使受害者在寻求帮助时面临困难。《刑法》虽然规定了家庭暴力情节恶劣的可按虐待罪进行处罚,但其前提是"情节恶劣"并且是"告诉才处理",实际过程中缺乏可操作性。多数司法部门会将"家庭暴力"转化为"家庭纠纷",从而化解一场暴力事件。

在家庭暴力案件中,女性是主要受害者。据统计,遭受家暴后女性的死亡风险比未曾遭受家暴的女性高出近40%。[2] 女性在家庭中更易遭受暴力侵害,并且这种侵害会严重损害女性的身心健康。根据2020年全国妇联权益部发布的数据显示,在我国,平均每7.4秒就有一位妇女遭受家庭暴力,这导致每年自杀的妇女中,因家暴自杀的妇女占到了60%。[3] 家庭暴力给女性带来了极大的身体和心理伤害。在家庭暴力中,受害者往往处于弱势地位,难以获得有效的保护和支持。例如,在轰动一时的曾昭达虐妻案中,丈夫曾昭达对妻子阿诗采取性暴力,每天都要与妻子行房,最多的时候一天达十几次。如果妻子不同意,就会遭受殴打。最终,阿诗被殴打至重伤。案发

---

[1] 参见陈荞:《我国有伴侣女性近四成遭家暴,仅7%受家暴女性报警》,载人民网2014年11月25日,http://gongyi.people.com.cn/n/2014/1125/c152509-26087694.html,访问日期:2024年1月12日。

[2] See Joht Singh Chandan, Tom Thomas et al. Risk of Cardiometabolic Disease and All-Cause Mortality in Female Survivors of Domestic Abuse. 9(4) Journal of the American Heart Association 2020.

[3] 参见吉县妇联:《全国妇联权益部发布〈家庭暴力受害人证据收集指引〉》,载澎湃新闻网,https://www.thepaper.cn/newsDetail_forward_15556274,访问日期:2024年1月11日。

后,曾昭达因故意伤害罪被判处有期徒刑 6 年。[1] 在该案中,曾昭达对妻子采取了严重的性暴力,体现出女性在遭受家庭暴力过程中不仅会遭受传统的暴力、威胁等手段的残害,还有诸如性暴力等多种暴力手段的侵害。

在家暴案件中,不少受害人对家庭暴力的违法性认识和维权意识仍不充分。据全国妇联 2016 年的调查统计发现,在我国的家暴案件中,受害女性平均要在遭受 35 次家暴后,才会主动去报警。[2] 基于各种顾虑,受害人不愿诉诸司法救济,这些顾虑包括但不限于:诉讼成本过高且效果不佳、举证难度大、认为家暴是不光彩的事而难以启齿、"想给孩子一个完整的家"、习得性无助及害怕遭到加害人报复等。例如,在潘文琼与陈天福离婚纠纷案中,潘文琼曾遭受陈天福的家庭暴力,但潘文琼诉称为了孩子能有完整的家庭,因此一直隐忍没有报案。最终法院判决潘文琼与陈天福离婚。[3] 该案中,潘文琼在遭受家庭暴力时的想法,说明了部分女性在受害时为了家庭而默默承受着不法侵害,没有积极进行维权。这也导致了家庭暴力现象很难及时发现并得到有效治理。

3. 家庭暴力现象难以遏制的原因

我国家庭暴力现象呈现出高发隐秘的特点,与我国传统的家庭认知以及经济结构密切相关。我国法律对于家庭内部问题的介入尚不充分,并且传统家庭结构中父母绝对的权威地位导致子女往往难以对虐待行为发声。并且,法律对于妇女、儿童等弱势一方保护的缺

---

[1] 参见覃贻花:《广东男子残忍虐妻 烧红铁锤烫女子乳房下体》,载《羊城晚报》2011 年 6 月 22 日,第 3 版。

[2] 参见崔晓丽:《女性遭遇家暴,可以向谁求救》,载《检察日报》2019 年 2 月 20 日,第 8 版。

[3] 参见福建省泉州市中级人民法院民事判决书,(2014)泉民终字第 3317 号。

失,也导致实务中家庭暴力很难得到法律的惩处。

我国传统思想影响人们对"家庭暴力"的认知。传统观念中的"清官难断家务事"使人们认为,家庭问题应由家庭内部解决,不应进行干预,这导致了家庭暴力问题长期以来的被忽视和缺乏有效的干预机制。"家丑不可外扬"的观念使人们认为家庭问题不应公之于众,这使受害者往往无法寻求帮助和保护,家庭暴力问题得不到及时解决。"男尊女卑"的传统观念使女性在家庭中更容易成为暴力的受害者,而男性则更容易成为施暴者。这种观念的存在导致家庭暴力问题中的性别不平等现象。"棍棒底下出孝子"的观念将暴力与教育联系在一起,这使一些人将家庭暴力视为正当的行为。这些观念对于打破家庭暴力循环产生了消极影响。例如,王思琦虐待案,2010年6月,被告人王思琦与丈夫离异并获得女儿廖某(被害人,2007年1月出生)的抚养权,后王思琦将廖某带至上海生活。2014年6月至2015年4月,王思琦在家全职照顾女儿廖某学习、生活。其间,王思琦以廖某撒谎、学习不用功等为由,多次采用手打、拧,用牙咬,用脚踩,用拖鞋、绳子、电线抽,让其冬天赤裸躺在厨房地板上,将其头塞进马桶,让其长时间练劈叉等方式进行殴打、体罚,致廖某躯干和四肢软组织大面积挫伤。虽经学校老师、邻居多次劝说,王思琦仍置若罔闻。经鉴定,廖某的伤情已经构成重伤二级。上海市长宁区人民法院经审理认为,被告人王思琦以教育女儿廖某为由,长期对尚未成年的廖某实施家庭暴力,致廖某重伤,其行为已构成虐待罪。法院依法判决被告人王思琦犯虐待罪,判处有期徒刑二年,缓刑二年。[1]实践中,监护人侵害其所监护的未成年人的现象时有发生,但由于未

---

[1] 参见最高人民法院发布6起依法惩治侵害未成年人犯罪典型案例之四:被告人王思琦虐待案。

成年人不敢或无法报警,难以被发现。有的即使被发现,因认为这是父母管教子女,属于家庭内部事务,一般也很少有人过问,以致此类案件有时难以得到妥善处理。长此以往,导致一些家庭暴力持续发生并不断升级。

传统经济模式下的家庭结构影响受害人的选择。我国古代社会的家庭经济模式通常以男性为主要劳动力,而妇女和儿童往往没有经济来源,需要依靠男性收入维持家庭。这种传统的家庭模式导致了男性在经济上的优势地位,而女性和儿童则相对弱势。因此,对于家庭暴力中的弱势一方,大多对所遭受的暴力选择忍气吞声。有论者统计了2016年至2021年的3961件涉家庭暴力案件,发现仅有60起案例是由男方指控女方实施家暴,占比1.5%,女性指控遭受家庭暴力的案例数量占比高达98.5%。[1] 这说明女性在家庭结构中仍然处于弱势地位,更加容易遭受家庭暴力的侵害,当然这也与男性的身体力量大于女性而成为家庭暴力中的主要施暴者有关。在当代社会中,虽然家庭的经济结构发生了变化,女性的经济地位得到了提升,但是部分家暴受害者仍然保有传统的家庭观念,因此没有积极地寻求司法途径,使我国的家庭暴力问题难以被发现和解决。

我国法律对妇女、儿童保护的欠缺导致虐待案件难以被有效遏制。南京虐童案发生之时,我国尚未建立起系统的针对家庭暴力行为的相关法律,因此对于家庭暴力行为往往只能是在被害人出现轻伤以上后果时,才会以故意伤害罪论处。但是当没有出现轻伤以上后果时,认定虐待罪就非常困难。有论者统计了161份涉家庭暴力犯罪的刑事裁判文书,发现其中仅有6起案件的被害人由于没有受

---

[1] 参见陈洪磊、陈明静:《〈反家庭暴力法〉司法适用效果实证观察——基于3961份裁判文书的整理分析》,载《人权研究》2022年第2期,第105页。

到轻伤以上的伤害,最终以虐待罪论处。这说明实务中对于犯罪后果为轻伤以下的家庭暴力案件重视不足,难以提前打击家庭暴力犯罪,及时保护妇女的人身权利。[1]

三、南京虐童案推进家庭暴力制度的变革

南京虐童案反映了对于规制家庭暴力的迫切需要,促成了《反家庭暴力法》的出台。为遏制家暴的猖獗态势,2015年全国人大出台《反家庭暴力法》,通过强制报告、人身安全保护令等制度设计,进一步加强了对弱势家庭成员合法权益的保障。据统计,自2016年《反家庭暴力法》实施以来,人民法院颁发的人身安全保护令数量不断增加,家暴数量呈下降趋势。2018年妇联系统收到家暴投诉39371件,同比降低11%;2019年家暴投诉数量为36002件,同比降低8.4%。[2]

1. 南京虐童案促成的制度变革

2016年3月1日起施行的《反家庭暴力法》实现了对"家庭自治"的突围,为公权力及时干预家庭暴力提供了法律依据,为维护和提高特定群体的人权状况,促进社会公平正义提供了法治保障。[3]我国广泛开展法治宣传,"家庭暴力违法""反家庭暴力人人有责"等理念深入人心。全国人大常委会法工委通过新闻发布会解读法律亮点,宣传立法理念;最高人民法院先后发布三批反家庭暴力典型案

---

[1] 刘畅、班耿齐:《丈夫施暴类家庭暴力犯罪的实证检视与规制优化——以161份刑事判决书为样本》,载《广西政法管理干部学院学报》2023年第3期,第100页。

[2] 参见魏哲哲:《厚植反家庭暴力的法治土壤》,载《人民日报》2021年1月12日,第5版。

[3] 参见夏吟兰:《保障特定群体人权,是习近平关于尊重和保障人权论述的重要内容》,载《人权研究》2022年第1期,第36页。

例,最高人民检察院连续发布依法惩治家庭暴力犯罪典型案例、涉家庭暴力指导性案例和妇女权益保障检察公益诉讼案例,通过以案释法宣示国家对家庭暴力"零容忍"态度等。

妇女保护的相关制度进行了进一步优化,更好地维护了妇女在家庭中的合法权益。2022年修订的《妇女权益保障法》,明确规定妇女在恋爱期间或者终止恋爱关系、离婚之后遭受纠缠、骚扰的,可以向人民法院申请人身安全保护令等。据统计,2016年至2023年全国各级人民法院共签发人身安全保护令1万余份,签发率由2016年的52%提升至2022年的77.6%,人身安全保护令的适用越来越广泛,逐渐成为家庭暴力受害人可用、会用、有用的自卫武器。[1] 2023年,玉树藏族自治州杂多县人民法院依法发出首份人身安全保护令,用法律为家暴受害者撑腰。扎某与才某于2000年自由恋爱后同居生活,并育有两子。2014年,扎某与才某登记结婚,其间,两人经常因家庭矛盾及感情纠纷发生口角,才某经常家暴扎某。2022年4月,才某酒后家暴扎某致其肋骨骨折,造成轻伤二级。杂多县人民法院经审理后认为,才某犯故意伤害罪,被判处有期徒刑1年,才某刑满后又多次对扎某威胁、恐吓、辱骂。无奈,扎某向法院申请人身安全保护令。承办法官经询问双方当事人后,结合相关证明材料,认定扎某符合申请人身安全保护令的法定条件,并按照《反家庭暴力法》的相关规定,依法作出裁定:禁止才某对扎某实施家庭暴力;禁止才某骚扰、跟踪扎某及其近亲属;禁止才某以电话、短信、即时通信工具、电子邮件等方式侮辱、诽谤、威胁扎某及其近亲属。如才某违反上述禁令,将视情节轻重,处以罚款、拘留;构成犯罪的,依法追究刑

---

[1] 参见王俏:《反家庭暴力法实施7年成效如何?下一步要怎么做?——国务院关于反家庭暴力工作情况的报告提请全国人大常委会会议审议》,载《人民法院报》2023年8月30日,第1版。

事责任。[1]

为了进一步保护儿童免受家庭暴力的侵害,法律制度也进行了进一步优化,更加全面地保护儿童的合法利益免受侵犯。2020年修订的《未成年人保护法》细化和完善了监护人职责范围,明确规定了监护人不得从事的行为,规定了有关单位和个人的强制报告义务。2021年制定的《家庭教育促进法》又对家庭教育的方式方法作出规定,为监护人科学实施家庭教育提供了指引,以积极预防家庭暴力的发生。据统计,2016年至2023年,全国妇联依托44.3万所城乡社区家长学校、4.3万个网上家长学校和媒体服务平台,为家长提供多元化家庭教育指导服务,预防针对儿童的家庭暴力。[2] 这说明国家正在积极地帮助家庭开展教育工作,从源头上维护儿童的合法权益不受侵害。

2022年,全国法律援助机构共办理涉及虐待、遗弃、家庭暴力的法律援助案件8900余件,为妇女儿童提供法律咨询超过206万人次。2016—2022年,妇联组织通过12338妇女维权公益服务热线等渠道受理家庭暴力投诉25.2万余件次,为受害妇女儿童提供法律咨询、心理辅导等服务。2018—2022年,检察机关共起诉涉未成年人家庭暴力犯罪案件918件1031人。[3] 这进一步说明了在《反家庭暴力法》出台之后,不仅促进司法机关对家庭暴力案件的重视,更使得社会各界组织都积极地参与到家庭暴力的治理之中,有效地遏制了

---

[1] 参见郭佳、义西措忠:《人身安全保护令,用法律为家暴受害者撑腰》,载《青海法治报》2023年12月25日,第10版。

[2] 参见王春霞:《反家暴法实施七年来取得哪些成效?》,载《中国妇女报》2023年8月30日,第2版。

[3] 参见徐航:《保障家庭成员合法权益,促进家庭和谐——全国人大常委会听取和审议反家庭暴力工作情况报告》,载《中国人大》2023年第18期,第48页。

家庭暴力案件的发生。

2. 我国仍需进一步完善家庭暴力治理体系

如今如果有家暴行为发生，大多数群众不会只把它当成是家务事，司法机关、基层组织也不再认为那只是妇联的事，这说明人们的意识已经在改变，反家庭暴力社会氛围也已经形成。党的二十大报告明确提出要"加强家庭家教家风建设""依法严惩群众反映强烈的各类违法犯罪活动"。可以说，反家庭暴力工作越来越得到重视。同时，法治的力量也越来越坚实，保证了反家庭暴力工作形成长效机制。

尽管现有法律体系从不同层面对家庭暴力行为做出了规制，但实际上《反家庭暴力法》的部分规定过于原则性，需要进一步明确以利于取得好的执行效果。同时，由于治理家庭暴力行为的法律法规散布于刑法、民法和行政法领域，立法者并未考虑到三者的衔接问题，这就导致法律规定看上去完备，在司法实务中仍存在着家庭暴力犯罪罪名认定把握难、妇女"以暴制暴"的"反杀"类案件存在量刑过高等问题。有论者统计了2016年至2022年的161份有关家暴致受害者轻伤的刑事裁判文书，发现仅有9份裁判文书的量刑结果为2—3年有期徒刑。[1] 这说明我国的家暴案件在《反家庭暴力法》出台之后，仍然存在量刑较轻的情况。因此，应当对法律做进一步优化，具体而言，可以从如下方面进行完善：

一是完善配套措施，强化制度落实。虽然我国《反家庭暴力法》已经规定了强制报告制度、告诫处置制度和强化人身安全保护令制度来保护家庭暴力的受害人，但是这些制度在实践中并没有得到很

---

[1] 参见刘畅、班耿齐：《丈夫施暴类家庭暴力犯罪的实证检视与规制优化——以161份刑事判决书为样本》，载《广西政法管理干部学院学报》2023年第3期，第100页。

好的落实。例如,有论者统计了2016年至2018年间的400份涉家庭暴力案件的裁判文书,发现只有9个案件的当事人(均为女性)申请了人身安全保护令,占比2.25%。[1] 这从一个侧面说明了家暴的被害人没有通过申请人身保护令来维护自身合法权利的意识。因此,在深化家事审判方式和工作机制改革中,还需要深入开展诉源治理,提升家庭暴力受害人的人身安全保护令申请意愿,强化基层法官对制度发挥作用的理解掌握,进一步提高签发数。还可以通过推广线上申请人身安全保护令等做法,为家庭暴力受害人提供更加可及、更为便捷的"绿色通道"。

二是完善证据制度,加强举证意识。家庭暴力案件由于举证存在困难,因此常常导致施暴者逃脱法律的制裁。有论者统计了2016年至2020年的249起涉家庭暴力案件,发现仅有指控一方当事人的自我陈述为证而无其他举证的比例高达61%。这导致最终只有11起案件被认定为存在家暴,而认定不存在家暴的共237起,占比96%。[2] 家庭作为私密场所,家庭成员特别是夫妻之间的行为,外人一般无从知晓,只有在情况严重时,才会选择就医、报警,或者告诉家人、朋友、邻居等。这使家庭暴力案件的证据难以收集。因此,《反家庭暴力法》应当对家庭暴力案件的证明规则进行特殊规定,对于部分事实的证明可以部分采取推定模式,只要被害人的供述一定程度上符合被害特征,就可以推定行为人实施了家庭暴力。这样能够减轻受害人的证明负担,有利于对受害人进行更为全面的保护。

---

[1] 参见蒋月:《我国反家庭暴力法适用效果评析——以2016—2018年人民法院民事判决书为样本》,载《中华女子学院学报》2019年第3期,第13页。

[2] 参见任凡:《民事诉讼中家庭暴力的证明困境及其化解》,载《法治现代化研究》2020年第4期,第46页。

三是加强法律执行，提高工作效能。目前我国《反家庭暴力法》在执行层面上仍然存在不到位的情况。例如，《反家庭暴力法》规定了家庭暴力告诫制度，公安机关对轻微家庭暴力加害人应当采取训诫、教育、警示等非强制措施。但是这一措施在实践中并未得到广泛的落实。有论者统计了 2016 年至 2021 年涉家暴案件的 3961 份裁判文书，发现只有 59 个案件的公安机关在初步发现轻微家庭暴力后开具了"反家庭暴力告诫书"，仅占当事人提供公安机关证据总数的 4.6%。[1] 这说明家庭暴力告诫制度在实务中并未发挥出应有的功能，对家庭暴力事先防范和及时制止的力度仍显不足。因此，未来应当进一步加大执行力度，使法律的各项规定能够真正落实到司法实务之中。为此，可以将公安机关对家庭暴力案件的处理效果也纳入考评指标，督促公安机关积极执行《反家庭暴力法》中规定的职责。

四是培养专业机构，动用社会力量。专业的反家暴社会组织具有更完善的专业知识和更丰富的实践经验，在反家暴治理过程发挥着重要的作用。例如，北京市东城区源众家庭与社区发展服务中心作为一家专业的反暴力社会组织，自 2015 年至 2021 年服务了 300 余起家暴典型案件，热线咨询达 3000 余人次，开展了 150 余场反家暴能力工作坊，反家暴反性侵系列直播点击量超 600 万次。[2] 这说明了反暴力社会组织具有较大的社会影响力，能够在家暴治理中起到较大的作用。但是这种社会组织在我国仍然较为缺乏。据统计，2023 年我国反家庭暴力的专业社会组织只有 100 家左右，且主要

---

[1] 参见陈洪磊、陈明静:《〈反家庭暴力法〉司法适用效果实证观察——基于 3,961 份裁判文书的整理分析》，载《人权研究》2022 年第 2 期，第 107 页。
[2] 参见顾磊:《社会组织"多方联动"参与反家暴》，载人民政协网 2021 年 11 月 23 日，https://www.rmzxb.com.cn/c/2021-11-23/2988331.shtml，访问时间：2024 年 2 月 8 日。

集中在中东部经济较发达地区。[1] 这说明我国专业从事家庭暴力的社会组织仍然较少,不利于我国开展反家庭暴力的专业化整治。因此,未来应当加大力度培养反家暴社会组织,动用社会力量共同防治家庭暴力现象。

2015年12月,全国人大常委会审议通过了《反家庭暴力法》,此后,全国人民代表大会又审议通过《民法典》,全国人大常委会修改《未成年人保护法》《妇女权益保障法》等多部法律,进一步夯实了反家庭暴力的法律基础。近年来,各地区、各有关部门坚持以习近平新时代中国特色社会主义思想为指导,深入学习贯彻习近平法治思想,不断强化政治自觉,坚决依法履职,完善配套措施,齐抓共管共治,着力保护家庭成员的合法权益,大力弘扬社会主义家庭文明新风尚,广大家庭获得感、幸福感、安全感不断增强,国家发展、民族进步、社会和谐之基更加夯实。

---

[1] 参见赵晨熙:《提高法律宣传针对性精准性覆盖率》,载《法治日报》2023年9月1日,第2版。

第四章
典型刑事案件推进制度优化的类型梳理及启示

典型刑事案件突出反映现实存在的制度问题,因此应当重视典型刑事案件对于推动制度优化的作用。本章对《人民法院报》评选的109个典型刑事案件进行分析,可以看出典型刑事案件反映出公民个人权利、社会运行秩序和公权力行使等生活各领域的突出问题,立法与司法实践已经及时通过典型刑事案件,进行有针对性的制度优化,取得了良好的社会效果。但是,典型刑事案件在推动制度优化过程中也存在着案件当事人付出的代价过大、民意倒逼司法以及制度优化具有偶然性等问题。因此,应当更加积极主动地推进制度优化,注重制度优化的综合治理并积极培育理性民意,从而更好地通过典型案件推进制度优化,满足民众对公平正义的期待。

近年来,随着公民法治意识不断提升,社会公众越来越关注司法案件。其中,刑事案件所反映出的社会问题往往更加尖锐,也容易引发舆论的强烈反应,成为具有重大社会影响的案件。例如,在2013年李天一等强奸案中,著名歌唱家李双江之子李天一纠集5名未成年人对杨某某实施轮奸。由于该案反映出了严重的未成年人犯罪问题,并且民众担心李天一"名人之子"的身份会影响法院裁判,该案被报道后引发了舆论的广泛关注,迅速登上新浪微博热榜前5位,并且在将近 8 个月的时间里占据微博热点话题。[1] 典型刑事案件普遍具有极高的讨论度,需要立法与司法机关给予积极的回应来满足公众对于公平正义的期待。这种回应不仅是对某一影响性刑事案件作出公正的判决,还包括对相关制度的进一步优化,从而满足公众对公正的普遍化要求。例如,在陆勇妨害信用卡管理和销售假药案中,陆勇为白血病患者从境外代购仿制药物,被公安机关以涉嫌妨害信用卡管理罪和销售假药罪逮捕。该案件反映出我国药品管理制度对假药定义过宽,推动了《药品管理法》对假药范围的修正,不再将未经批准进口的药品认定为假药。我国近十年来的刑事立法愈发频繁,据笔者统计,1997 年至 2023 年的 26 年间,《刑法》共经历了 217 处修改,其中,从 2015 年的《刑法修正案(九)》到 2023 年的《刑法修正案(十二)》,对《刑法》进行了 106 处修改,占《刑法》修改的 48.8%,刑法修改进入活跃状态。在如此频繁的修订过程中,立法者需要始终关注中国社会的现实问题,使刑法立法具有针对性和有效性。[2] 正视典型案件背后所存在的问题,能够帮助我们更加理性、科学地完善相应制度,在个案之外的制度层面进一步实现公众的诉求,实现公平正义的普遍化。[3] 虽然在我国既往借由典型案件所推进的制度优化中,能够深刻地体会到国家在制度优化中的积极努力,但这种制度优化仍然可能出现相关主体付出的代价过大、受不理性的舆论影响等诸多问题。本章对 2010 年至 2023 年由《人民法院报》进行评选的 109 个典型刑事案件进行实证研究,梳理这些刑事案件所反映的社

---

[1] 参见恽嘉欣、陈子莹:《公共热点事件中微博意见领袖实证研究——以"李天一案件"为例》,载《新闻传播》2014 年第 14 期,第 132 页。
[2] 参见周光权:《论立法活跃时代刑法教义学的应变》,载《法治现代化研究》2021 年第 5 期,第 12 页。
[3] 参见胡玉鸿:《法治中国建设的三维解读》,载《环球法律评论》2014 年第 1 期,第 17 页。

会问题并归纳其推进制度优化的方式及特点,分析典型刑事案件推动制度优化过程中的问题,从而更加合理地推动相关制度优化。[1]

第一节 典型刑事案件中反映的制度问题的类型化梳理

通过对样本案件进行梳理可以发现,典型刑事案件所反映的制度问题具有多样性,包括公民个人权利保障、社会运行秩序以及公权力行使等领域的问题。这些制度问题与公民的基本生活联系紧密,并且已经对公民、社会和国家的治理造成了影响,民众也期待这些典型刑事案件背后的制度问题得到妥善解决,进而实现公平正义的制度化、普遍化。

一、部分典型刑事案件反映出公民个人权利保障不足

样本案件中有 30 件主要关注公民个人权利保护的问题,包括公民生命健康权、性权利、财产权利等诸多方面的权利,见表 4-1。个人权利与民众的日常生活息息相关,因此对于严重侵害公民个人权利的案件往往能够引起舆论的强烈反响,成为典型刑事案件。民众对于特殊身份主体的个人权利保护问题十分关注,对原有制度未能及时保护的新兴权利和未能及时规制的新型犯罪手段也较为关注,也基于此呼吁制度及时优化,更好地维护公民个人权利。

---

[1] 部分年份《人民法院报》并未单独开展"十大影响性刑事案件"的评选,而是将影响性的民事、行政、刑事案件一起进行评选,故 2010 年至 2023 年间的影响性刑事案件数量少于 140 个。囿于本书研究的案件数量较多,书中不再一一详细阐述案情,可以直接在网络搜索相关案件。

表4-1 样本案件中侵犯公民个人权利类型及数量

侵犯的个人权利类型	案件数量(件)	占比
生命健康权	18	52%
性权利	5	14.7%
财产权利	5	14.7%
个人信息权	3	8.8%
名誉权	3	8.8%

部分样本案件反映了我国对于某些特殊身份群体的个人基本权利保护尚需完善。不同的身份群体的背后往往代表着不同的利益关系。[1] 国家会通过设立制度规则来规范各个身份群体之间的利益分配,避免不同身份群体之间的利益冲突。[2] 例如,国家出台《未成年人保护法》来保障未成年人这一身份群体在社会中的利益,出台《妇女权益保障法》来保障妇女在社会中的合法权益等。但由于制度的不完善,导致部分特殊身份群体的利益没有得到有效保护,部分典型刑事案件引发了公众对特定制度不完善的追问,从而呼吁国家尽快完善相关制度。样本案件中有15个案件展现了多种不同身份群体的制度保护缺失问题。例如,在2013年连恩青杀医案中,患者连恩青因对治疗效果不满砍杀医生的行为反映出我国医生与患者两大特殊群体之间的矛盾缺乏有效解决途径。在样本案件之外,2013年全国共出现了李兴龙杀医案、谭某伤医案等58起患者使用暴力致医

---

[1] 参见常健、刘明秋:《群体性事件中的身份利益群体研究》,载《行政管理改革》2020年第3期,第48页。
[2] 参见张静:《身份:公民权利的社会配置与认同》,载《光明日报》2009年10月27日,第11版。

生重伤、死亡的案件,案件数量是 2012 年的 4.5 倍。[1] 2013 年中国医院协会还统计了全国 316 家医院的暴力伤医事件,发现我国每所医院平均每年发生的暴力伤医事件高达 27.3 次,医务人员躯体受到攻击、造成明显伤害的事件逐年增加。[2] 需要从制度层面加大力度严惩暴力伤医行为,但截至 2013 年,我国尚未就暴力伤医行为的刑事处罚作出特别规定。有学者呼吁应当将暴力伤医行为规定为从重处罚情节,以更好打击暴力伤医行为。[3] 同时,连恩青杀医案中医院方未能及时保护医生,也反映出医院在对医生群体的人身安全风险管理、安全防范等方面应急准备不足的问题。有论者统计了我国 97 件暴力伤医案件,发现其中有 35 个案件的行为人利用了砍刀、剪刀等凶器实施暴力行为。[4] 实践中部分医院存在安保措施不到位的问题,但截至 2013 年,我国尚未建立起完善的医院安保制度,医院的安保制度建设只能参照一般的企业安保制度进行,难以有效针对患者暴力伤医行为作出反应,创设《医院安保条例》来系统规定医院的安保制度建设的舆论呼声很高。[5]

以未成年人保护问题为例,样本案件中有 7 个案件涉及对未成年人个人权利的侵害。例如,上海携程亲子园虐童案、南京虐童案等案件中多名未成年人遭受殴打虐待,反映出对未成年人遭受暴力虐待的规制力度仍有不足。根据联合国儿童基金组织的统计和预

---

[1] 参见赵敏、姜锗明等:《暴力伤医事件大数据研究——基于 2000 年~2015 年媒体报道》,载《医学与哲学》2017 年第 1 期,第 89 页。
[2] 参见白剑峰:《暴力伤医折射体制积弊》,载《人民日报》2013 年 10 月 25 日,第19版。
[3] 参见李玲、江宇:《如何解决暴力伤医问题》,载《求是》2014 年第 9 期,第 55 页。
[4] 参见马路瑶:《暴力伤医犯罪的成因与防控对策——以 97 个暴力伤医犯罪相关刑事裁判文书为研究对象》,载《犯罪研究》2020 年第 2 期,第 64 页。
[5] 参见张宇哲:《暴力伤医事件的情境预防研究——以 101 篇暴力伤医案件的裁判文书为研究对象》,载《中国卫生法制》2021 年第 6 期,第 72 页。

估,2015年中国约有80.7%的未成年人遭受过不同程度的身体或情感暴力。[1]而根据另一项世界卫生组织的调查显示,2015年世界上约有10亿名儿童遭受过身体或心理上的暴力侵害,占全世界儿童总人数的50%。[2]我国儿童遭受暴力虐待的占比远高于世界平均水平,未成年人保护制度尚未有效防范儿童受虐现象。赵志勇等性侵女童案、校长带女生开房案、教师王某某猥亵儿童案等案件中行为人对未成年女性实施性侵行为,反映出我国未成年人性权利保护制度对该类行为打击力度不足。据统计,2018年至2022年全国检察机关共起诉强奸、猥亵儿童等性侵未成年人犯罪13.1万人,占全部涉未成年人犯罪人数的45.2%。[3]未成年人遭受性侵案件在域外也曾引发民众对制度问题的重视,并最终推动了制度发展。美国女孩艾琳从11岁到13岁被自己的堂兄性虐待并被威胁保持沉默。艾琳成年后将这一案件曝光,该案迅速成为公众热议的典型案件。最终艾琳的堂兄被判处7年缓刑,1000个小时的社会服务和心理健康治疗。[4]根据美国最大的反性暴力组织RAINN的统计,2016年美国至少有57329名儿童遭受性侵,平均每9分钟就会有一名儿童遭受性虐待。[5]该案推动了"艾琳法"的出台,该法案要求美国各州的公

---

[1] See Fang X, Fry D A, Ji K, et al. The burden of child maltreatment in China: a systematic review. Bulletin of the World Health Organization, 2015, 93(3):176.
[2] See Hillis S, Mercy J, Amobi A, Kress H. Global Prevalence of Past-year Violence Against Children: A Systematic Review and Minimum Estimates. Pediatrics, 2016,137(3): e20154079.
[3] 参见孟伟:《未成年人保护法律之网愈织愈密》,载《法治周末》2023年12月28日,第2版。
[4] See Luke Fowler and Joel David Vallett. "Conditional Nature of Policy as a Stabilizing Force: Erin's Law and Teacher Child Abuse Reporting Practices." Administration & Society 53 (2021): 937-962.
[5] See Children and Teens: Statistics, RAINN. (2017). Retrieved 28 March 2024, from https://www.rainn.org/statistics/victims-sexual-violence.

立学校提供面向儿童的防性侵教育,并建立儿童性侵早期预警机制。[1] 与艾琳案类似,2019年两会期间我国多名人大代表呼吁加大对儿童性侵案件惩治力度,推动制度优化以解决儿童遭受性侵问题。[2]

部分样本案件反映了我国对于新兴个人权利的保护尚不完善。新兴个人权利是指人格权、信息权、基因权等多种随时代兴起或更新的权利。[3] 这些权利的兴起反映了现代社会中民众的生活需求,但是制度更新的滞后性往往导致很难对这些新兴权利加以及时保护,舆论通过关注典型刑事案件来表达现实中新兴权利未能得到妥善保护的问题。例如,秦火火寻衅滋事案、仇子明侵害英雄烈士名誉、荣誉案、罗昌平侵害英雄烈士名誉、荣誉案等案件,行为人在网络上对他人大肆实施侮辱诽谤行为未能得到及时制止,关乎公民人格尊严的人格权保护不足。据最高人民法院统计,"2022年人民法院一审共审理618件诽谤刑事案件,虽比2013年的126件诽谤案件相比增长了近四倍,但绝大多数案件最后都不予受理或者驳回起诉,最终作出判决的只有79件,仅占13.46%,其中判决有罪的仅有43人"。[4] 造成这一现象的原因在于侮辱、诽谤刑事案件的公诉标准缺乏细化指引,导致司法机关难以利用刑法打击侮辱、诽谤性案件。[5] 诸多人大代表呼吁尽快出台《反网络暴力

---

[1] See Vallett, Joel. (2020). The Diffusion of Erin's Law: Examining the Role of the Policy Entrepreneur. Policy Studies Journal. 49. 10.1111/psj.12396.

[2] 参见柯进、禹跃昆:《针对儿童遭受性侵伤害屡有发生,多位代表不约而同疾呼——加大性侵儿童犯罪惩治力度》,载《人民教育报》2019年3月14日,第3版。

[3] 参见魏治勋:《新兴权利研究述评——以2012~2013年CSSCI期刊相关论文为分析对象》,载《理论探索》2014年第5期,第108页。

[4] 徐日丹:《"按键伤人"? 让网暴者受到制裁、付出代价:——解读〈最高人民法院、最高人民检察院、公安部关于依法惩治网络暴力违法犯罪的指导意见〉》,载《检察日报》2023年09月26日,第3版。

[5] 参见张晨:《让网暴者受到应有法律制裁》,载《法治日报》2023年09月26日,第3版。

法》,民众希望司法机关能够进一步细化侮辱诽谤惩治制度以保障公民人格权利不受侵犯。[1] 又如,首起在华外国人非法获取公民个人信息案、上海泰梦公司非法获取公民个人信息案、单县高考志愿篡改案等案件中,行为人通过非法获取个人信息给被害人的人身、财产造成重大损失,反映出我国的个人信息权利保护体系尚需完善,尤其是在应对复杂多变的侵犯公民个人信息犯罪时。根据2016年《中国网民权益保护调查报告》的统计,仅2015年由于公民个人信息泄露造成的经济损失就高达915亿元,并且有84%的网民亲身感受到了由于个人信息泄露带来的不良影响。[2] 但在个人信息犯罪案件频发的2016年,我国还没有建立起完善的个人信息保护体系,多名人大代表呼吁加大力度防范侵害个人信息行为,《个人信息保护法》于2021年出台。

部分典型案件反映了我国对新型犯罪手段侵犯公民个人权利的规制尚不完善。随着科技的不断发展,对公民个人权利的侵犯手段和方法不断翻新,对此旧有制度无法予以周延的保护,需要进行制度优化或重新解释。[3] 样本案件中有11个案件反映出我国网络犯罪的治理存在网络平台监管不严、对电信诈骗打击力度不足等问题。据统计,"2017年至2021年,我国网络犯罪以年均40%的速度增长,全国各级法院共一审审结涉信息网络犯罪案件28.20万余件,网络犯罪已占犯罪总数的约三分之一"。[4] 然而涉信息网络犯罪往往

---

[1] 参见赵晨熙、宋媛媛:《代表委员呼吁加快制定反网络暴力法:驱除网络戾气依法亮剑"按键伤人"》,载《法治日报》2024年3月8日,第7版。
[2] 参见肖玮、南淄博:《我国一年来网络安全事件造成915亿元损失》,载《北京商报》2016年6月24日,第2版。
[3] 参见刘艳红:《网络犯罪的刑法解释空间向度研究》,载《中国法学》2019年第6期,第202页。
[4] 孙航:《涉信息网络犯罪案件量逐年上升,诈骗罪占比最高》,载《人民法院报》2022年8月2日,第1版。

具有智能性的特点,犯罪手段不断更新。根据最高人民检察院在2020年的不完全统计,当前仅已知网络诈骗犯罪的犯罪手法就达300多种,而且还在不断"推陈出新"。[1] 面对频繁更新的犯罪手段,传统的制度框架无法有效应对新型犯罪手段,民众基于部分典型刑事案件反映应对新型犯罪手段的过程中存在的制度问题,呼吁制度更新优化。[2] 例如,在2016年快播公司传播淫秽物品牟利案中,快播公司对其用户上传淫秽视频的行为未进行制止,其疏于监管的行为是否成立犯罪争议较大,反映出我国对于网络平台监管责任的规定尚不完善。2016年出台的《网络安全法》第9条明确要求网络运营者履行网络安全保护义务,但该规定过于笼统,有学者提出应当进一步细化《网络安全法》中关于网络平台监管责任的规定。[3] 又如,2018年北京特大跨国电信诈骗案中,境外犯罪组织对我国30个省(区、市)实施了710余起电信诈骗案件,涉案资金达8300余万元。除了样本案件之外,我国还发生过"3·10""9·28""11·29"等一系列特大跨国跨两岸电信诈骗专案,涉及电信诈骗犯罪窝点300多处,电信诈骗案件6000余起。[4] 据统计,"2015年我国电信诈骗案多达59.9万起,造成经济损失约200亿元;仅2016年上半年,电信诈骗发案就达28.7万起,造成损失80余亿元"。[5] 样本案件中的电信诈骗案件发生之时,我国对于电信诈骗的治理机制尚不完善。截

---

[1] 参见张璁:《两年来起诉网络犯罪案件5万余件》,载《人民日报》2021年01月27日,第11版。

[2] 参见姜涛:《网络型诈骗罪的拟制处分行为》,载《中外法学》2019年第3期,第692页。

[3] 参见陈洪兵:《网络服务商的刑事责任边界——以"快播案"判决为切入点》,载《武汉大学学报》(哲学社会科学版)2019年第2期,第139页。

[4] 参见张天培:《多措并举治理跨境电信网络诈骗》,载《人民日报》2023年9月13日,第5版。

[5] 李万祥:《打击电信诈骗须"群防共治"》,载《经济日报》2016年10月12日,第11版。

至2021年,约70%的电信网络诈骗犯罪窝点分布在境外。[1] 对于境外电信网络诈骗活动更应当重视事前的预防机制,但是我国电信诈骗制度对于电信诈骗案件的事前预警机制尚没有进行细化规定。有学者提出,要建立起银行与司法机关关于电信网络诈骗犯罪的快速沟通应对机制、快速止付和账户冻结机制,从源头防范电信诈骗案件发生。[2]

二、部分典型刑事案件反映出社会运行秩序还需完善

样本案件中有40件反映了我国社会运行过程中的秩序存在的问题,包括经济秩序风险、管理秩序风险等,见表4-2。社会秩序问题本质上是社会生活的核心问题,它渗透于社会生活方方面面,对人的生活及社会运行和发展产生重要影响。[3] 因此,民众对于社会秩序的运行中出现的问题十分关切,从而通过典型刑事案件希望社会秩序得到进一步完善。

表4-2 样本案件中侵犯社会运行秩序的类型及数量

侵犯的社会运行秩序类型		案件数量(件)	占比
经济运行秩序	食药管理	4	10%
	市场经营	4	10%
	知识产权	1	2.5%
	金融管理	6	15%

---

[1] 参见刘艳红、郑新俭等:《电信网络诈骗治理难题与破解》,载《人民检察》2021年第11期,第37页。
[2] 参见陈如超:《电信网络诈骗涉案资金冻结及其处置》,载《中国刑事法杂志》2023年第2期,第71页。
[3] 参见陈姝宏、周含:《智能时代社会治理的秩序重建与风险应对》,载《社会科学战线》2023年第10期,第208页。

(续表)

侵犯的社会运行秩序类型		案件数量(件)	占比
社会管理秩序	社会治安	10	25%
	安全生产	3	7.5%
	网络运行	2	5%
	国家安全	2	5%
	司法运行	1	2.5%
	环境保护	5	12.5%
	枪支管理	2	5%

部分样本案件背后反映了我国经济运行秩序存在的问题。据统计,我国2018年至2022年起诉破坏市场经济秩序犯罪62.1万人,与2012年至2017年的犯罪人数相比上升了32.3%。[1] 民众希望对破坏经济管理秩序犯罪从严打击的同时,通过典型案件进一步发现经济管理秩序存在的漏洞,从而尽快加以修复和完善。例如,2023年胡阿弟非法经营案中,胡阿弟通过私人渠道从境外购买治疗癫痫的药物,被检察机关以非法经营罪起诉,2016年王力军收购玉米案中,王力军无证收购玉米被检察机关以非法经营罪起诉,都反映出我国非法经营罪打击范围过宽,影响社会经济持续发展的问题。有论者统计了2010年至2019年的102件将非法经营网络伪基站的行为认定为非法经营罪的案例,发现这些案件实际上忽视了行政法规制手段,过度扩张了非法经营罪的适用范围。[2] 我国目前对于非法经营罪的相关解释散见于对其他罪名的司法解释中,并没有系统的司法解释对非法经营罪进行规定,应当进一步完善司法解释以规范非

---

[1] 参见张军:《最高人民检察院工作报告》,载《人民日报》2023年3月8日,第4版。
[2] 参见罗春晓:《非法经营罪第四项的限缩解释——以近十年非典型案件数据为分析视角》,载《社会科学动态》2021年第7期,第89页。

法经营罪的适用。[1] 又如,2019年顾雏军等人再审案、张文中再审改判无罪案中,行为人作为企业家虽然存在虚报注册资本、违规申请贷款等行为,但本身情节并不严重,本不应作为犯罪处理,却在一审中被认定为犯罪,反映出我国对于民营企业生产经营制度尚不完善,过度打击生产经营中不规范行为需要转变,以期优化营商环境。有论者统计了2019年的102份企业家犯罪裁判文书,发现其中96例案件都在判处人身刑的同时也判处了财产刑,罚金和没收个人财产的案件比例达到88.2%。[2] 这说明民营企业家一旦罪名成立,基本上会沦落至"人财两空"的地步,对于企业家的刑罚一定程度上体现出"又严又厉"的特征,与我国"严而不厉"的刑事政策产生较大的冲突。应当谨慎认定企业家犯罪,完善相关制度从源头入手制止企业犯罪发生。[3]

以侵犯金融秩序犯罪为例,样本案件中6件体现出我国金融管理秩序的不足。我国金融业发展迅速,据统计,我国用于企业融资的人民币贷款余额从2014年的81.43万亿元攀升至2023年9月的230多万亿元,年均增速保持在10%以上,并且2019年至2023年,我国普惠小微贷款余额年均增速约25%,2023年已经达到28.74万亿元。[4] 人民币贷款余额大幅增长,说明我国企业金融需求十分旺盛,而普惠小微贷款迅速增长,更体现出我国中小企业具有极其高涨

---

[1] 参见田宏杰、周时雨:《非法经营罪限缩适用的规范路径》,载《人民司法》2023年第7期,第28页。
[2] 参见单奕铭、万方亮:《民营企业家破坏市场经济秩序犯罪实证研究——以北京市102份判决书为样本》,载《河南警察学院学报》2019年第5期,第49页。
[3] 参见刘艳红:《刑事实体法的合规激励立法研究》,载《法学》2023年第1期,第79页。
[4] 参见温源:《我国普惠金融发展取得积极成效:全国银行机构网点覆盖97.9%的乡镇》,载《光明日报》2023年10月12日,第10版。

的融资需求。由于我国对P2P行业和股权众筹的监管还存在较大空白,长期缺乏较为明确的行业准则,相关企业的金融信息披露机制并不健全,如何处理信息披露不实的情况也没有统一规定,对如何保护投资者还没有推出有效举措等制度问题,导致相关的金融犯罪未能得到有效治理,案件数量居高不下。[1] 据统计,"2018年至2022年我国检察机关共起诉集资诈骗、非法吸收公众存款等金融类犯罪18.5万余人,比2013年至2017年的金融类犯罪起诉人数增加了28.2%"。[2] 严重侵害金融管理秩序的典型案件频繁出现。小牛资本非法集资案中,小牛资本逃脱法律监管长达10年,反映了我国对金融领域的合规治理不足,导致金融犯罪难以被及时发现并遏制的问题。[3] 善心汇传销案、e租宝非法集资案等案件中,行为人故意隐瞒融资目的以及资金用途,成功欺骗大量民众进行非法集资,反映出我国金融从业机构信息披露规则缺少具体的操作细则以及监督机制匮乏的问题。[4] 浙江银泰集资诈骗案中,银泰公司勾结地方政府逃避金融监管,反映出地方政府在利益驱动下对集资诈骗行为视而不见,监管缺失放纵犯罪的问题。[5] 面对金融领域尚未解决的这些制度问题,民众希望借助典型案件来使金融管理秩序进一步严密法网,加大对金融犯罪的打击力度。

---

[1] 参见杨东:《依靠制度促进互联网金融健康发展》,载《人民日报》2016年7月20日,第7版。
[2] 孙谦:《维护国家安全稳定和秩序保障刑事法律的统一、尊严和权威——刑事检察五年回顾》,载《人民检察》2023年第6期,第3页。
[3] 参见刘俊海:《既要精准打击集资犯罪 也要持续加强合规治理》,载《羊城晚报》2024年1月21日,第A04版。
[4] 参见姚军、马云飞、张小莉:《以e租宝事件为视角探讨我国互联网金融消费者权益保护体系的完善》,载《金融法苑》2017年第1期,第137页。
[5] 参见人民法院报编辑部:《2011年度人民法院十大典型案件》,载《人民法院报》2012年1月6日,第2版。

部分样本案件体现了我国社会管理秩序方面存在的问题。社会管理秩序的完善有助于消除公民在生存以及发展过程中所遭受的各种障碍,从而实现增进公民的自由、平等和福利。[1] 各类管理秩序的正常运行出现问题,也容易引发民众的关注进而形成典型案件。例如,2019年全国首例爬虫技术侵犯计算机系统犯罪案中,法院对行为人利用爬虫抓取大量网络视频资源的行为是否需要入罪存在争议,反映出我国对于利用爬虫等新兴技术侵犯计算机系统安全的行为缺乏具体制度规范。[2] 有论者统计了2017年至2020年的85份行为人利用网络爬虫抓取信息的刑事裁判文书,发现对于网络爬虫的罪名认定存在破坏计算机信息系统罪、非法侵入计算机信息系统罪、非法获取计算机信息系统数据罪的巨大分歧。[3] 实务对网络爬虫犯罪的性质认定还不清晰,但同时对于网络爬虫行为的认定尚未出台相关制度来统一实务操作。因此,有论者提出需要进一步出台司法解释来明确网络爬虫行为在刑法中的认定。[4] 又如,郑州破坏黄河矿产资源案、腾格里沙漠污染案、贺江水污染系列案、广西龙江河镉污染案等一系列案件反映出我国环境资源保护处罚过轻、相关监管缺失。有论者统计了我国2012年至2018年的4505件环境污染犯罪裁判文书,发现我国环境污染犯罪数量从2012年仅1件到

---

[1] 参见何增科:《论改革完善我国社会管理体制的必要性和意义——中国社会管理体制改革与社会工作发展研究之一》,载《毛泽东邓小平理论研究》2007年8期,第52页。
[2] 参见吴卫:《明确越界网络爬虫行为的刑事处罚边界》,载《检察日报》2022年2月15日,第7版。
[3] 参见苏桑妮:《数据爬取行为的刑法规制研究》,西南政法大学2021年博士论文,第63页。
[4] 参见刘艳红:《网络爬虫行为的刑事规制研究——以侵犯公民个人信息犯罪为视角》,载《政治与法律》2019年第11期,第16页。

2018年达到954件,呈现逐年增加的趋势。[1] 但是司法实务中对于环境污染犯罪的处罚依旧呈现轻缓化趋势,有论者统计了2021年至2022年的648份污染环境罪的刑事裁判文书,发现被告人平均刑期约为14个月,89.81%的被告人被判处3年以下有期徒刑,缓刑适用率为33.89%,高于妨害社会管理秩序罪平均24.08%的缓刑适用率。[2] 多名人大代表提出从严从重惩治污染环境违法犯罪行为,也反映了民众对于加大力度打击环境犯罪的期待。[3]

以黑社会性质组织犯罪为例,样本案件中有8件是关于黑恶势力犯罪。黑恶势力作为严重侵犯社会管理秩序的犯罪团体,给我国公民的人身财产安全造成巨大损害。根据全国扫黑办发布的数据显示,截至2020年,仅全国查处的"村霸"类的黑恶势力犯罪案件已经导致63人死亡、4166人受伤。并且这些"村霸"侵吞村集体财产达42亿余元,截留克扣扶贫等各类惠农资金5800余万元,违法违规插手工程项目累计多达2466个。[4] 黑恶势力给人民群众的生命财产安全造成重大损害,民众通过典型案件呼吁尽快建立完善的黑恶势力犯罪治理体系。例如,在刘汉刘维黑社会性质组织案、重庆市司法局原局长文强涉黑案中,黑社会性质组织与当地公安、司法系统工作人员进行勾结,给当地民众的人身财产安全造成巨大威胁,反映出我国对"官黑勾结"打击力度不足的问题。有论者统计了2018年中纪

---

[1] 参见焦艳鹏:《我国污染环境犯罪刑法惩治全景透视载》,载《环境保护》2019年第6期,第41页。

[2] 参见姜乾、李春雷:《〈刑法修正案(十一)〉背景下污染环境罪刑罚适正性研究》,载《中国环境管理》2023年第6期,第132页。

[3] 参见新华通讯社:《打击环境资源犯罪 推进美丽中国建设:来自全国人大常委会专题询问现场的声音》,载《新华每日电讯》2023年10月24日,第2版。

[4] 参见蔡长春:《重拳惩治"村霸"基本肃清农村黑恶势力》,载《法治日报》2021年3月25日,第1版。

委国家监察委网站公布的83起"保护伞"案件,发现其中48.4%的保护伞源自公安系统和监狱系统。[1] 应当进一步建立黑恶势力保护伞案件的提级办理机制,由异地警方侦办黑恶势力犯罪,有效打击黑恶势力保护伞。[2] 又如,全国首例套路贷涉黑案、山西闻喜盗墓黑帮案中,黑社会性质组织以公司为外衣借助"民间借贷"的名义实施抢劫、敲诈勒索等黑社会活动,反映出黑社会性质组织隐蔽措施越来越强。有论者统计了2021年100件黑恶势力犯罪案件,发现这些案件中使用滋扰、纠缠等"软暴力"行为的次数占暴力行为总数的60.43%。[3] "软暴力"渐成黑恶势力犯罪的惯用手段,使司法机关难以通过传统的暴力特征来识别黑社会性质组织。

三、部分典型刑事案件反映出公权力的行使失当

样本案件中有28件案例反映了公权力行使失当,见表4-3。现代社会需要强大的公权力来解决各种错综复杂的利益关系冲突,也需要政府的公权力维护社会的公共秩序。[4] 但是公权力具有天然的扩张性,在行使过程中往往会产生权力腐败与权力不当行使的消极影响。民众对于公权力行使过程中产生的腐败问题与不当行使问题十分关注,期望通过典型刑事案件进一步约束权力行使。[5]

---

[1] 参见张应立:《黑恶势力保护伞问题实证研究——以中央纪委国家监察委网站通报的83起保护伞案件为例》,载《湖北警官学院学报》2019年第6期,第5页。
[2] 参见董士昙:《回顾与展望:黑恶势力治理20年》,载《中国人民公安大学学报(社会科学版)》2021年第1期,第13页。
[3] 参见李楠:《黑恶势力犯罪行为特征实证研究——以河南省100起涉黑恶案件为分析样本》,载《人民司法》2021年第34期,第73页。
[4] 参见潘爱国:《论公权力的边界》,载《金陵法律评论》2011年第1期,第46页。
[5] 参见刘艳红:《中国反腐败立法的战略转型及其体系化构建》,载《中国法学》2016年第4期,第218页。

表 4-3　样本案件中公权力行使失当的类型及数量

公权力行使失当类型		案件数量(件)	占比
贪污腐败		18	64.3%
司法权力滥用	刑讯逼供	6	21.4%
	违规减刑	1	3.6%
	拖延复查	1	3.6%
	司法不作为	1	3.6%
	枉法裁判	1	3.6%

首先,部分样本案件反映出公权力行使中的贪腐问题。有学者统计得出,"2010 年至 2014 年我国职务犯罪案件数量年均增长 8.1%"。[1] 这说明国家在惩治腐败犯罪中的坚定决心,同时也表明贪腐问题在 2014 年之前并未得到有效遏制。赖小民贪污受贿案中,中国华融资产管理股份有限公司原董事长赖小民贪污金额达 17.88 亿元,反映出我国在金融领域的贪腐问题严重,监管不足的问题。张曙光贪污受贿案中,铁道部原副总工程师张曙光从事行贿受贿长达十余年未被发现,并且在此期间张曙光仍能不断升职,反映出我国干部选任机制需要优化。有论者统计了 2012 年至 2016 年的 24 名省部级落马高官,能够确定这 24 名官员首次贪污受贿的时间,这 24 位官员在产生腐败行为后无一例外地都被提拔了,其中时间最长的南京市原市长季建业,在 21 年间由县处级副职升到了省部级副职。[2] 应当进一步严格干部选拔标准,加大对

---

[1] 靳高风:《2014 年中国犯罪形势分析与 2015 年预测》,载《中国人民公安大学学报(社会科学版)》2015 年第 2 期,第 3 页。

[2] 参见杜治洲:《专家谈高官腐败特点:官商勾结是主渠道,生活腐化现象严重》,载澎湃新闻网 2016 年 8 月 22 日,https://www.thepaper.cn/newsDetail_forward_1517823,访问日期:2024 年 4 月 14 日。

干部清廉的考察,防止"边腐边升"的现象出现。[1] 在陈绍基受贿案、山西蒲县原煤炭局长敛财数亿案等案件中,官员与当地企业相互勾结从事非法交易,反映出我国官商勾结的监管缺位问题。有论者统计了 2012 年至 2014 年中纪委公布的 49 名落马高官,发现存在"官商勾结"的落马高官有 31 人,占比 63%。[2] 官商勾结的原因在于行政审批制度无法有效制约行政权力,使商业活动高度依赖行政审批,产生腐败空间。在山西蒲县原煤炭局长敛财数亿案中,煤炭资源的所有权、管理权和经营权都归于地方政府,导致企业要想开发煤炭资源,需要办理"六证"才能经营,繁杂的行政审批程序极大地滋生了官商勾结的空间。[3]

其次,部分样本案件反映出司法权力滥用的问题。司法是社会正义的最后一道防线,案件涉及司法权的行使,尤其是不当行使,当然会引发社会的高度关注。样本案件反映出的刑讯逼供、违规减刑、拖延复查、司法不作为、枉法裁判等问题,既反映了司法领域的具体问题,亦是对之系统反思的契机。孙小果案中,司法机关对孙小果进行违规减刑致使孙小果提前出狱并再次实施犯罪,反映出我国司法机关存在违规减刑的问题。聂树斌冤错案中,该案的真凶王书金在 2005 年就已经被警方抓获,但案件复查工作先后 4 次延期,直到 2014 年才正式开始复查,反映出我国案件复查制度缺失导致复查的随意性较大,冤错案的纠错制度还须进一步优化。卢荣新冤错案、念

---

[1] 参见张兆松:《"边腐边升"现象的犯罪学思考》,载《山东警察学院学报》2017 年第 1 期,第 68 页。
[2] 参见熊琦、莫洪宪:《"反腐新常态"下官商勾结的法律治理》,载《江西社会科学》2015 年第 5 期,第 11 页。
[3] "六证"包括在国土局获得《采矿许可证》、在安监局获得《安全生产许可证》、在煤炭局获得《煤炭经营资格证》、在工商局获得《营业执照》,矿长需要考取《矿长资格证》和《矿长安全资格证》。

斌冤错案、呼格吉勒图冤错案等案件中行为人遭受刑讯逼供,在证据不足的情况下被判处有罪,反映出我国非法证据排除规则缺失,刑讯逼供现象值得重视。有论者在2005年调查了489名警察对刑讯逼供的认识,发现有38.9%的被调查者认为刑讯逼供在实践中是十分平常的事情,并且有47.6%的被调查者认为,为了案件的及时侦破,刑讯逼供的存在是合理且正常的。[1]这说明了"命案必破"的巨大压力使办案机关对刑讯逼供这种严重违背司法精神的行为的错误性认识不足,法院也较少对刑讯逼供得来的证据进行排除,不利于无罪判决的作出。有论者统计了110个申请排除非法证据的案件,其中以刑讯逼供为由要求排除的有91件,但最终被法院采纳排除意见的仅有27件,占29.67%。[2]

第二节 典型刑事案件已经推进的制度优化及其特征

立法和司法机关并没有满足于解决单一的典型刑事案件以迎合民意,而是借助案件的影响推动相关制度出台或者进一步优化,并取得了良好的社会效果。由于典型刑事案件已经受到广泛的讨论,这些案件也能够督促有关部门更加及时、全面地推进制度优化。

---

[1] 参见林莉红、余涛、张超:《刑讯逼供社会认知状况调查报告(下篇·警察卷)》,载《法学评论》2006年第5期,第125页。
[2] 参见石静雯、王君炜:《规范羁绊与司法困境:重复性供述排除规则——对2013—2019年110份刑事裁判文书的实证考察》,载《铁道警察学院学报》2022年第2期,第69页。

一、制度优化能够聚焦于特定案件背后的突出问题

典型刑事案件所推进的制度优化具有针对性,能够聚焦于特定问题展开。我国既往的法律、制度优化没有专门针对实践中的突出问题。有论者统计了我国 1978 年至 2022 年进行的 76 次法律修订,认为法律修订总体呈现出论证质量不高的特点,具体表现为在进行立法论证时,过于重视宏观,忽视了对现实中具体案件办理情况的说明,没有论证法律修订如何能够回应司法实践中的突出问题。[1]例如,在 2015 年对《食品安全法》进行修订的说明中,只对修订的内容进行了简要归纳,而对实务中发生的案件现状、典型案件所反映的问题都没有进行阐述。[2]这说明食品安全领域的制度优化并没有关注到实务中的突出问题,也导致这次修订难以有效地解决现实问题。据统计,"2015 年至 2017 年全国食品安全犯罪的案件数量呈逐年上升趋势,分别为 2015 年 1578 件,2016 年 2508 件,2017 年 2565 件"。[3]通过对样本案件推动的制度优化进行梳理可以看出,通过根据典型刑事案件建立新制度或者对原制度进行优化,可以有针对性地解决现实问题,见表 4-4。

---

[1] 参见孙晋坤:《法律修订的法理基础与技术规范》,华东政法大学 2023 年博士学位论文,第 52 页。
[2] 参见张勇:《关于〈中华人民共和国食品安全法(修订草案)〉的说明——2014 年 6 月 23 日在第十二届全国人民代表大会常务委员会第九次会议上》,载《中华人民共和国全国人民代表大会常务委员会公报(2015)》2015 年第 3 期,第 402 页。
[3] 姚明:《舌尖上的守护:食品安全犯罪刑事惩戒研究——基于法院裁判的实证分析》,载《中国卫生事业管理》2019 年第 2 期,第 116 页。

表 4-4　样本案件中针对案件进行制度优化的典型个案

案件名称	制度优化	案件名称	制度优化
山西蒲县原煤炭局局长等贪腐案	中共中央《关于安全生产领域违纪行为适用〈中国共产党纪律处分条例〉若干问题的解释》	海南校长带女生开房案	全国人民代表大会常务委员会《关于修改〈中华人民共和国未成年人保护法〉的决定》
浙江银泰集资诈骗案	最高人民法院《关于审理非法集资刑事案件具体应用法律若干问题的解释》	招远涉邪教故意杀人案	最高人民法院、最高人民检察院《关于办理组织、利用邪教组织破坏法律实施等刑事案件适用法律若干问题的解释》
"股市黑嘴"王建中操纵证券市场案	最高人民法院、最高人民检察院《关于办理操纵证券、期货市场刑事案件适用法律若干问题的解释》	青岛中石化输油管道泄漏爆炸事故案	最高人民法院、最高人民检察院《关于办理危害生产安全刑事案件适用法律若干问题的解释》
河南瘦肉精案	卫生部《食品安全国家标准跟踪评价规范（试行）》	全国最大网络贩卖野生动物案	最高人民法院、最高人民检察院《关于办理破坏野生动物资源刑事案件适用法律若干问题的解释》

首先，在公民个人权利保护方面，部分典型案件推进了建立专门的新制度来解决公民个人权利保护中所面临的突出问题。例如，南京虐童案多名未成年人遭受殴打虐待，反映出对未成年人遭受暴力虐待的规制力度仍有不足。针对这一问题，立法机关在2015年出台的《反家庭暴力法》，系统规定了有效遏制了家庭暴力现象的出现。据统计，2014年全国约有24.7%的女性遭受过不同程度的家庭暴力。[1]而在《反家庭暴力法》实施后，截至2021年，我国女性在婚姻

---

[1]　参见刘曼：《防治家暴：平安中国的家庭表情》，载《人民法院报》2014年3月7日，第1版。

生活中遭受过配偶家庭暴力的比例降至8.6%。[1]《反家庭暴力法》的实施及相关配套制度、社会各界的重视,部分制止了家庭暴力现象的发生,维护了家庭中妇女的人身权利。据最高人民检察院统计,"2017年至2022年,检察机关共起诉涉家庭暴力犯罪1.8万余人,起诉数量逐年下降,由2017年的7400余人降至2022年的800余人"。[2] 又如,在2019年上海首例高空抛物危害公共安全案中,关于高空抛物案件是否应当用刑罚手段加以打击曾引发巨大的争议,高空抛物行为容易造成严重的人身损害,多名人大代表曾呼吁高空抛物入刑,反映了民众迫切要求以刑法手段打击高空抛物行为。[3]《刑法修正案(十一)》中专门增设了高空抛物罪,2021年最高人民法院工作报告指出,在高空抛物行为入刑1年后,2021年全国人民法院共审结高空抛物、偷盗窨井盖等犯罪案件296件,高空抛物致人伤亡案件大幅减少。[4]

部分典型刑事案件使司法机关对原有制度进行进一步完善,以更加周延地保护公民个人权利。例如,在2015年广西特大跨国拐卖婴幼儿案中,涉案团伙共出卖儿童20余名。针对该案暴露出的拐卖妇女儿童犯罪打击力度不足的问题,2016年最高人民法院出台了《关于审理拐卖妇女儿童犯罪案件具体应用法律若干问题的解释》,将对婴幼儿采取欺骗、利诱等手段使其脱离监护人或者看护人行为界定为"偷盗婴幼儿",对偷盗婴幼儿的行为做扩大解释,加大了

---

[1] 参见第四期中国妇女社会地位调查领导小组办公室:《第四期中国妇女社会地位调查主要数据情况》,载《中国妇女报》2021年12月27日,第4版。
[2] 朱宁宁:《我国反家庭暴力法实施成效显著》,载《法治日报》2023年8月30日,第2版。
[3] 参见巨云鹏:《高空抛物,严管!》,载《人民日报》2021年8月17日,第11版。
[4] 参见周强:《最高人民法院2022年工作报告》,载《人民日报》2021年3月16日,第3版。

对拐卖婴幼儿犯罪的打击力度。同时,公安部也针对儿童遭拐卖问题特别建立了儿童失踪信息紧急发布平台,利用互联网实现对被拐卖儿童的及时救护。据统计,儿童失踪信息紧急发布平台2017年至2021年共发布儿童走失信息4801条,找回儿童4707名,找回率为98%。[1] 又如,在2020年云南马建国刺死疫情防控人员案发生之后,针对疫情期间医务人员的人身安全保障问题,国家卫健委、最高人民法院、最高人民检察院、公安部联合印发了《关于做好新型冠状病毒肺炎疫情防控期间保障医务人员安全维护良好医疗秩序的通知》,明确提出严厉打击殴打、故意伤害、故意杀害医务人员等7类涉医违法犯罪行为,加大力度打击侵害医护人员人身安全的行为。据统计,2021年全国涉医刑事案件数量比2020年下降了34.9%。[2]

其次,在社会管理秩序方面,部分典型刑事案件推动了立法机关建立专门性的新制度以维护社会管理秩序。例如,2016年山东特大非法疫苗案中,涉案金额达到5.7亿元,涉案疫苗种类包括25种儿童、成人用二类疫苗,覆盖城市多达24个省份近80个县市。该案中,犯罪团伙作案时间长达5年未被发现,反映出我国疫苗生产的监管制度缺失问题。2019年出台了《疫苗管理法》,对疫苗生产、运输、销售的全过程监管提供法律制度保障。2022年世卫组织将我国的国家疫苗监管体系升级为成熟度三级(最高为四级),这意味着我国的疫苗监管系统是运行稳定、功能良好的一体化系统,确保了中国国

---

[1] 参见公安部刑侦局:《"团圆"系统上线五年找回儿童4707名》,载中国新闻网2021年5月16日,https://www.chinanews.com.cn/gn/2021/05-16/9478509.shtml,访问日期:2024年4月10日。
[2] 参见董鑫:《去年涉医刑事案件下降34.9%》,载《北京青年报》2022年4月16日,第A06版。

产疫苗、进口疫苗或在中国销售的疫苗的质量、安全性和有效性。[1]又如,2014年昆明暴恐案中,共造成31人死亡,141人受伤,严重侵害了社会秩序。除昆明暴恐案之外,2013年我国还发生了天安门金水桥暴恐案、新疆巴楚暴力恐怖案等一系列暴力恐怖事件,反映出我国面对暴力恐怖事件打击乏力的问题。2015年出台的《反恐怖主义法》从源头上系统防范和打击暴力恐怖活动,维护社会秩序和民众生命财产安全。后续立法机关也进一步完善了打击恐怖主义的法律规范,如2020年修订的《国防法》对依法运用武装力量打击恐怖主义等作出规定,《人民武装警察法》对武警部队参与防范和处置恐怖活动的任务作出规定。2020年通过的《香港特别行政区维护国家安全法》对与香港特别行政区有关的恐怖活动犯罪及其处罚作出规定。在《反恐怖主义法》出台之后,2016年至2022年我国都实现了暴恐案件"零发生"。[2]

部分典型刑事案件使司法机关以对原有制度进行完善的方式来推动社会管理秩序问题得到解决。例如,在2015年深圳王鹏出售人工驯养鹦鹉案发生之后,针对将"人工驯养"的动物认定为野生动物导致范围过于宽泛,2022年最高人民法院、最高人民检察院《关于办理破坏野生动物资源刑事案件适用法律若干问题的解释》第13条规定,将人工繁育技术成熟、已成规模,作为宠物买卖、运输的野生动物,不再认定为刑法上的野生动物,缩小了野生动物的范围。又如,在2017年赵春华持枪案发生之后,针对枪支犯罪认定过于严格

---

[1] 参见申少铁:《我国疫苗监管体系通过世卫组织新一轮评估意味着能确保在中国生产、进口或流通的疫苗质量可控安全有效》,载《人民日报》2022年8月24日,第11版。
[2] 参见景韵润:《我国连续6年保持暴恐案事件"零发生"》,载《中国妇女报》2023年1月11日,第4版。

的问题,2018年最高人民法院、最高人民检察院《关于涉以压缩气体为动力的枪支、气枪铅弹刑事案件定罪量刑问题的批复》第1条规定,认定枪支犯罪不仅应当考虑涉案枪支的数量,而且应当充分考虑涉案枪支的外观、行为人的主观认知等情节,综合评估社会危害性,从而避免枪支犯罪中机械司法的问题。

最后,在公权力规范行使方面,部分典型刑事案件推进了立法机关建立专门性的新制度以防范公权力滥用。例如,程三昌贪污案中,20年前程三昌利用国家工作人员的身份实施贪污行为后逃匿境外,拒不到案接受审判,拒不退缴赃款。针对贪腐人员叛逃后违法所得没收程序缺失的问题,立法机关专门在2012年《刑事诉讼法》第280条第1款新增规定:"对于贪污贿赂犯罪、恐怖活动犯罪等重大犯罪案件,犯罪嫌疑人、被告人逃匿,在通缉1年后不能到案,或者犯罪嫌疑人、被告人死亡,依照刑法规定应当追缴其违法所得及其他涉案财产的,人民检察院可以向人民法院提出没收违法所得的申请。"这一规定使贪腐人员叛逃后,依然可以对其违法所得进行收缴,据统计,2014年至2020年10月,我国共追回外逃官员的赃款208.4亿元。[1] 又如,在2010年山西蒲县原煤炭局长敛财数亿案发生之后,针对行政审批程序过于繁琐,导致"官商勾结"空间过大的问题,2013年立法机关专门对《煤炭法》作出修改,取消《煤炭生产许可证》及《矿长资格证》,由煤矿企业的"五证一照"减少为"三证一照",即《采矿许可证》、《安全生产许可证》、《矿长安全资格证》和《营业执照》,简化了煤炭开采的行政审批程序。

部分典型刑事案件推动司法机关对原有制度进行完善以规范公

---

〔1〕 参见李鹏:《撒下全球天网 打破外逃幻想》,载《中国纪检监察报》2020年1月14日,第2版。

权力行使。例如,在2019年孙小果案发生之后,针对司法人员超越职权为罪犯违规减刑的问题,最高人民法院和最高人民检察院陆续发布了2021年《关于加强减刑、假释案件实质化审理的意见》、2023年《关于进一步规范暂予监外执行工作的意见》和2024年《关于依法推进假释制度适用的指导意见》,进一步细化了"减刑、假释、暂予监外执行"案件办理的相关要求,防止违规减刑的事件发生。又如,在2017年卢荣新冤错案中,卢荣新作出的唯一有罪供述的讯问录像存在重大瑕疵,仅显示卢荣新的背影且无声音,无法排除讯问存在违法情形的可能性,并且公安机关无法对卢荣新的血样等DNA鉴定检材的来源、提取经过进行详细的说明,且保管和送检过程严重不规范,存在检材混淆或交叉污染的可能。[1] 在证据出现严重违法问题时,卢荣新案的一审判决还是认定卢荣新犯强奸罪并判处死缓,直到2017年才得到纠正。针对司法机关未能有效排除非法证据的问题,最高人民法院等五部门联合出台了2017年《关于办理刑事案件严格排除非法证据若干问题的规定》,进一步明确非法证据排除规则,防止冤错案的发生。

二、典型刑事案件推进的制度优化取得了较好的社会效果

典型刑事案件所推进的制度优化能够有效地解决案件背后所反映的突出问题,从而取得良好的社会效果。部分传统的制度优化存在着制度形式主义的问题,由于没有注重未来的实施效果,导致制度优化流于表面,无法起到实际效果。例如,为了保证建筑施工的质量,2014年出台了《建筑业企业资质标准》,要求施工企业资质申报时有一定的建造师数量。但是由于没有要求建造师在施工时必须在

---

[1] 参见戴宇涵:《论非法取证的前端治理——"卢荣新案"引发的思考》,载《周口师范学院学报》2022年第6期,第122页。

场,导致许多企业为了达标,从外部"租借"并不具有真实劳动合同关系的建造师,建立所谓的"挂靠关系",从形式上满足投标资格要求。[1] 施工现场没有建造师到岗的现象逐渐变成了行业默认的状态,施工管理规范流于形式,无法保证施工质量,《建筑业企业资质标准》根本没有起到应有的效果。[2] 进行制度优化时应注重未来的实施效果,以期取得良好的社会反响。对样本案件进行分析可以发现,典型刑事案件所推进的制度优化普遍取得了较好的社会效果,推进了我国法治建设的发展。

首先,部分典型刑事案件推进的制度优化使对公民个人权利的保护更加全面。公民个人权利遭受侵害的问题作为与民众生活最直接相关的问题,相关制度的完善对公民个人权利的保护更加周延,打击力度更大,取得了良好的社会效果。例如,徐玉玉被电信诈骗案、特大跨国电信诈骗案等案件在推动2022年《反电信网络诈骗法》出台之后,使我国电信诈骗预警机制得到长足的发展。据统计,2021年我国公安机关成功拦截诈骗电话18.2亿次、短信21.5亿条,封堵涉网络诈骗域名、网址182万个,止付冻结涉案资金2720余亿元。[3] 在《反电信网络诈骗法》实施之后,我国建立起快速动态封堵机制,完善了止付冻结工作机制,2023年我国公安机关成功拦截诈骗电话27.5亿次、短信22.8亿条,处置涉诈域名网址836.4万个,紧急拦截涉案资金3288亿元。[4]

---

〔1〕 参见王亚立:《水利建筑行业准入制度的形式主义弊端与改革建议》,载《水利发展研究》2016年第11期,第27页。
〔2〕 参见孙建伟:《城乡建设用地置换中土地指标法律问题研究》,载《法学评论》2018年第1期,第181页。
〔3〕 参见刘丹:《打击治理电信网络诈骗这一年》,载《人民公安报》2022年12月31日,第1版。
〔4〕 参见吴迪:《用典型案例丰富全民反诈"工具箱"》,载《工人日报》2024年1月17日,第5版。

其次，部分典型刑事案件推进的制度优化使社会治理更加高效有序。例如，善心汇案、e租宝非法吸收公众存款、集资诈骗案等案件推动金融监管制度的逐步完善，有效遏制了金融诈骗犯罪的发生。据统计，2016年全国法院新收金融诈骗一审案件近1.4万件，2017年新收案件降至1.1万余件，2018年新收案件为8400余件。[1] 2019—2021年，我国金融诈骗案件数量减少更为迅速，整体下降了59.55%。[2] 金融诈骗发案量同比持续下降，平均降幅超20%，说明金融监管制度使得金融犯罪案件得到有效减少。

最后，部分典型刑事案件所推进的制度优化使公权力的行使进一步规范化。例如，薄熙来贪腐案、张曙光贪腐案等案件进一步推动我国建立严格的反腐制度，公职人员贪腐问题得到有效遏制。据统计，在我国每年发现的贪污腐败案件中，十八大以后实施贪腐行为的案件数量占该年全部发现的贪污腐败案件数量的比例，由2013年的80.2%逐年下降至2021年的4.7%。[3] 我国贪腐案件的案件增量逐年递减，建立的严格的反腐制度有效地震慑了国家工作人员，使国家工作人员不敢贪、不能贪。赵作海冤错案、聂树斌冤错案等冤错案推动了司法机关对刑讯逼供打击力度的加大与非法证据排除规则的完善，使司法机关能够从疑罪从无原则出发，贯彻"少捕慎诉慎押"的刑事政策。根据最高人民检察院的办案数据，2018年至2022年，我国检察机关的诉前羁押率从54.9%降至26.7%，不捕率从22.1%升至

---

[1] 参见徐隽：《近三年金融诈骗案件持续下降：平均降幅超20%》，载《人民日报》2019年4月4日，第2版。

[2] 参见李万祥：《治理电信诈骗不能单打独斗》，载《经济日报》2022年12月14日，第5版。

[3] 参见刘美频：《更加有力遏制腐败增量 更加有效清除腐败存量》，载《中国纪检监察》2023年第1期，第43页。

43.4%,不诉率从 7.7% 升至 26.3%。[1] 这说明司法机关开始更加审慎地判断刑事案件中的行为人是否有罪,敢于作出不捕、不诉的决定,更加有利于减少冤错案的发生。

三、典型刑事案件推进了制度优化的及时性

典型刑事案件能够加快制度优化进程。既往的制度优化通常面临着滞后性的难题。例如,家庭暴力问题很早就被纳入立法视野之中,但是形成专门的系统性法律来解决这一问题的时间十分漫长。1995 年的《中国妇女发展纲要(1995—2000 年)》就已经指出,要"依法保护妇女在家庭中的平等地位,坚决制止家庭暴力",第一次在规范性文件中提及家庭暴力问题。但直到 2015 年南京虐童案成为典型刑事案件后,系统性的《反家庭暴力法》才在 2016 年予以实施,距离 1995 年第一次提出反对家庭暴力已经过去了整整 20 年。现实中,由于有许多社会问题亟待解决,因此国家机关很难准确认识到哪些制度存在突出问题,导致制度更新较慢。[2] 而这些刑事案件由于具有典型性,能够使立法及相关机关及时意识到制度存在的问题从而予以纠正。并且制度优化纷繁复杂,如果不能找到头绪,就很难真正地推进和深化。而典型刑事案件提出了修正制度的一个突破口,使可以借势完成制度更新,加快制度优化的速度。有论者统计了十八大以来全国人大及其常委会修改的 237 件法律,发现我国法律平均修订速度有效法律中被修改法律的修改频率为 8.9 年每件。[3]

---

[1] 参见最高人民检察院:《2022 年全国检察机关主要办案数据》,载《检察日报》2023 年 3 月 8 日,第 3 版。

[2] 参见李志昌:《消除制度建设滞后现象》,载《学习时报》2015 年 12 月 7 日,第 A11 版。

[3] 参见黄海华:《新时代法律修改的特征、实践和立法技术》,载《中国法律评论》2022 年第 5 期,第 172 页。

而通过对样本案件进行统计可以发现,典型案件全部能够在发生后8年以内的时间推进制度优化,平均用时4.7年。

样本案件中有26件是在案件发生的当年就出台了新制度或者对原有制度进行了完善,占比28.9%。2015年5月e租宝非法吸收公众存款案发生的7个月后,为了快速解决网贷管理制度缺失的问题,2015年12月银监会就出台了《网络借贷信息中介机构业务活动管理暂行办法(征求意见稿)》用以规范网络借贷中介机构的行为;2018年3月深圳王鹏出售人工驯养鹦鹉案二审判决结束后仅3个月,2018年6月最高人民法院即表示已经开始启动新的野生动植物资源犯罪司法解释制定工作,拟明确规定对于涉案动物系人工繁育的要体现从宽的立场;2019年1月全国首例网络爬虫技术侵入计算机系统犯罪案宣判后,面对网络爬虫技术监管不严、处罚标准不明确的问题,2019年5月国家互联网信息办公室就出台了《数据安全管理办法(征求意见稿)》,其中第16条确立了利用自动化手段(网络爬虫)收集数据不得妨碍他人网站正常运行的原则,并明确了严重影响网站运行的具体判断标准;2014年3月昆明暴恐案发生之后,2014年11月即公布了《反恐怖主义法(草案)》,系统地对打击恐怖主义犯罪进行规制。

样本案件中有64件虽然不是当年就启动了制度优化工作,但是也能在案件发生的8年内设立新制度或者对原有制度进行了完善,占比71.1%。2018年全国首例套路贷涉黑案宣判1年后,2019年最高人民法院、最高人民检察院公布的《关于办理"套路贷"刑事案件若干问题的意见》第10条规定了套路贷案件"符合黑恶势力认定标准的,应当按照黑社会性质组织、恶势力或者恶势力犯罪集团侦查、起诉、审判",对套路贷涉黑案件的法律适用进行了进一步明确;

2014年腾格里沙漠污染案发生后,面对诉讼主体资格存在争议的问题,2014年新修订的《环境保护法》就将环境公益民事诉讼的主体资格明确规定为"依法在设区的市级以上人民政府民政部门登记"和"专门从事环境保护公益活动连续五年以上且无违法记录"的社会组织,从而及时解决了"腾格里沙漠污染案"的诉讼主体问题;2019年孙小果案宣判两年后,2021年《关于加强减刑、假释案件实质化审理的意见》及时建立了包组警察常态化办案预审机制,及时通过制度优化防止违规减刑假释问题的发生;2015年首例流量劫持案宣判后,面对流量劫持案件前置法规范不明确的问题,2022年最高人民法院《关于适用〈中华人民共和国反不正当竞争法〉若干问题的解释》第21条确定了流量劫持的司法认定标准;2011年汪健中操纵证券市场案宣判后,针对证券犯罪中被害人损失难以挽回的问题,2019年修订后的《证券法》第95条第3款确立了投资者保护机构作为代表人的集团诉讼制度,保障被害人及时参与诉讼挽回损失。

第三节 典型刑事案件推进制度优化所存在的问题

典型刑事案件对制度优化的推动仍有进一步提升的空间。从推动的起因来看,是部分案件的当事人付出惨痛的代价后才能实现。从推动的过程来看,舆论起到的负面作用应当予以警惕。从推动的效果来看,部分典型刑事案件推动制度发展并不彻底,存在"就事论事"的倾向,从而使制度的优化并不彻底,也缺乏系统性。

一、典型刑事案件推进制度优化亦付出了代价

在样本案件中,共有53个案件的当事人付出了财产(17件)、自

由(7件)乃至生命(29件)的代价。在制度优化的过程中,降低修正成本是提高修正效益与质量的基本途径。[1]

首先,部分典型刑事案件中当事人付出了巨大的代价,才得以推进制度优化。虽然在有的典型刑事案件中当事人本身的遭遇越悲惨,越能引发民众的愤慨并激起社会舆论对制度缺陷的诘问。但是,以当事人的巨大痛苦来推进制度建设,并不符合人道主义精神。[2] 在样本案件推动法律进一步完善的过程中,共有29件的当事人付出生命的代价,才换来制度的进一步修正。例如,在中国船员湄公河遇害案中,12名中国船员于湄公河金三角水域遇袭后全部遇难,才推进了中国、老挝、缅甸、泰国关于湄公河流域执法安全合作机制的构建。样本案件中共有17个案件的当事人遭受了巨大的财产损失。其中,不乏涉案金额过亿的案件。例如,在马乐利用未公开信息交易案中,马乐利用未公开信息操纵股市交易,累计成交金额人民币10.5亿余元,非法获利人民币19120246.98元。该案是截至案发时,我国涉嫌从事老鼠仓交易时间最长、涉及股票数量最多、交易金额最大和获利金额最多的一宗案件,也是新中国成立以来最高人民检察院对经济领域犯罪首次抗诉的案件。司法机关关于该案是否属于"情节特别严重"的巨大分歧,也体现出我国关于利用未公开信息交易罪的认定标准尚不完善,最高人民法院与最高人民检察院也有意通过该案进一步完善利用未公开信息交易罪的适用。[3] 2019年最高人民法院与最高人民检察院出台《关于办理利用未公开交

---

[1] 参见王东京:《论改革成本》,载《文摘报》2019年5月30日,第6版。
[2] 参见郭晓红:《影响性刑事案件中的权利诉求及其实现——以〈南方周末〉评选的78个影响性刑事案为例》,载《政法论坛》2019年第4期,第63页。
[3] 参见邹坚贞:《市、省和最高检为何层层抗诉"马乐案" 最高检意欲推动老鼠仓判决立新规?》,载《中国经济周刊》2014年第49期,第56页。

易刑事案件适用法律若干问题的解释》，完善了利用未公开信息交易罪的情节认定标准。还有部分案件的当事人遭受了人身自由、性权利等的侵害，才得以推进制度优化。例如，样本案件中的冤错案的纠正，当事人平均蒙冤时间达到11.42年。有论者曾对24件典型冤错案的纠错进行实证考察后指出，被告人蒙冤的时间，即从被公安司法机关拘留、逮捕到被认定为无罪，平均长达17年。其中时间最长的郑永林被冤杀人案中当事人蒙冤高达27年。[1] 这说明冤错案给当事人带来的损害是十分严重的，冤错案发生之后再来推动审判制度、证据规则等制度的优化，将使当事人承受极大的痛苦，使制度的修正成本过高。

其次，作为典型案件刑事案件，其背后还代表了众多同类案件，实现具体制度优化所付出的代价，可能远比本文样本案件所呈现的要多。例如，对于正当防卫的适用问题，于欢防卫过当案推进了《关于依法适用正当防卫制度的指导意见》的出台，激活了正当防卫制度。然而，在该意见出台前，实务中对正当防卫持较为严格的限制适用。据统计，截至2020年，我国司法机关认定行为人成立正当防卫的案件占全部涉正当防卫案件的比例不足10%，绝大部分案件被认定为防卫过当，或否认防卫的性质而认定为故意伤害罪、故意杀人罪。[2] 正当防卫的低认定率意味着除了样本案件之外仍然有大量的案件未能充分适用正当防卫制度。又如，2015年天津8·12特大爆炸事故案共造成165人死亡、8人失踪、798人受伤的严重后果，该案推动了最高人民法院、国务院出台《关于推进安全生产领域改革发

---

[1] 参见陈永生、邵聪：《冤案难以纠正的制度反思——以审判监督程序为重点的分析》，载《比较法研究》2018年第4期，第68页。

[2] 参见方圆：《正当防卫条款：从沉睡到苏醒》，载《检察日报》2020年6月10日，第5版。

展的意见》,进一步强化安全生产领域的监督机制。但样本案件之外,依然存在着许多安全生产事故,并给公民造成巨大的人身财产损害。据统计,2015年各类生产安全事故共死亡66182人。[1]其中有38起生产安全事故属于重特大安全生产事故,平均每10天就会发生一起。[2]

二、舆论过度影响司法会削弱司法公信力

民众希望扩大案件影响,产生舆论倒逼司法的现象出现,一定程度上削弱司法公信力。社会要求公民充分参与到社会治理之中,民意与司法产生互动是现代社会发展的必然结果。[3]但是由于民意与司法的互动缺乏制度性保障,导致在互动过程中,民意可能会过分干预司法进程,导致司法判决无法完全依照法律的规定作出,与依法审判的基本原则相背离。

部分舆论倒逼司法机关作出不符合法律的判决,从而损害司法权威。在面对司法案件时,民众往往不是根据法律判断人的行为是否适当,而是根据身份和事件性质来判断人的行为是否适当。[4]民众会由于案件当事人的特殊身份或者案件的特殊性质来评判案件中当事人的责任。这种舆论评价有时会使司法偏离,最终导致不公正的判决结果。例如,张氏叔侄强奸再审无罪案中,张辉、张高平被诬陷强奸后杀害妇女。在原一审、二审进行过程中,法官都意识到了本案证据不

---

[1] 参见国家统计局:《中华人民共和国2015年国民经济和社会发展统计公报》,载《人民日报》2016年3月1日,第10版。
[2] 参见安世宁:《全力遏制重特大事故多发的势头》,载《人民日报》2016年1月15日,第14版。
[3] 参见张晶、吴文锦:《微博民意与刑事司法良性互动的制度保障》,载《南京邮电大学学报(社会科学版)》2023年第1期,第51页。
[4] 参见[美]本杰明·I.史华慈:《论中国的法律观》,载张中秋主编《中国法律形象的一面:外国人眼中的中国法》,中国政法大学出版社2002年版,第5页。

足的问题,但是案件由于是先强奸后杀人的恶性暴力犯罪,审理过程中社会舆论要求对张氏叔侄从严从重处罚,迫于舆论压力,最终在证据不足的情况下法院依然作出了有罪判决,导致冤案的发生。[1] 又如,在药家鑫故意杀人案中,药家鑫在开车撞倒被害人后,又下车将被害人杀死。案件的审理焦点本来应当放在交通肇事和故意杀人的行为认定上,但舆论为了追求案件影响力,将药家鑫的身份定义为"官二代""富二代",利用公众的仇官、仇富心理倒逼司法机关对药家鑫从重处罚。部分报道甚至污名化审理该案的西安市中级人民法院,影射主办法官存在贪污腐败行为,认为如果从轻处罚就是有意偏袒药家鑫。[2] 在舆论的多重压力下,夸大了不利于药家鑫的量刑情节,过分削弱了药家鑫投案自首应当具有的从轻处罚情节,最终判处药家鑫死刑立即执行。[3] 但在性质更为恶劣的案件中,自首却成为免于死刑立即执行的理由。王乾坤故意杀人案中,王乾坤持刀朝被害人杨峰连刺16刀,向被害人张言亮胸背部、臀部连刺5刀,向被害人高杰腹部、臀部和腿部连刺9刀,造成杨峰死亡、张言亮和高杰轻伤的严重后果。对于该案,最高人民法院经复核认为,鉴于被告人王乾坤有自首情节,可以依法从轻处罚,裁定发回重审后改判死缓。[4]

部分案件中,舆论没有关注案件本身,而是去关注与案件定罪量刑无关的其他事实。例如,李天一等五人强奸案中,李天一等五人是未成年人,案件又涉及被害人隐私,属于法定不公开审理的案件。但

---

〔1〕 参见陈兴良:《张氏叔侄案的反思与点评》,载《中国法律评论》2014年第2期,第153页。

〔2〕 参见周永坤:《规则权威与政治道德权衡——药家鑫案量刑评与思》,载《甘肃社会科学》2012年第3期,第142页。

〔3〕 参见于洪伟:《关于药家鑫自首情节的再思考》,载《刑事法判解》2013年第1期,第91页。

〔4〕 参见最高人民法院刑事审判一至五庭主编《刑事审判参考2009年第1集,总第66集》,法律出版社2009年版,指导案例第521号:王乾坤故意杀人案。

是部分媒体报道为了吸引眼球,在报道时并未隐去李天一的姓名,并且就李天一的家庭背景、身份等信息进行大肆宣传,对被害人的身份信息进行挖取和报道。面对李天一方律师的谴责,部分媒体甚至认为自己的报道行为是合理正当的,认为李天一作为公共人物,即使其作为未成年人也应当受到舆论的监督。[1] 有论者统计了2013年2月至2013年4月关于李天一案154篇新闻报道,发现关于李天一平时生活、李天一父母等占比达到53%。[2] 舆论挖掘李天一个人信息更多是出于猎奇心理,这无益于推动案件公平公正审理,反而忽略了司法上应有的对未成年人的保护。

三、通过典型刑事案件所推进的制度优化仍然具有偶然性

制度优化作为制度建设的一个部分,应当具有科学性,即一定的条件应当必然会触发制度的自我更新。制度的创立与修改应当消除偶然性,而不是指望偶然事件来推动制度更新。[3] 有学者将制度优化的路径区分为三类:第一类是偶然形成的制度,这类制度优化是依靠偶然事件随机产生的;第二类是建构形成的制度,这类制度优化是由制度建设者依照主观意志进行的制度优化,其仅仅依靠主观意愿而非客观规律,也不能实现制度优化的科学性;第三类是演化形成的制度,这类制度优化是通过建立制度优化机制,在机制的作用下发生的制度优化,使制度优化具有一定的客观规律。[4] 但是在样本案件

---

[1] 参见高然:《让网络围观产生更多正能量——从"李天一案"说起》,载《新闻世界》2013年第6期,第138页。
[2] 参见陈方正:《李天一案件的媒介伦理分析》,载《文学教育》2013年第6期,第139页。
[3] 参见迟帅:《社会法则与个体自主——立法者对偶然性的不同回应》,载《学术研究》2021年第11期,第58页。
[4] 参见陶建钟:《风险秩序下的制度自觉与治理体系现代化》,载《理论建设》2014年第3期,第41页。

中,典型案件推动制度优化的过程并未形成规律,具有一定的偶然性,无法保证制度优化的全面开展与落实。

样本案件中,有 19 起也反映了较为突出的制度性问题,仍须进一步优化制度。例如,2012 年的足球系列腐败案历时 3 年,最终有 57 名足协官员、球员和裁判被判处刑罚,反映出我国足球领域贪污腐败问题十分严重。在该案发生之前已经发生过严重的足坛贪腐案件,如 2001 年"甲 B 五鼠案"中,中国足球甲 B 联赛中裁判龚建平收受贿赂 37 万元,在比赛中多次进行"黑哨"操作,后龚建平被判处有期徒刑 10 年。[1] 面对时有发生的足坛腐败案件,有论者在评论时指出,单纯靠一两次运动式的反腐已经无法彻底遏制贪腐问题的发生,而是应当从制度角度入手,建立起完备的足坛反腐机制。[2] 2023 年李铁受贿案,李铁在担任国足主教练期间受贿金额达 1.2 亿元。[3] 该案进一步表明,针对足坛腐败问题,需要进行系统性的制度优化。又如,在雷政富受贿案中,雷政富作为国家工作人员与多名女性进行权色交易的视频在网络曝光后,反映出"性贿赂"问题严重性。据统计,2003 年至 2007 年全国检察机关共立案查处省部级以上干部 32 人,其中 90% 都涉及权色交易。[4] 权色交易与权钱交易一样具有严重的社会危害性,在顾成兵行贿案中,顾成兵利用权色交易多次违规获得贷款高达 12 亿元,行贿对象涉及 1 名副厅级、3 名县处级、21 名乡科级及 20 多名一般工作人员。多名人大代表曾呼吁将

---

[1] 北京市宣武区人民法院刑事判决书,(2003)宣刑初字第 32 号。
[2] 参见卜立群:《从李铁到杜兆才,足坛反腐刮到骨了吗?》,载中国青年网 2023 年 4 月 2 日,https://news.cyol.com/gb/articles/2023-04/02/content_4wlxEluWZP.html,访问日期:2024 年 3 月 20 日。
[3] 参见张昊:《中国国家男子足球队原主教练李铁受贿、行贿、单位行贿、非国家工作人员受贿、对非国家工作人员行贿案一审开庭》,载《法治日报》2024 年 3 月 29 日,第 A03 版。
[4] 参见李雪萍、库方东:《美色与陷阱——"权色交易"现象调查与反思》,载《先锋队》2008 年第 11 期,第 52 页。

性贿赂纳入贿赂犯罪的规制范畴,反映出民众呼吁应当将权色交易纳入刑法规制范畴的期待。[1]但截至2023年,对于"性贿赂"犯罪入刑仍然没有明确的法律规定或司法解释。

样本案件中,有5件虽然推进了制度优化,但仍有更进一步优化的空间。例如,在贺江水污染系列案中,贺江上游100多家工厂排放镉、铊等重金属污染事件致贺江110公里的河段水质严重污染,造成水产养殖业、应急处置、事件后评估等损失共计1560万元,同时严重威胁了贺江沿岸群众的饮水安全,引起了国家的高度重视。[2]针对水污染处罚力度过小的问题,2017年立法机关修改《水污染防治法》,加大了对水污染的打击力度。但水污染案件并没有因此得到缓解,据统计,2021年全国法院共审理环境资源案件收案175261件,结案167055件,分别相比2020年增长10.18%、2.86%。环境资源案件数量不断增长的同时,水污染类型案件依然是最常见的单一污染类型案件,占比28.63%。[3]有学者提出,单纯的加大打击力度还不足以减少水污染案件的发生,我国在水污染治理方面还存在着制度缺陷,如《水污染防治法》中未明确水污染治理的标准和实施方案,参与水污染防治的各部门之间也未能构建完善的协调沟通机制。[4]未来应当进一步完善水污染治理标准以及部门协调机制,来更好地实

---

[1] 参见张灿灿:《人大代表建议将性贿赂纳入行贿罪"贿赂范围"》,载人民日报网2015年3月15日,https://cnews.chinadaily.com.cn/2015-03/15/content_19814219.htm,访问日期:2024年4月5日。
[2] 参见林浩:《广西法院严惩环境违法犯罪 公布十大典型案例》,载中国新闻网2016年6月2日,https://www.chinanews.com.cn/df/2016/06-02/7892441.shtml,访问日期:2024年4月12日。
[3] 参见孙航、陈中原等:《构建具有中国特色和国际影响力的环境资源审判体系 全面加强生态环境司法保护》,载《人民法院报》2022年6月6日,第1版。
[4] 参见陈亮、王燕等:《水污染防治过程中存在的问题及对策研究》,载《现代农村科技》2024年第3期,第113页。

现水污染治理。

第四节　通过典型刑事案件合理推动制度优化的路径

通过典型刑事案件推动制度优化虽然存在着代价高昂、偶然性大、舆论反噬司法等问题，但仍应肯定典型刑事案件在制度优化方面所具有的积极意义。通过典型刑事案件及非典型刑事案件，立法与司法机关应当更加积极主动地发现并解决制度中存在的问题，最大限度地降低制度优化的成本。

一、应当积极主动发现当前的制度问题

立法与司法机关应当及时发现并解决社会所存在的问题，尤其是当部分问题在司法实践中已经出现端倪，最大限度减少制度优化所要付出的代价。

首先，对于社会生活中已经出现了相关问题的制度，需要立法及司法机关及时发现并进行制度优化。部分典型刑事案件发生之前，相关问题就较为突出，已经能够预见到制度存在的问题。例如，我国的生产安全监管不足的问题在2015年天津港特大爆炸事件发生前就已经暴露出来。有论者统计了2014年我国国内发生的53起化工生产事故，发现我国2014年的化工生产安全事故虽然单个来看都是相对小型的事故，但总计已经造成220人死亡、270人受伤，并且这53起事故中都存在应急管理不当，无法及时减少损失的问

题。[1] 虽然我国2014年修订了《安全生产法》，但相关的应急管理制度等仍然不够完善。我国于2018年正式组建了应急管理部，对生产安全事故的发生进行及时处置。据统计，2017年至2022年我国生产安全事故死亡人数逐年下降，其中2022年安全生产事故死亡人数和2017年相比下降46.9%，应急管理制度发挥了有效作用。[2] 因此，如果能够在小型事故发生时更加积极主动地完善应急管理制度，就能够避免更大的伤亡，减轻制度优化的代价。又如，网约顺风车司机整体素质不一，网约车平台约束措施不足的问题在浙江乐清滴滴顺风车司机杀人案发生前已经显现。据统计，2014年至2018年，除去浙江乐清滴滴顺风车司机杀人案，媒体报道及有关部门共处理过49起滴滴司机性侵、性骚扰事件，其中有1起故意杀人案，有19起强奸案、9起强制猥亵案、5起行政处罚的性骚扰案件、15起未立案的性骚扰事件。[3] 这些案件没有引起足够的重视，直到浙江乐清滴滴顺风车司机杀人案发生后，滴滴网约车平台才暂时下架并做彻底整改。[4] 2021年，交通运输部进一步出台《关于维护公平竞争市场秩序加快推进网约车合规化的通知》，督促网约车平台公司依法依规开展经营，不得新接入不合规车辆和驾驶员，并加快清退不合规的驾驶员和车辆。据笔者统计，2021年至2023年未再有网约车司机侵害乘客人身财产权利的报道出现，网约车平台的合规制度初见成效。

---

[1] 参见刘蓉、王保民：《2014年我国化工生产事故统计分析》，载《山西化工》2015年第2期，第70页。
[2] 参见陈溯、谢雁冰：《（两会速递）应急管理部部长：中国2022年安全生产事故死亡人数较2017年下降46.9%》，载中国新闻网2023年3月8日，https://www.chinanews.com.cn/gn/2023/03-08/9967396.shtml，访问日期：2024年4月12日。
[3] 参见罗欢欢：《50个性侵犯样本与"滴滴整改"》，载《南方周末》2018年5月24日，第2版。
[4] 参见苗凡卒：《别让滴滴的估值凌驾于乘客生命》，载《深圳商报》2018年8月28日，第A01版。

其次,对于因制度问题而在实践中已经造成的严重后果,进行制度优化后仍需要积极追踪制度优化之后的效果。制度优化的目的在于保障特定目标的实现。[1] 样本案件中,部分典型刑事案件发生后已经针对相关制度进行优化,但效果仍不尽如人意,需要进一步优化相关制度。例如,2016年于欢案虽然使正当防卫制度重新被激活,出现了昆山反杀案、唐雪反杀案、赵宇见义勇为案、王新元反杀案等一系列正当防卫案件,但实务中对于正当防卫的认定仍然过于保守。有论者统计了2017年至2020年的608份当事人的行为是否构成正当防卫存在争议的裁判文书,发现成立正当防卫或防卫过当的案件仅有25件,占比0.41%。[2] 相当一部分案件中,正当防卫依然沦为"僵尸条款"。有论者在2018年采访了30多名警察、20多位从事批捕和公诉业务的检察官、20多位刑事法官关于正当防卫在实务中如何认定的看法,发现即使是经过于欢案,正当防卫案件作无罪判决依然较为困难,法官迫于公诉方、被害方等方面的压力,原则上会作有罪判决。即使面对控辩双方意见分歧极大的案件,法官也往往会采取定罪免刑、缓刑等"实质免罚"方式而不是宣告无罪。[3] 最高人民法院、最高人民检察院和公安部于2020年又联合出台了《关于依法适用正当防卫制度的指导意见》,对正当防卫的适用进一步进行了细化规定,但是在司法实务中仍然存在对正当防卫适用不清的问题。有论者统计了2019年至2023年的300份涉及正当防卫的裁判文书,发现在司法实务中依然存在着对互殴行为的认定过于泛滥、证

---

[1] 参见张浩:《学苑论衡:确立制度执行的科学导向》,载《人民日报》2020年4月13日,第9版。

[2] 参见郑易通:《风险社会视野下正当防卫适用的实证研究》,载《河南司法警官职业学院学报》2022年第1期,第59页。

[3] 参见赵军:《正当防卫法律规则司法重构的经验研究》,载《法学研究》2019年第4期,第156页。

明责任分配不清等问题。[1] 需要及时评估发现制度优化后的实效,进而提出更为优化的对策。

二、制度优化需要综合治理

制度建设是一个动态演进、发展完善的过程,不是一蹴而就的。[2] 应进一步挖掘制度中的深层问题,彻底消灭存在的问题。同时,由于制度优化的资源永远有限,所以对于制度优化要区分轻重缓急,并且不能矫枉过正。

首先,应重视制度优化的系统性,在制度优化过程中发现与之相关的其他问题也应一并进行解决。典型刑事案件的形成具有多种原因,通过典型刑事案件进行制度优化时,应当全面分析导致案件发生的原因,解决原因背后的制度缺陷,这样能够使制度优化更加高效。例如,在2017年莫焕晶纵火案中,保姆莫焕晶故意纵火导致雇主一家四口全部死亡。这一案件不能仅仅作为一起恶性暴力事件加以看待,其背后更深层次还反映出我国家政服务人员群体准入门槛低、家政服务人员甄选管理机制欠缺的问题。在莫焕晶纵火案发生之前,已经出现了2015年陈玉萍毒杀雇主导致雇主一家6口死亡、2014年何天带毒杀雇主导致雇主一家8口死亡等多起保姆杀害雇主的恶性案件。据商务部统计,2014年至2017年我国家政服务人员数量由2034万人增长至2800万人,家政服务行业的营业收入由2014年的2304亿元增长至4000亿元,呈现逐年增长的趋势。[3] 但截至

---

[1] 参见杨文革、刘佳敏:《正当防卫制度适用情况实证数据研究——以300份刑事判决书为样本》,载《长白学刊》2023年第2期,第94页。
[2] 参见段龙飞:《制度建设永远在路上》,载《中山日报》2016年2月22日,第F2版。
[3] 参见程晖:《家政服务今年营业收入瞄准4000亿 从业人员数量达到2800万人左右》,载《中国经济导报》2017年7月14日,第A01版。

2017年，我国家政服务行业的制度规范还未健全，仅有2012年商务部公布的《家庭服务业管理暂行办法》这一部门规章，该暂行办法第20条规定了家政服务人员应当遵守的行为规范，但是这一规定十分模糊。[1] 因此，有人大代表提出要针对家政服务行业进行专门性立法，体现了民众呼吁进一步建立制度规范家政服务行业。[2] 如果仅仅加大对恶性暴力案件的惩治力度而没有配套制定家政服务人员的筛选机制，则无法从源头上防止恶性案件重复出现。

其次，对制度优化应区分轻重缓急。在制度建设过程中，需要优先解决百姓"急难愁"的民生问题。[3] 例如，对于医药行业制度规范应优先进行制度优化。据统计，在2009年至2022年，医药改革问题连续14年登上了"国人关注的十大焦点问题"。[4] 说明这一问题是民众极其关注的问题，需要优先予以解决。截至2023年，我国现行药品监管法律规范就有370件，仅2023年一年就增加了32部规范性文件。[5] 这说明立法与司法机关时刻关注着药品管理制度中存在的问题，应优先解决这些问题以保障人民群众用药安全。

最后，在制度优化后，在执行过程中也不能矫枉过正，损害民众原本的合法权益。"制度的生命在于执行"，因此制度优化不能仅停

---

[1] 《家庭服务业管理暂行办法》第20条："家庭服务员应符合以下基本要求：（一）遵守国家法律、法规和社会公德；（二）遵守职业道德；（三）遵守合同，按照合同约定内容提供服务；（四）掌握相应职业技能，具备必需的职业素质。"

[2] 参见马金：《尽快启动家政服务国家层面立法》，载《南京日报》2023年3月5日，第A05版。

[3] 参见汪洋：《围绕党和国家工作大局加快立法步伐》，载《中国人大》2022年第5期，第1页。

[4] 参见刘彦华：《2021中国现代综合发展指数68.4：国人年度十大关注出炉 食安再回榜首 教育热度大涨》，载澎湃新闻网2021年12月9日，https://www.thepaper.cn/newsDetail_forward_15767894，访问日期：2024年3月29日。

[5] 数据来源：国家药品监督管理局官网，https://www.nmpa.gov.cn/yaopin/ypfgwj/index_2.html，访问日期：2024年3月29日。

留在文字层面,更要进一步考察制度优化的执行情况,才能实现制度的全面落实。例如,我国对于贪污腐败的治理在具体执行过程中存在矫枉过正的现象,普通民众的日常生活也受到干预。[1] 针对党员内部利用宴席收受贿赂的问题,原 2015 年《中国共产党纪律处分条例》第 85 条规定:"利用职权或职务上的影响操办婚丧喜庆事宜,在社会上造成不良影响的",给予相应处分。但在实际执行中存在"凑数式反腐"的现象,为了增加反腐业绩,将一些普通民众私人聚会也认定为宴请陋习。[2] 云南省永善县黄华镇甘田村的一位老人举办八十岁寿宴,70 多名村民赴宴贺寿,被甘田村村委会以"乱办酒席"为由予以制止。[3] 山西长治屯留第一中学的部分教师在学生放假后,在饭店自费聚餐饮酒,结果被屯留县纪委认为属于铺张浪费进行通报批评。[4] 这些形式化的反腐措施不仅没能起到打击贪污腐败的目的,反而会影响公民的正常生活。

三、制度优化需要与民意进行理性互动

公众参与作为社会治理的重要环节之一,也是我国社会发展的必然逻辑。[5] 因此,制度优化作为社会治理的一部分需要积极地与民意进行互动,吸纳民意表达中的理性部分以回应民众诉求。但同时在制度优化的过程中,也需要审慎辨别民意中的非理性部分,严格

---

[1] 参见张力伟:《组织控制悖论:地方政府的"矫枉过正"现象——基于田野调查的组织学分析》,载《中国公共政策评论》2021 年第 2 期,第 76 页。
[2] 参见沈彬:《"凑数式"反腐也是一种腐败》,载《领导决策信息》2017 年第 2 期,第 16 页。
[3] 参见程浩:《永善男子为父大摆寿宴被制止》,载《都市时报》2016 年 12 月 26 日,第 A12 版。
[4] 参见曹林:《强大的公民常识感守卫着正义底线》,载《中国青年报》2016 年 10 月 14 日,第 9 版。
[5] 参见张晶、吴文锦:《微博民意与刑事司法良性互动的制度保障》,载《南京邮电大学学报(社会科学版)》2023 年第 1 期,第 51 页。

按照罪刑法定的要求依法审判,防止舆论倒逼司法的现象发生。

首先,在制度未修正时,司法不应为了迎合民意而违背罪刑法定的基本原则。司法裁判不仅仅是要实现缓和舆论的作用,其前提是要满足罪刑法定,而不能由司法以违背罪刑法定原则为代价来解决制度优化前所存在的问题。[1] 样本案件中部分案例为了迎合民意而作出了不符合法律规定的判决,例如,2011年刘襄贩卖瘦肉精案中,刘襄购买并贩卖"瘦肉精"给生猪养殖户,致使"瘦肉精"呈阳性的生猪至少126头流入市场,涉及60多个养殖场,属于情节特别严重。400余名市人大代表、政协委员、媒体记者以及社会各界群众旁听了该案的审理,法院以以危险方法危害公共安全罪判处刘襄死刑,缓期二年执行。[2] 该案反映了我国食品安全的相关制度、司法、执法的不足,但也不能据此突破刑法规定而判处以危险方法危害公共安全罪。样本案件中的刘襄销售瘦肉精案只是2011年河南省严惩瘦肉精案件中的第一案。在后续的第二批案件中,行为人韩文斌购买"瘦肉精"原粉并出售给生猪养殖户,导致含有"瘦肉精"的生猪流向市场,属于情节特别严重,法院认定韩文斌成立非法经营罪,判处有期徒刑9年。[3] 两个贩卖"瘦肉精"案行为人实施的行为近乎相同,均为研制并贩卖"瘦肉精",唯一的差别在于第一案引发了媒体和舆论的广泛关注,而法院在审理第二批次案件中,舆论已经复归平静,因此法院作出了与第一案差异巨大的判决结果。[4]

---

[1] 参见孙建伟:《推进国家治理制度的现代化——邓小平的制度理论遗产及其启示》,载《探索与争鸣》2014第11期,第104页。

[2] 参见张旭、史云舟:《秩序生成视域下非法经营罪异化扩张研究——基于批判性观点的省思》,载《青少年犯罪问题》2023年第2期,第60页。

[3] 河南省新乡市中级人民法院刑事裁定书,(2011)新刑一终字第142号。

[4] 参见张旭、史云舟:《秩序生成视域下非法经营罪异化扩张研究——基于批判性观点的省思》,载《青少年犯罪问题》2023第2期,第68页。

其次,应当进一步推进案件公开,防止偏激民意出现。部分样本案件中出现了民众因不了解案件而出现舆论偏激的现象。例如,在贾敬龙故意杀人案中,贾敬龙在大年初一当众用射钉枪将村主任何建华杀害。由于案件的起因是房屋拆迁问题,因此民众天然地认为贾敬龙一定是遭遇了不公平待遇,因而认为贾敬龙的杀人行为情有可原,不应当判处死刑立即执行。但事实上,旧村改造工程是经村民代表大会决定,并经市政府批准,统一规划、统一实施。贾敬龙家也得到了合理的补偿,组织拆除贾家旧房,并非村委会主任个人独断所为。[1] 贾敬龙故意杀人案中偏激民意的出现,正是由于民众不了解基本的案件事实所导致。因此,应当进一步加强网络舆论监督的法律制度,对媒体报道进行监督管理,对于散播不实言论的行为及时予以制止,让网络舆论更清楚地明白应当基于事实进行舆论监督,而不是偏激地攻击司法。应当将公民旁听庭审活动建成常态化机制,使公民可以凭身份证旁听任何公开审理的案件;也可以在庭审后听取参加庭审人员的意见建议,进一步改进庭审工作和提高庭审效率。[2] 这样的措施可以让公民充分参与和理解司法运作的过程,从而使公民能够更加透彻地理解司法的精神,避免以偏激的民意攻击司法进程。

习近平总书记在党的二十大报告中强调,中国特色社会主义法治建设应当"努力让人民群众在每一个司法案件中感受到公平正义"。当下我国全面深化改革的进程已进入深水区、攻坚期,制度优化作为改革中的一个重要环节,未来需要持续推进制度优化以满足

---

[1] 参见刘婷:《网络媒体对拆迁刑事案件的报道策略与反思——以贾敬龙拆迁案为例》,载《青年记者》2017年第35期,第85页。
[2] 参见张娟华:《力推旁听庭审制度化常态化》,载《十堰日报》2020年8月25日,第7版。

人民群众对于公平正义的期待。典型刑事案件受到人民群众的广泛关注,蕴含着民众对于制度问题的反映与诉求,应充分重视通过典型刑事案件来推进制度建设。同时,由于部分典型刑事案件存在着民意倒逼司法、需要当事人付出惨痛代价等问题,进行制度优化时应当更加积极主动地推进制度优化、理性引导民意参与制度优化,从而更好地服务于中国特色社会主义法治体系。

后　记

本书是本人主持的国家社科基金项目《影响性刑事案件的类型特征、民意表达、刑事司法的关联考察》(批准号:14CFX066)的研究成果。既往本人对于刑事司法与公众舆论的关系的理解是较为抽象的,更多是从理论思辨的角度思考刑事司法与舆论之间应该保持何种关系,刑事司法应否及如何考虑公众舆论。通过本课题的研究,改变了本人既往的一些认知,对这类问题的看法变得相对"务实"。这也促使本人重新认识到,对于刑事司法与公众舆论的关系,应结合实务案例与社会现状展开更符合中国实际的研究,通过对大范围样本案例的实证考察也能够更为全面地梳理并发现规律,进而能对实践有所裨益。通过对大范围样本案例的考察可以发现,具体的刑事个案能够成为全国影响性的典型案件并引发社会的高度关注,并非偶然。典型案件背后所反映的我国当前特定的社会问题,尤其是特定领域的制度问题,与我国当前面临的诸多问题是高度吻合的。在公众的法治思维还有待提升的背景下,公众一定程度上混淆了司法职能与社会问题的解决路径,会将社会问题司法化而引发刑事司法与舆论的紧张关系。通过制度修正、优化有助于解决个案之外的根本性、普遍性的问题,也能够缓和个案中刑事司法与舆论之间的紧张关系,实现刑事司法与舆论的良性互动。在本书研究之基础上,后续本人还会进一步拓宽研究的样本案例数量及研究视角,从个案出发,发现我国刑事司法与舆论的紧张关系背后的制度问题,进而最大限度、最小成本地推进制度优化。也期待学界对这一问题的理论研究,结合大样本案例以回归实践,使得缓和刑事司法与舆论的紧张关系、制度的修正与优化能够更切合实践,实实在在地解决问题。

本书的出版,得益于北京大学出版社潘菁琪、杨玉洁和方尔埼三位老师非常用心的编辑。华东交通大学邓洁博士、华东政法大学博士生刘宗玮和硕士生马之卓、中国农业银行平顶山分行刘艺鑫、京师(杭州)律师事务所倪佳颖、江西财经大学张益铭在本书写作过程中提供了诸多支持,协助本人查阅了大量的资料并提出了诸多建议,感谢他们的用心付出。也期待本书能够给读者一个好的阅读体验,读者能从书中获益,将是本人最大的欣慰。